管理会计应用型人才培养系列课程

会计实战入门
零基础会计入门

会计信息化证考试研究中心 编

厦门大学出版社
国家一级出版社
全国百佳图书出版单位

图书在版编目(CIP)数据

会计实战入门/会计信息化证考试研究中心编. —厦门:厦门大学出版社,2019.12
(2021.11 重印)
ISBN 978-7-5615-7661-8

Ⅰ.①会… Ⅱ.①会… Ⅲ.①会计学—基本知识 Ⅳ.①F230

中国版本图书馆 CIP 数据核字(2019)第 264662 号

出版人	郑文礼
策划编辑	姚五民
责任编辑	陈惠英

出版发行 厦门大学出版社

社　　址	厦门市软件园二期望海路 39 号
邮政编码	361008
总　　机	0592-2181111　0592-2181406(传真)
营销中心	0592-2184458　0592-2181365
网　　址	http://www.xmupress.com
邮　　箱	xmup@xmupress.com
印　　刷	厦门市明亮彩印有限公司

开本　787 mm×1 092 mm　1/16
印张　16.5
字数　400 千字
版次　2019 年 12 月第 1 版
印次　2021 年 11 月第 4 次印刷
定价　49.00 元(含二册)

本书如有印装质量问题请直接寄承印厂调换

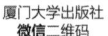
厦门大学出版社
微信二维码

厦门大学出版社
微博二维码

编委会名单

顾　问：郭晓梅（厦门大学会计学教授）
　　　　　刘雪清（东北财经大学会计学教授）

主　编：蔡丽煌

副主编（以姓氏笔画为序）：

　　　　王管谈　刘庆伟　刘晓慧　汤方如　祁　绪　陈　宁
　　　　徐文斌　高志刚　韩　磊　琚志强　雷　杰　魏　嘉

编委会成员（以姓氏笔画为序）：

　　　　王　欢　王　红　王　玲　王　悦　王均毅　王建设
　　　　邓清平　白路青　朱　勇　朱清琼　刘　丽　刘贻栋
　　　　刘锁才　杜　康　李社宁　李金凤　李静云　杨　芸
　　　　何金红　张　剑　张凤军　张冬梅　陈　瑛　陈冬菊
　　　　陈永思　陈如飞　陈金妹　陈治坤　陈桃莉　林　芳
　　　　林凤霞　明　梅　罗文明　周小平　周加波　赵　纯
　　　　赵亚娜　赵笙壹　钟　慢　信然然　俞传安　施新建
　　　　祝凤华　贺志辉　校　锐　殷照遇　郭　斌　郭振营
　　　　郭增杰　黄　晖　黄文斌　黄燕红　曹加斌　崔占霞
　　　　梁　艳　梁美娟　葛慎庆　董瀚鸿　谢耀海　雷　星
　　　　蔡　安　廖寿年　熊　芳　冀　玲　魏　闯

目 录

导言　会计思维导入 ··· 1

情景一　填制原始凭证 ··· 9
　　任务一　认识会计凭证 ··· 9
　　任务二　熟悉原始凭证的概念、种类和基本内容 ···················· 11
　　任务三　填制和审核原始凭证 ·· 14

情景二　识别会计的对象、要素、等式、科目 ·························· 17
　　任务一　认识会计对象 ··· 17
　　任务二　了解和区分会计要素 ·· 18
　　任务三　理解和运用会计等式 ·· 26
　　任务四　熟悉会计科目与账户 ·· 29

情景三　运用会计记账方法 ·· 41
　　任务一　了解会计记账方法的种类 ······································ 41
　　任务二　运用借贷记账法 ·· 43

情景四　借贷记账法下主要经济业务的账务处理 ······················ 51
　　任务一　熟悉企业的主要经济业务 ······································ 51
　　任务二　资金筹集业务的账务处理 ······································ 52
　　任务三　固定资产业务的账务处理 ······································ 57
　　任务四　材料采购业务的账务处理 ······································ 63
　　任务五　生产业务的账务处理 ·· 68
　　任务六　销售业务的账务处理 ·· 72
　　任务七　期间费用的账务处理 ·· 77
　　任务八　利润形成与分配业务的账务处理 ···························· 80

情景五　填制和保管记账凭证 ··· 88
任务一　了解记账凭证的种类和基本内容 ····················· 88
任务二　填制和审核记账凭证 ·· 90
任务三　传递与保管会计凭证 ·· 93

情景六　认识和使用会计账簿 ··· 95
任务一　认识会计账簿 ·· 95
任务二　对账与结账 ·· 100
任务三　查找与更正错账的方法 ····································· 105
任务四　更换与保管会计账簿 ····································· 107

情景七　掌握财产清查的方法 ··· 109
任务一　了解财产清查的概念 ····································· 109
任务二　熟悉财产清查的方法 ····································· 113
任务三　财产清查结果的处理 ····································· 117

情景八　编制财务报表 ·· 123
任务一　认识财务报表 ·· 123
任务二　编制资产负债表 ·· 128
任务三　编制利润表 ·· 135

情景九　了解账务处理程序 ··· 141
任务一　了解账务处理程序 ·· 141
任务二　熟悉记账凭证账务处理程序 ························· 143
任务三　熟悉科目汇总表账务处理程序 ····················· 144
任务四　熟悉汇总记账凭证账务处理程序 ················· 146

情景十　掌握会计基本理论 ··· 150
任务一　确立会计目标 ·· 150
任务二　了解会计的职能与方法 ································· 151
任务三　熟悉会计基本假设与会计基础 ····················· 153
任务四　掌握会计信息的使用及其质量要求 ············· 157
任务五　熟悉会计准则体系 ·· 160

会计是一门商业语言,是政府与企业、企业与企业、企业与个人交流的工具。会计工作,类似于"翻译",就是把日常的经济事项用会计的语言表达出来。会计具有自己的专业术语和独特的方法,很多初学者被这些抽象的、难以入门的知识挡在"会计"门外。在系统学习会计之前,初学者有必要转换思维即把自己的思维转化成会计思维,以"会计工作"为导向学习会计。因为对大多数学习者来说,学习会计的主要目的是掌握会计的理论知识并将其应用于实际工作中,简言之,就是学会做账。初学者在学习会计知识之前,至少先学习以下两方面知识:

一、会计的概念与特征

(一)会计的概念

《企业会计准则》给出的会计概念:会计是以货币为主要计量单位,运用专门的方法,核算和监督一个单位经济活动的一种经济管理工作。单位是国家机关、社会团体、公司、企业、事业单位和其他组织的统称。未特别说明时,本书主要以《企业会计准则》为依据介绍企业经济业务的会计处理。

会计已经成为现代企业一项重要的管理工作。企业的会计工作主要是通过一系列会计程序,对企业的经济活动和财务收支进行核算和监督,反映企业财务状况、经营成果和现金流量,以及企业管理层受托责任履行情况,为会计信息使用者提供决策有用的信息,并积极参与经营管理决策,提高企业经济效益,促进市场经济的健康有序发展。

(二)会计的基本特征

会计的基本特征有:
(1)会计是一种经济管理活动

会计是一种经济管理活动,为企业经济管理提供各种数据资料,并且通过各种方式直接参与经济管理,对企业的经济活动进行核算和监督。此外,会计不仅仅是管理经济的工具,它本身就具有管理的职能,是人们从事管理的一种活动。

(2)会计是一个经济信息系统

会计是一个以提供财务信息为主的经济信息系统。会计作为一个经济信息系统,将企业经济活动的各种数据转化为货币化的会计信息,这些信息是企业内部管理者和外部利益相关者进行相关经济决策的重要依据。

(3)会计以货币作为主要计量单位

货币是商品的一般等价物,是衡量一般商品价值的共同尺度,具有价值尺度、流通手段、储藏手段和支付手段等特点。

在会计的确认、计量和报告过程中选择货币为基础进行计量是由货币的本身属性决定的。经济活动中通常使用劳动计量单位、实物计量单位和货币计量单位三种计量单位。重量、长度、容积、台、件等计量单位只能从一个侧面反映企业的生产经营情况,无法在量上进行汇总和比较,不便于会计计量和经营管理。只有选择货币尺度进行计量,才能充分反映企业的生产经营情况。所以,《企业会计准则——基本准则》规定,会计确认、计量和报告应选择货币作为计量单位。

(4)会计具有核算和监督的基本职能

会计的职能是指会计在经济管理活动中所具有的功能。

会计的基本职能表现在两个方面:

①进行会计核算。通过确认、计量、记录、报告,从数量上反映各单位已经发生或完成的经济活动,为经营管理提供会计信息。

②实施会计监督。按照一定的目的和要求,利用财务人员提供的会计信息,对各单位的经济活动进行控制,使之达到预期目标。

(5)会计采用一系列专门的方法

会计方法是用来核算和监督会计对象、实现会计目标的手段。会计方法具体包括会计核算方法、会计分析方法和会计检查方法等。其中,会计核算方法是最基本的方法。会计分析方法和会计检查方法主要是在会计核算方法的基础上,利用财务人员提供的会计资料进行分析和检查所使用的方法。这些方法相互依存、相辅相成,形成了一个完整的方法体系。

(三)会计工作人员对会计的理解

看完会计的概念及特征,初学者会觉得非常抽象,用时髦的话说就是非常"高大上",不能真正掌握会计概念的内涵。

在企业工作的财务经理和会计人员对会计的理解是:

会计＝会计工作＋会计方法＋管理思维

会计是一项工作,会计人员在工作时,必须在遵守会计准则的前提下,运用专业的会计方法,记录、监管好本企业资金的来龙去脉,即"钱从哪里来,用到哪里去";为了使财务做得更好,还必须从财务管理的思维角度来开展工作。

看完会计工作人员对会计的解释,初学者似乎明白自己将来成为一名会计需要怎么做了。

二、会计的工作流程

简单地说,会计的工作流程就是三个字:证、账、表。

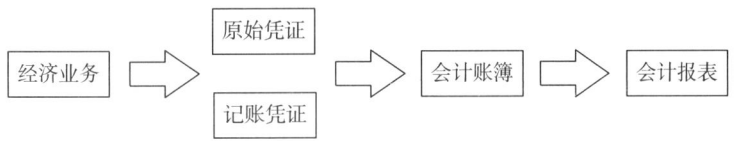

1. 证

证是指会计凭证,包括原始凭证和记账凭证。

销售人员王玲出差期间取得动车票、住宿发票、餐饮发票等都属于原始凭证。

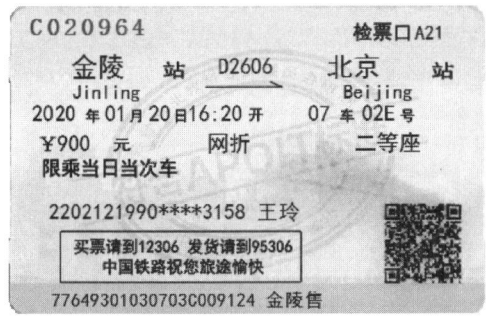

图 0-1　动车票　　　　　　　　　图 0-2　动车票

图 0-3　住宿发票

北京市国家税务局通用定额发票

发票联

（适用生活类服务业）

发票代码 111017413012

发票号码 63471131

贰佰元整

（加盖发票专用章）

本发票在2020年12月31日前使用有效

人印二厂2016年7月印40000本@5002500001

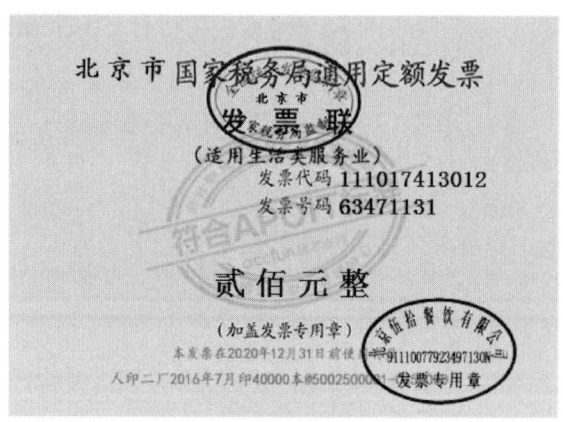

图 0-4　餐饮发票

王玲出差回来填写差旅费报销单（图 0-5），将本次出差的各种发票、车票等原始凭证粘贴在差旅费报销单后面，经过相关负责人签字后到财务部门办理报销手续。会计人员根据审核无误的原始票据填写记账凭证（图 0-6）。

差旅费报销单

2020年 01月 23日　　单据及附件共5 张

所属部门				销售部	姓名 王玲	出差事由	推介产品	
出发		到达		起止地点	交通费	住宿费	伙食费	其他
月	日	月	日					
01	20	01	21	金陵-北京-金陵	1,800.00	300.00	200.00	
合计	大写金额：贰仟叁佰元整				¥2,300.00	预支旅费 3,000.00	退回金额 700.00	
							补付金额	

总经理：钱多多　财务经理：张丽　会计：张雯　出纳：李丽　部门经理：李林　报销人：王玲

图 0-5　差旅费报销单

记 账 凭 证

字第　号

年　月　日

摘要	总账科目	明细科目	借方金额										贷方金额										√
			亿	千	百	十	万	千	百	十	元	角分	亿	千	百	十	万	千	百	十	元	角分	
																							□
																							□
																							□
																							□
																							□
																							□
合		计																					□

附单据　张

会计主管：　记账：　出纳：　复核：　制单：

图 0-6　记账凭证

2.账

账即账簿,每个单位的账簿包括由会计登记的总分类账和明细分类账、由出纳登记的库存现金日记账和银行存款日记账,有的单位还要登记备查账。会计要登记"管理费用"的总分类账、"管理费用——差旅费"的明细分类账和"库存现金"的总分类账,出纳要登记"库存现金"的日记账(如图0-7、图0-8、图0-9)。

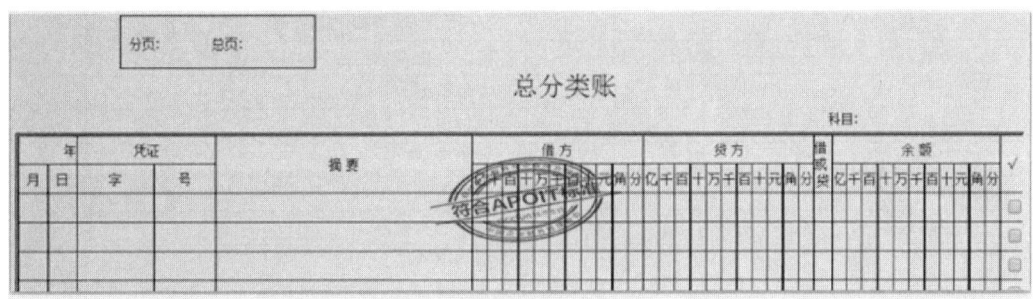

图0-7　总分类账账页样式

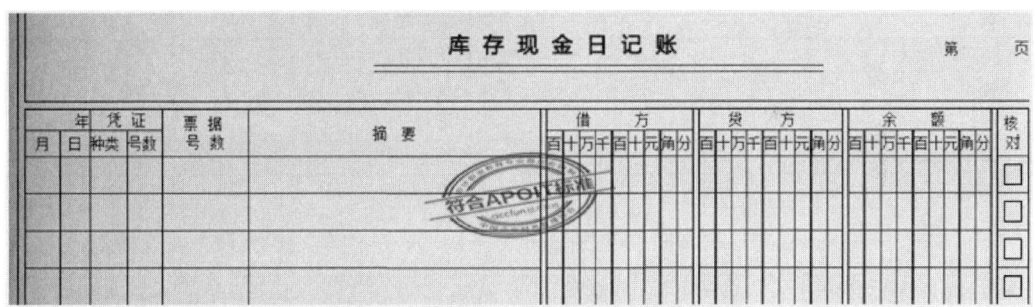

图0-8　库存现金日记账账页样式

图0-9　库存现金日记账、总分类账封面样式

3.表

表即会计报表,企业常用的报表有资产负债表、利润表、现金流量表和所有者权益变动表。资产负债表和利润表见表0-1、表0-2。

表 0-1 资产负债表

会企 01 表

编制单位：　　　　　　　　　年　月　日　　　　　　　　　　　单位：元

资产	期末余额	上年年末余额	负债和所有者权益（或股东权益）	期末余额	上年年末余额
流动资产：			流动负债：		
货币资金			短期借款		
交易性金融资产			交易性金融负债		
衍生金融资产			衍生金融负债		
应收票据			应付票据		
应收账款			应付账款		
应收款项融资			预收款项		
预付款项			合同负债		
其他应收款			应付职工薪酬		
存货			应交税费		
合同资产			其他应付款		
持有待售资产			持有待售负债		
一年内到期的非流动资产			一年内到期的非流动负债		
其他流动资产			其他流动负债		
流动资产合计			流动负债合计		
非流动资产：			非流动负债：		
债权投资			长期借款		
其他债权投资			应付债券		
长期应收款			其中：优先股		
长期股权投资			永续债		
其他权益工具投资			租赁负债		
其他非流动金融资产			长期应付款		
投资性房地产			预计负债		
固定资产			递延收益		
在建工程			递延所得税负债		
生产性生物资产			其他非流动负债		
油气资产			非流动负债合计		
使用权资产			负债合计		
无形资产			所有者权益（或股东权益）：		
开发支出			实收资本（或股本）		
商誉			其他权益工具		
长期待摊费用			其中：优先股		
递延所得税资产			永续债		
其他非流动资产			资本公积		
非流动资产合计			减：库存股		
			其他综合收益		
			专项储备		
			盈余公积		
			未分配利润		
			所有者权益（或股东权益）合计		
资产总计			负债和所有者权益（或股东权益）总计		

单位负责人：　　　　　　会计主管：　　　　　　复核：　　　　　　制表：

表 0-2 利润表

编制单位：　　　　　　　　　　年　　月　　　　　　　　　　　单位：元

项　目	本期金额	上期金额
一、营业收入		
减：营业成本		
税金及附加		
销售费用		
管理费用		
财务费用		
其中：利息费用		
利息收入		
加：其他收益		
投资收益（损失以"－"号填列）		
其中：对联营企业和合营企业的投资收益		
以摊余成本计量的金融资产终止确认收益（损失以"－"号填列）		
净敞口套期收益（损失以"－"号填列）		
公允价值变动收益（损失以"－"号填列）		
信用减值损失（损失以"－"号填列）		
资产减值损失（损失以"－"号填列）		
资产处置收益（损失以"－"号填列）		
二、营业利润（损失以"－"号填列）		
加：营业外收入		
减：营业外支出		
三、利润总额（亏损总额以"－"号填列）		
减：所得税费用		
四、净利润（净亏损以"－"号填列）		
（一）持续经营净利润		
（二）终止经营净利润		
五、其他综合收益的税后净额		
（一）不能重分类进损益的其他综合收益		
1.重新计量设定受益计划变动额		
2.权益法下不能转损益的其他综合收益		
3.其他权益工具投资公允价值变动		
4.企业自身信用风险公允价值变动		
……		
（二）将重分类进损益的其他综合收益		
1.权益法下可转损益的其他综合收益		
2.其他债权投资公允价值变动		
3.金融资产重分类计入其他综合收益的金额		
4.其他债权投资信用减值准备		
5.现金流量套期储备		
6.外币财务报表折算差额		
……		
六、综合收益总额		
七、每股收益		
（一）基本每股收益		
（二）稀释每股收益		

单位负责人：　　　　　会计主管：　　　　　复核：　　　　　制表：

会计根据业务填写资产负债表项目:"货币资金"项目期末数减少2 300元,如果不考虑所得税,"未分配利润"项目减少2 300元。

利润表中"销售费用"项目增加2 300元。

会计工作除了完成证、账、表外,还要在规定的时间内向税务局完成纳税申报。

会计工作详细流程图如图0-10。

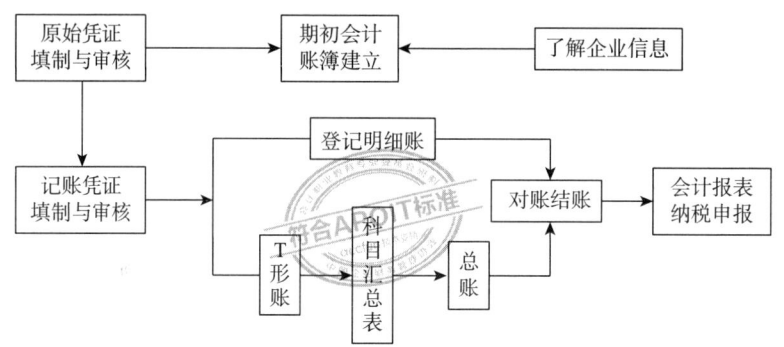

图0-10　会计工作流程图(科目汇总表账务处理程序)

学习了会计的概念与特征,以及详细了解会计工作流程之后(初学者一定会对会计及会计工作有了比较形象的认识),会计不再那么抽象和深奥。对大部分学习者来说,会计是一项工作,是前程似锦的工作,俗话说"会计越老越吃香",祝愿各位初学者在之后的会计学习中顺顺利利、不断提高,在会计工作的康庄大道上勇往直前。

情景一 填制原始凭证

☆情景导读

编者按照导言介绍的会计工作流程:证、账、表的顺序,把填制原始凭证放到情景一来讲解。因为情景一介绍的内容是日常会计工作的起点,也是入门新手在学习会计之前需要熟悉的内容。

熟练情景一的知识点不仅有助于基础会计工作的规范,还有助于非会计人员与财务人员的工作对接,如:正确填写报销单、正确书写数字大小写等。

☆任务目标

了　解	会计凭证的概念与作用、会计凭证的传递
熟　悉	原始凭证的种类
掌　握	原始凭证的基本内容、原始凭证的填制要求、原始凭证的审核

任务一　认识会计凭证

☆**情境导入及实训项目一**:填制与审核原始凭证

2020年1月2日,钱多多、吴烦恼各出资5万元到工商局成功注册金陵钱多多家具有限公司,招聘张丽为财务经理,张雯为会计,李丽为出纳。1月20日,销售人员王玲从金陵坐动车出差到北京,吃住都在北京长城国际大酒店;1月21日王玲回金陵;1月22日,王玲填写差旅费报销单到财务部门报销。

此例中,王玲会拿到以下票据:出租车票、动车票、住宿票、餐饮发票等。

准备:动车票、出租车票、住宿票、餐饮发票和差旅费报销单各一张

要求:填制差旅费报销单

一、会计凭证的概念与作用

(一)会计凭证的概念

会计凭证是指记录经济业务发生或者完成情况的书面证明,是登记账簿的依据。

填制和审核会计凭证是会计核算工作的基础。每个企业都必须按一定的程序填制和审核会计凭证,根据审核无误的会计凭证进行账簿登记,如实反映企业的经济业务。由执行和完成该项经济业务的人员和会计人员填制会计凭证,写明经济业务的内容和数量,并在凭证上签名盖章,明确经济责任。根据会计信息质量可靠性的要求,在会计核算中,处理任何一项经济业务都必须以会计凭证作为依据。没有真凭实据就不能任意收付款项和动用财产物资,也不能进行账务处理。所有会计凭证都要由会计部门审核。只有经过审核无误的会计凭证才能作为经济业务的证明和登记账簿的依据。因此,填制和审核会计凭证就成为会计核算的一种专门方法。它体现了会计信息质量可靠性的要求,是核算和监督经济活动与财务收支的基础。

(二)会计凭证的作用

合法地取得、正确地填制和审核会计凭证,是会计核算的基本方法之一,也是会计核算工作的起点,对于保证会计资料的真实性和完整性,有效进行会计监督,明确经济责任等都具有重要意义。

会计凭证的作用主要有:

(1)记录经济业务,提供记账依据

通过填制和审核会计凭证,可以正确、及时地反映各项经济业务的发生或完成情况,保证会计核算资料真实可靠。在会计核算中,对每笔经济业务,都要取得和填制会计凭证,并经审核无误后再分门别类地登记到账簿中去。通过会计凭证的填制和汇总,可以简化和方便登记账簿工作,减少和避免记账当中的技术错误,保证账簿记录的正确性。

(2)明确经济责任,强化内部控制

任何会计凭证除记录有关经济业务的基本内容外,还必须由有关部门和人员签章,对会计凭证所记录经济业务的真实性、完整性、合法性负责,以防止舞弊行为的发生,强化内部控制。

(3)监督经济活动,控制经济运行

通过对会计凭证的审核,可以查明每一项经济业务是否符合国家有关法律、法规制度的规定,是否符合计划、预算的进度,是否有违法乱纪、铺张浪费行为等。对于查出的问题,应积极采取措施予以纠正,实现对经济活动的事中控制,保证经济活动健康运行。

二、会计凭证的种类

会计凭证的形式多种多样,可以按照不同的标准分类。会计凭证按照填制程序和用途可分为原始凭证和记账凭证两类。

(一)原始凭证

原始凭证,是指在经济业务发生或完成时取得或填制的,用以记录或证明经济业务的发生或完成情况的原始凭据。它是进行会计核算的原始资料和主要依据。经济业务的内容千变万化,原始凭证的种类也很繁杂,但基本可以按两种方法进行分类:一是按原始凭证的取得来源分类,二是按原始凭证记录经济业务的次数和时限的不同分类。

原始凭证的作用主要是记载经济业务的发生过程和具体内容。原始凭证记载的信息是整个企业会计信息系统运行的起点,原始凭证的质量将影响会计信息的质量。常用的原始凭证有现金收据、发票、银行进账单、差旅费报销单、产品入库单、领料单等。

(二)记账凭证

记账凭证,又称记账凭单,是指会计人员根据审核无误的原始凭证或汇总原始凭证,按照经济业务的内容加以归类,并据以确定会计分录后所填制的会计凭证,作为登记账簿的直接依据。记账凭证可以按反映经济业务的内容、填制及传递方法的不同进行分类。

记账凭证根据复式记账法的基本原理,确定了应借、应贷的会计科目及其金额,将原始凭证中的经济信息转化为会计语言,是介于原始凭证与账簿之间的中间环节。记账凭证的主要作用是确定会计分录,进行账簿登记。

☞ 知识点提要

会计凭证的种类	会计凭证按照填制的程序和用途不同,分为原始凭证和记账凭证两类	
	原始凭证	是在经济业务发生或完成时取得或填制的,用以记录或证明经济业务的发生或完成情况的原始凭证。由有关经办人(不是会计人员)向会计部门提供证明
	记账凭证	是会计人员根据审核无误的原始凭证或汇总原始凭证,按照经济业务的内容加以归类,并据以确定会计分录后所填制的会计凭证,作为登记账簿的直接依据

任务二　熟悉原始凭证的概念、种类和基本内容

一、原始凭证的概念

原始凭证,是指在经济业务发生或完成时取得或填制的,用以记录或证明经济业务已经发生或完成情况的原始单据。原始凭证记载着大量的经济信息,又是证明经济业务发生的初始文件,与记账凭证相比较,具有较强的法律效力。需要注意的是,企业签订的经济合同、材料请购单、生产通知单等文件,它们不能证明经济业务的发生和完成,因此不能算作原始凭证,也不能作为会计核算的依据。此外,未经对方单位签章,不具备法律效力的凭证,或不具备凭证基本内容的白条,也同样不能算作原始凭证。

二、原始凭证的基本内容

原始凭证的格式和内容因经济业务和经营管理的要求不同而有所差异,但应当具备以下基本内容(也称原始凭证要素),如图1-1所示。

(1)凭证的名称。例如购货发票、销货发票等。原始凭证的名称,能基本反映所载经济业务的类型。

(2)填制凭证的日期。通常为经济业务发生的日期。

(3)填制凭证单位名称或者填制人姓名。

(4)经办人员的签名或者盖章。这是明确具体经济责任所必需的,也是便于日后核查的依据。

(5)接受凭证单位名称。它是证明此经济业务为本单位所发生的依据,是本单位交易活动的真实表现。

(6)经济业务内容(含数量、单价、金额等)。原始凭证对经济业务内容的反映,主要通过凭证的摘要栏、数量、单价和金额等进行,它是经济活动完整反映的表现,也是会计记录的要求所在。

(7)数量、单价和金额。

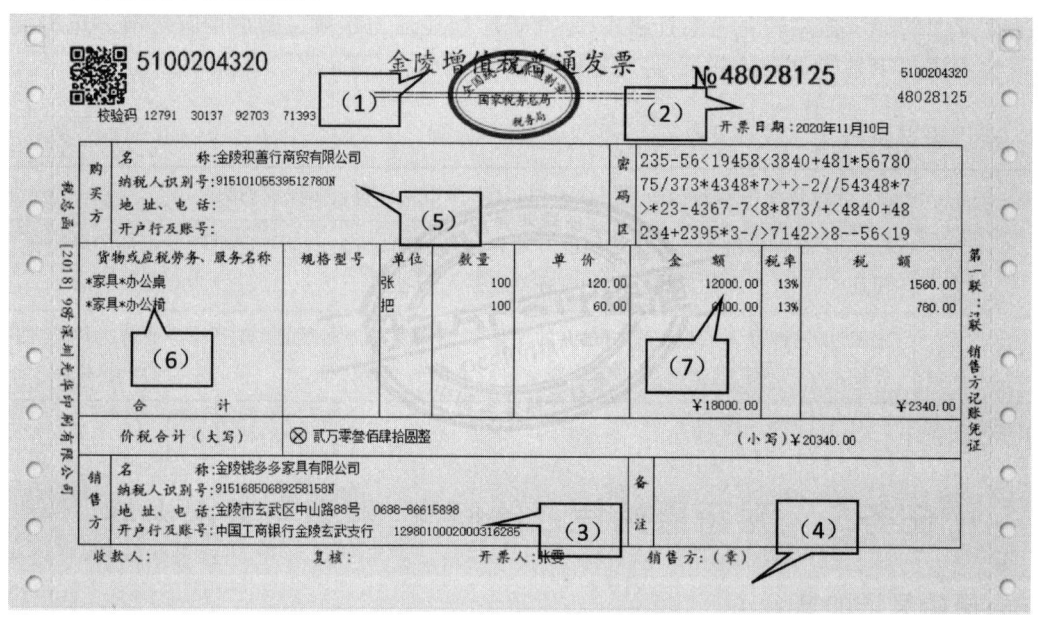

图 1-1　增值税普通发票

三、原始凭证的种类

原始凭证可以按照取得来源、格式、填制的手续和内容进行分类。

1.按取得的来源分类

原始凭证按照取得的来源可分为自制原始凭证和外来原始凭证。

(1)自制原始凭证

自制原始凭证是指由本单位有关部门和人员,在执行或完成某项经济业务时填制的,仅供本单位内部使用的原始凭证。例如收料单、领料单、限额领料单、产品入库单、产品出库单、借款单、工资发放明细表、折旧计算表等。

单位内部使用的出库单格式如图1-2所示。

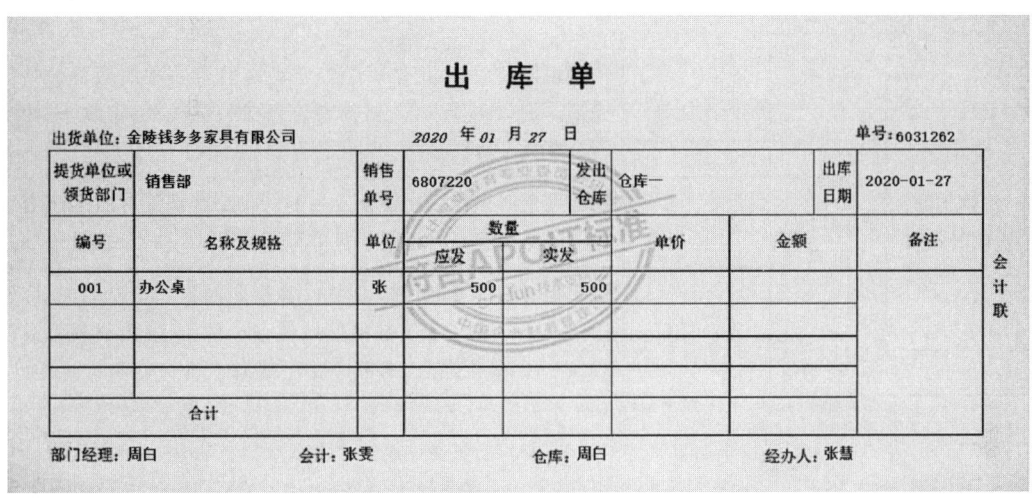

图 1-2 出库单

（2）外来原始凭证

外来原始凭证是指在经济业务发生或完成时，从其他单位或个人直接取得的原始凭证。如购买原材料取得的增值税专用发票，职工出差报销的飞机票、动车票和餐饮费发票等。职工出差报销的动车票的格式如图 1-3 所示。

2.按格式的不同分类

原始凭证按照格式的不同可分为通用凭证和专用凭证。

3.按填制的手续和内容分类

原始凭证按照填制的手续和内容可分为一次凭证、累计凭证和汇总凭证。

图 1-3 动车票

知识点提要

原始凭证的基本内容	（1）凭证的名称；（2）填制凭证的日期；（3）填制凭证单位名称或者填制人姓名；（4）经办人员的签名或者盖章；（5）接受凭证单位名称；（6）经济业务内容；（7）数量、单价和金额		
原始凭证的种类	按取得的来源不同分类	自制原始凭证	例如，收料单、领料单、入库单，还包括限额领料单、产成品出库单、借款单、工资发放明细表、折旧计算表等
		外来原始凭证	由供货单位开具的增值税专用发票、飞机票、车船票等
	按照格式的不同分类	通用凭证	是指由有关部门统一印制，在一定范围内使用的具有统一格式和使用方法的原始凭证。例如，某省市的发票、收据，银行转账结算凭证等
		专用凭证	是指由单位自行印制，仅在本单位内部使用的原始凭证。例如领料单、差旅费报销单、折旧计算表、工资分配表等

原始凭证的种类	按填制的手续和内容分类	一次凭证	一次填制完成,只记录一笔经济业务且仅一次有效的原始凭证。例如购货发票、销货发票、收据、领料单、借款单、银行结算凭证等
		累计凭证	指在一定时期内多次记录发生的同类型经济业务且多次有效的原始凭证,如"限额领料单"
		汇总凭证	对一定时期内反映经济业务内容相同的若干张原始凭证,按照一定标准综合填制的原始凭证。例如:发出材料汇总表、工资结算汇总表、销售日报表、差旅费报销单等

任务三　填制和审核原始凭证

☆实训项目二:填制与审核原始凭证

资料:2020年1月22日,公司出纳人员开出现金支票,提取备用金用于支付销售人员王玲的差旅费,请填制现金支票。(开户银行:中国工商银行金陵玄武支行;账号:1298010002000316285;密码:2812-8001 9791-5698)

准备:现金支票一张

要求:填制现金支票

一、原始凭证填制的要求

原始凭证的填写,必须符合下列要求:

1.记录真实

原始凭证所填列的经济业务内容必须真实可靠,符合实际情况,不得弄虚作假,不得随意填写;所反映的经济业务合法、合理、合规。经办人员应对所取得或填制的原始凭证的真实性负责。

2.内容要完整

原始凭证上的日期,经济业务内容,所有数据、凭证的号码等各项内容都必须填列齐全,不得随意省略或遗漏。

3.手续要完备

经办人和有关部门的负责人必须在凭证上签字或盖章,以示对凭证的真实性和正确性负责。例如,对外开出的原始凭证,应加盖本单位的公章或有关部门的专用章;从外部取得的原始凭证,应盖有填制单位(或个人)的公章或专用章(签名或盖章);自制的原始凭证,应有经办单位负责人或指定人员的签名或盖章等。

4.书写要清楚、规范

原始凭证只能用蓝(黑)色墨水填写,不得使用铅笔或圆珠笔填写,字迹应工整、清晰,易于辨认;不得使用未经国务院颁布的简化字;阿拉伯数字要逐个填写,不得连写;文字数字书写应紧靠行格底线,上方应留有适当空距,以防写错字时有更改的空间,不得满格(顶格)书写;金额数字的填写要符合规范性的要求,具体的写法见情景一任务二。

5.编号要连续

各种凭证都必须连续编号,以便查找;已经事先印好编号的凭证作废时,应在作废的凭证上加盖"作废"戳记,连同存根一起保存,不得随意撕毁。

6.不得涂改、刮擦、挖补

原始凭证记载的各项内容均不得涂改、刮擦、挖补。原始凭证有错误的,应当由出具单位重开或更正,更正时应当加盖出具单位印章。原始凭证金额有错误的,应当由出具单位重开,不得在原始凭证上更正。

7.填制要及时

有关经办人员必须在经济业务发生或完成时及时填制原始凭证,并尽快按规定的程序传递给会计部门。

二、原始凭证的审核

为了如实反映经济业务的发生和完成情况,充分发挥会计的监督职能,保证会计信息的真实、合法、完整和准确,会计人员必须对原始凭证进行严格审核。审核的内容主要包括:

1.审核原始凭证的真实性

审核原始凭证所记载的经济业务是否与实际业务情况相符合,包括经济业务有关的当事单位和当事人是否真实,经济业务发生的时间、地点和填制凭证的日期是否准确,经济业务的内容及数量方面(包括实物数量、计量单位、单价、金额)是否与实际情况相符等。

2.审核原始凭证的合法性

审核原始凭证所反映的经济业务是否符合国家法律法规,是否履行了规定的凭证传递和审核程序,是否有贪污腐化等行为。

3.审核原始凭证的合理性

审核原始凭证所反映的经济业务是否符合企业经济活动的需要、是否符合有关的计划和预算等。

4.审核原始凭证的完整性

审核原始凭证填制的内容是否完整,有关手续是否齐全,有无遗漏的项目,文字和数字是否书写清楚,有关人员签章是否齐全,凭证联次是否正确等。

5.审核原始凭证的正确性

审核原始凭证记载的各项内容是否正确,包括:

(1)接收原始凭证的单位名称是否正确。

(2)金额的填写和计算是否正确。阿拉伯数字分位填写,不得连写。小写金额前要标明"￥"字样,中间不能留有空位。大写金额前要加"人民币"字样,大写金额与小写金额要相符。

(3)更正是否正确。原始凭证记载的各项内容均不得涂改。原始凭证金额有错误的,应当由出具单位重开,不得在原始凭证上更正。原始凭证有其他错误的,应当由出具单位重开或者更正,更正处应当加盖出具单位印章。

6. 审核原始凭证的及时性

原始凭证的及时性是保证会计信息及时性的基础。原始凭证应在经济业务发生或完成时及时填制并及时传递。审核时应注意审查凭证的填制日期，尤其是支票、银行汇票、银行本票等时效性较强的原始凭证，更应仔细验证其签发日期。

原始凭证的审核是一项十分重要的工作，经审核的原始凭证应根据不同情况处理：

(1)对于完全符合要求的原始凭证，应及时据以填制记账凭证入账；

(2)对于真实、合法、合理但内容不够完整、填写有错误的原始凭证，应退回给有关经办人员，由其负责将有关凭证补充完整、更正错误或重开后，再办理正式会计手续；

(3)对于不真实、不合法的原始凭证，会计人员有权不予接收，并向单位负责人报告。

知识点提要

原始凭证的填制要求	1.记录真实	
	2.内容完整	
	3.手续完备	
	4.书写清楚、规范	大写金额数字一律用正楷或行书书写
		大写金额到元或角为止的，后面要写"整"或"正"字。有分的，不写"整"或"正"字
	5.编号连续	发票、支票等重要的原始凭证，在写坏作废时，应加盖"作废"戳记，应妥善保管，不得撕毁
	6.不得涂改、乱擦挖补	原始凭证金额有错误的，应当由出具单位重开，不得在原始凭证上更正
	7.填制及时	
原始凭证的审核	真实性、合法性、合理性、完整性、正确性、及时性	
	经审核的原始凭证应根据不同情况处理	(1)对于完全符合要求的原始凭证，应当及时据以编制记账凭证入账（完全正确）
		(2)对于真实、合法、合理但内容不够完整、填写有错误的原始凭证，应退回给有关经办人员，由其负责将有关凭证补充完整、更正错误或重开后，再办理正式会计手续（形式问题）
		(3)对于不真实、不合法的原始凭证，会计机构、会计人员有权不予接受，并向单位负责人报告（实质违法）

配套练习 扫一扫 码上做！
名师授课 ｜ 课后练习

情景二 识别会计的对象、要素、等式、科目

☆ 情景导读

会计新手学习原始凭证的主要目的是填制记账凭证,但填制记账凭证不是新手一时半会儿学得会的,他们之间需要有两座桥梁,第一座桥梁就是要学会识别会计的对象、要素、等式、科目。

情景二的内容从会计的对象即资金运动入手,通过钱多多和吴烦恼创业的案例引出两大会计等式,而两大会计等式的组件就是六个会计要素。会计新手想用会计要素填制记账凭证可能会把会计能手惹怒,因为会计要素太粗,还需要把它进一步分类,于是就有了会计科目和账户。

☆ 任务目标

了　解	会计科目与账户的概念、会计科目与账户的分类
熟　悉	会计要素的含义与特征、会计科目设置的原则、常用的会计科目
掌　握	会计要素的确认条件与构成、常用的会计计量属性、会计等式的表现形式、基本经济业务的类型及其对会计等式的影响、账户的结构、账户与会计科目的关系

任务一　认识会计对象

会计对象是指会计核算和监督的内容,具体是指社会再生产过程中能以货币表现的经济活动,即资金运动或价值运动。企业的资金运动表现为资金投入、资金运用和资金退出三个过程。图 2-1 揭示了制造业的资金运动过程。

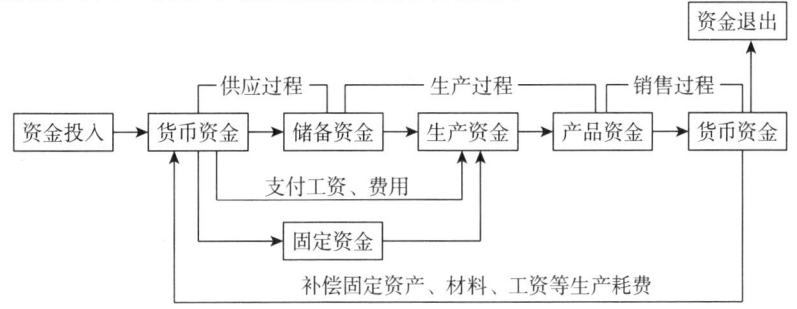

图 2-1　制造业的资金运动过程

企业的资金投入包括企业所有者投入的资金和债权人投入的资金，前者形成企业的所有者权益，后者形成企业的负债。投入企业的资金一部分形成流动资产，另一部分形成企业固定资产等非流动资产。

企业的资金运用是指资金投入企业后，在供应、生产和销售等环节不断循环与周转。在供应阶段，企业根据制订的生产经营计划，购买生产所需的各种原材料，支付材料的买价、运输费、装卸费等采购费用，与供货方结算货款；在生产阶段，领用原材料进行产品生产，支付职工薪酬和计提固定资产折旧，劳动者借助劳动手段将劳动对象加工成特定的产品，这些产品成为使用价值和价值的统一体；在销售阶段，将生产的产品对外销售，收回货款和支付销售费用等。综上所述，资金的循环与周转就是从货币资金开始依次转化为储备资金、生产资金、产品资金，最后回到货币资金的过程。

企业的资金退出包括偿还各项债务（还债）、缴纳各项税费（交税）、向所有者分配利润（分红）等，这部分资金将离开企业，退出企业的资金循环与周转。

☞ 知识点提要

会计对象		是指会计所核算和监督的内容；特定主体能以货币表现的经济活动；资金运动
资金运动	资金投入	包括企业所有者投入的资金（所有者权益）和债权人借入的资金（债权人权益——负债）两部分，资金投入是资金运动的起点
	资金运用（资金的循环与周转）	钱→物→钱 完成一次：循环；完成多次：周转
	资金退出	包括偿还各项债务（还债）、上交各项税金（交税）、向所有者分配利润（分红）等

任务二　了解和区分会计要素

一、会计要素的含义与分类

（一）会计要素的含义

会计要素是指根据交易或者事项的经济特征对财务会计对象所做的基本分类。会计要素是会计核算对象的具体化，是对资金运动第二层次的划分。它是构成财务会计报告的基本因素，也是设置会计科目的依据。

（二）会计要素的分类

我国《企业会计准则——基本准则》将会计要素划分为资产、负债、所有者权益、收入、费用和利润六类。其中，资产、负债和所有者权益是组成资产负债表的会计要素，也称资产负债表要素，其反映企业在某一特定日期的财务状况，属于静态要素。收入、费用和利润是组成利润表的会计要素，也称利润表要素，它反映企业在一定时期内的经营成果，属于动态要素。

资金运动有显著的运动和相对静止状态,在相对静止状态,企业的资金表现为资金占用和资金来源两方面。其中资金占用的具体形式就是企业的资产。资产的来源又可以分为债权人投入和所有者投入两类。债权人对资产的求偿权称为债权人权益,表现为企业负债;企业所有者对净资产(资产和负债差额)所有权称为所有者权益。资产、负债和所有者权益是构成资产负债表的基本框架,收入、费用和利润是构成利润表的基本框架,因此,这六要素又称为会计报表要素。

二、会计要素的确认

(一)资产

1.资产的含义与特征

资产是指由企业过去的交易或者事项形成的、由企业拥有或控制的、预期会给企业带来经济利益的资源。

从定义上看,资产具有以下特征:

(1)由企业过去的交易或者事项形成的

过去的交易或者事项,是指企业已经发生的交易或事项,包括购买、生产、建造等交易或事项。预期在未来发生的交易或者事项不形成资产。

(2)由企业拥有或者控制的资源

由企业拥有或者控制,是指企业享有某项资源的所有权,或者虽然不为企业所拥有,但在某些条件下,该资源能被企业所控制。

(3)预期会给企业带来经济利益

预期会给企业带来经济利益,是指直接或者间接导致现金或现金等价物流入企业的潜在能力。

2.资产的确认条件

将一项资源确认为资产,需要符合资产的定义,还应同时满足以下两个条件:

(1)与该资源有关的经济利益很可能流入企业;

(2)该资源的成本或者价值能够可靠地计量。

3.资产的分类

按流动性进行分类,资产可以分为流动资产和非流动资产。

(1)流动资产

流动资产是指预计在一个正常营业周期中变现、出售或耗用,或者主要为交易目的而持有,或者预计在资产负债表日起1年(含1年)内变现的资产,以及自资产负债表日起1年内交换其他资产或清偿负债的能力不受限制的现金或现金等价物。

一个正常营业周期是指企业从购买用于加工的资产起至实现现金或现金等价物的期间。正常营业周期通常短于1年,在1年内有几个营业周期。但是,也存在正常营业周期长于1年的情况,在这种情况下,与生产循环相关的产成品、应收账款、原材料尽管是超过1年才变现、出售或耗用,仍应作为流动资产。当正常营业周期不能确定时,应当以1年(12个月)作为正常营业周期。

按变现能力的大小,流动资产又可分为货币资金、交易性金融资产、应收及预付款项、存货等。

①货币资金,包括库存现金、在银行及其他金融机构的存款。
②交易性金融资产,主要是指企业为了近期出售而持有的金融资产。
③应收及预付款项,包括应收票据、应收账款、其他应收款、预付账款等。
④存货,是指企业在日常生产经营过程中持有以备出售,或者仍然处在生产过程,或者在提供劳务过程中将消耗的材料或物料等。存货主要包括各类材料、商品、在产品、半成品、产成品等。

(2)非流动资产

非流动资产是指流动资产以外的资产,主要包括长期股权投资、固定资产、无形资产、长期待摊费用等。

长期股权投资,是指企业投出的期限在1年(不含1年)以上的各种股权性质的投资,包括购入的股票和其他股权等。

固定资产,是指企业为生产商品、提供劳务、出租或经营管理而持有的、使用寿命超过一个会计年度的有形资产,包括房屋、建筑物、机器设备、运输工具等。

无形资产,是指企业拥有或控制的、没有实物形态的可辨认非货币性资产,包括专利权、非专利技术、商标权、著作权、土地使用权等。

长期待摊费用,是指企业已经发生但应由本期和以后各期负担的、分摊期限在1年(不含1年)以上的各项费用,包括以经营租赁方式租入固定资产发生的改良支出等。

(二)负债

1.负债的含义与特征

负债是指企业过去的交易或者事项形成的,预期会导致经济利益流出企业的现时义务。

负债具有以下特征:

(1)负债是由企业过去的交易或者事项形成的

负债是由企业过去的交易或者事项所形成的。换言之,只有过去的交易或者事项才能形成负债,企业在未来发生的承诺、签订的购买合同等交易或者事项,不形成负债。

(2)负债是企业承担的现时义务

负债必须是企业承担的现时义务,这是负债的一个基本特征。其中,现时义务是指企业在现行条件下已承担的义务。未来发生的交易或者事项形成的义务,不属于现时义务,不应当确认为负债。这里所指的义务可以是法定义务,也可以是推定义务。其中法定义务是指具有约束力的合同或者法律法规规定的义务,通常必须依法执行。

(3)负债预期会导致经济利益流出企业

负债预期会导致经济利益流出企业也是负债的一个本质特征,只有企业在履行义务时会导致经济利益流出企业的,才符合负债的定义。如果不会导致企业经济利益流出,就不符合负债的定义。在履行现时义务清偿负债时,导致经济利益流出企业的形式多种多样。

2.负债的确认条件

将一项现时义务确认为负债,需要符合负债的定义,还应当同时满足以下两个条件:

(1)与该义务有关的经济利益很可能流出企业

负债的确认应当与经济利益流出企业的不确定性程度的判断相结合。如果有确凿证据表明,与现时义务有关的经济利益很可能流出企业,就应当将其确认为负债;反之,不应将其确认为负债。

(2)未来流出的经济利益的金额能够可靠地计量

负债的确认在考虑经济利益流出企业的同时,对于未来流出的经济利益的金额应当能够可靠计量。对于与法定义务有关的经济利益流出金额,通常可以根据合同或者法律规定的金额予以确定,考虑到经济利益流出的发生通常在未来期间,有时未来期间较长,有关金额的计量需要考虑货币时间价值等因素的影响。

对于与推定义务有关的经济利益流出金额,企业应当根据履行相关义务所需支出的最佳估计数进行估计,并综合考虑有关货币时间价值、风险等因素的影响。

3.负债的分类

按偿还期限的长短,一般将负债分为流动负债和非流动负债。

流动负债是指预计在一个正常营业周期中偿还,或者主要为交易目的而持有,或者自资产负债表日起1年(含1年)内到期应予以清偿,或者企业无权自主地将清偿推迟至资产负债表日以后1年以上的负债,包括短期借款、应付票据、应付账款、应付职工薪酬、应交税费、预收账款等。

非流动负债是指流动负债以外的负债,包括长期借款、应付债券、长期应付款等。

(三)所有者权益

1.所有者权益的含义及特征

所有者权益是指企业资产扣除负债后由所有者享有的剩余权益。公司的所有者权益又称为股东权益。

所有者权益具有以下特征:

(1)企业不需要偿还所有者权益,除非发生减资、清算或分派现金股利;

(2)企业清算时,只有在清偿所有的负债后,所有者权益才返还给所有者;

(3)所有者凭借所有者权益能够参与企业利润的分配。

2.所有者权益的确认条件

所有者权益的确认、计量主要取决于资产、负债、收入、费用等其他会计要素的确认和计量。所有者权益在数量上等于企业资产总额扣除债权人权益后的净额,即为企业的净资产,反映所有者(股东)在企业资产中享有的经济利益。

3.所有者权益的分类

所有者权益的来源包括所有者投入的资本、直接计入所有者权益的利得和损失、留存收益等,具体表现为实收资本(或股本)、资本公积(含资本溢价或股本溢价、其他资本公积)、盈余公积和未分配利润。

(1)所有者投入的资本,包括实收资本和资本公积。它是指所有者投入企业的资本部分,既包括构成企业注册资本(实收资本)或者股本部分的金额,也包括投入资本超过注册资本或者股本部分的金额,即资本溢价或者股本溢价。这部分投入资本在我国企业会计准则体系中被计入资本公积,并在资产负债表中的资本公积项目反映。

(2)直接计入所有者权益的利得和损失,是指不应计入当期损益、会导致所有者权益发生增减变动的、与所有者投入资本或者向所有者分配利润无关的利得和损失。

利得是指由企业非日常活动所形成的、会导致所有者权益增加的、与所有者投入资本无关的经济利益的流入。

损失是指由企业非日常活动所发生的、会导致所有者权益减少的、与所有者分配利润无关的经济利益的流出。

（3）留存收益是指企业实现的净利润留存于企业的部分，包括计提的盈余公积和未分配利润。

知识点提要

会计要素	含义	会计要素是指根据交易或者事项的经济特征对财务会计对象所做的基本分类	
	分类	企业的六大会计要素为资产、负债、所有者权益（资产＝负债＋所有者权益）、收入、费用和利润（收入－费用＝利润）	
		1.资产＝负债＋所有者权益。①是某一日期（时点）的要素；②表现资金运动的相对静止状态，称为静态会计要素；③反映企业的财务状况；④是编制资产负债表的依据；⑤是会计上的第一等式；⑥是复式记账法的理论基础	
		2.收入－费用＝利润。①是某一时期的要素；②表现资金运动的显著变动状态，称为动态会计要素；③反映企业的经营成果；④是编制利润表的依据；⑤是会计上的第二等式	
资产	含义	资产是指由过去的交易或者事项形成的、由企业拥有或控制的、预期会给企业带来经济利益的资源	
	特征	(1)资产是由企业过去的交易或者事项所形成的。作为企业资产，必须是现实的而不是预期的。未来发生的交易或事项可能产生的结果，不属于现在的资产 (2)资产是由企业拥有或者控制的资源（控制：如融资租入固定资产） 【解释】承租方虽然对融资租入固定资产没有所有权，但是该固定资产的风险和报酬已经从出租方转移到了承租方，承租方拥有实际控制权，在会计上将该固定资产确认为承租方的资产，即遵循了"实质重于形式"的原则 (3)预期给企业带来经济利益	
	分类	资产按流动性可分为流动资产、非流动资产两类	
		流动资产	流动资产是指一个会计年度内变现、出售或耗用的资产，主要包括库存现金、银行存款、交易性金融资产、应收及预付款项和存货等
		非流动资产	非流动资产是指流动资产以外的资产，主要包括持有至到期投资、可供出售金融资产、长期股权投资、固定资产、无形资产和长期待摊费用等
负债	含义	负债是指企业由过去的交易或者事项形成的、预期会导致经济利益流出企业的现时义务	
		未来发生的交易或者事项形成的义务不属于现时义务，不应当确认为负债	
	分类	按偿还期限的长短，负债分为流动负债和非流动负债	
		流动负债	流动负债是指1年内到期应予以清偿的债务，包括短期借款、应付及预收款项、应交税费、应付职工薪酬等
		非流动负债	非流动负债是指流动负债以外的负债，主要包括长期借款、应付债券和长期应付款等
		【注意】区别流动负债和非流动负债的具体内容：流动负债一般包含短期、应付、应交和预收等词组；非流动负债一般包括长期等词组，特别注意"应付债券"（3年期、5年期的债券大于1年期的债券）属于非流动负债	

续表

所有者权益	分类	所有者投入的资本	包括构成企业注册资本或者股本部分的金额,也包括资本(或股本)溢价。记入实收资本、资本公积——资本溢价等科目
		直接计入所有者权益的利得和损失	由企业非日常活动发生或形成的,记入其他综合收益科目
		留存收益	包括计提的盈余公积和未分配利润

(四)收入

1.收入的含义与特征

收入是指企业在日常活动中形成的、会导致所有者权益增加的、与所有者投入资本无关的经济利益的总流入。日常活动是指企业为完成其经营目标所从事的经常性活动以及与之相关的活动。收入具有以下特征:

(1)收入是企业在日常活动中形成的;

(2)收入会导致所有者权益的增加;

(3)收入是与所有者投入资本无关的经济利益的总流入。

2.收入的确认条件

企业与客户之间的合同同时满足下列条件的,企业应当在客户取得相关商品控制权时确认收入:

(1)合同各方已批准该合同并承诺将履行各自义务;

(2)该合同明确了合同各方与所转让的商品或提供劳务相关的权利和义务;

(3)该合同有明确的与所转让的商品或提供劳务相关的支付条款;

(4)该合同具有商业实质,即履行该合同将改变企业未来现金流量的风险、时间分布或金额;

(5)企业因向客户转让商品或提供劳务而有权取得的对价很可能收回。

3.收入的分类

收入包括主营业务收入和其他业务收入。主营业务收入是由企业的主营业务所带来的收入;其他业务收入是除主营业务活动以外的其他经营活动实现的收入。

收入按性质不同,可分为销售商品收入、提供劳务收入、让渡资产使用权收入等。

(五)费用

1.费用的含义与特征

费用是指企业在日常活动中发生的、会导致所有者权益减少的、与向所有者分配利润无关的经济利益的总流出。

费用具有以下特征:

(1)费用是企业在日常活动中发生的;

(2)费用会导致所有者权益减少;

(3)费用是与向所有者分配利润无关的经济利益的总流出。

2.费用的确认条件

费用的确认除了应当符合定义外,至少还应当符合以下条件:

(1)与费用相关的经济利益应当很可能流出企业；
(2)经济利益流出企业的结果会导致资产的减小或者负债的增加；
(3)经济利益的流出额能够可靠计量。

3.费用的分类

费用包括生产费用与期间费用。

(1)生产费用是指与企业日常生产经营活动有关的费用,按其经济用途可分为直接材料、直接人工和制造费用。生产费用应按其实际发生情况计入产品的生产成本；对于生产几种产品共同发生的生产费用,应当按照受益原则,采用适当的方法和程序分配计入相关产品的生产成本。

(2)期间费用是指企业本期发生的、不能直接或间接归入产品生产成本,而应直接计入当期损益的各项费用,包括管理费用、销售费用和财务费用。

(六)利润

1.利润的含义与特征

利润是指企业在一定会计期间的经营成果。利润反映收入减去费用、直接计入当期损益的利得减去损失后的净额。通常情况下,如果企业实现了利润,表明企业的所有者权益将增加,业绩得到了提升；反之,如果企业发生了亏损(即利润为负数),表明企业的所有者权益将减少,业绩下降。利润是评价企业管理层业绩的指标之一,也是投资者等财务会计报告使用者进行决策时的重要参考依据。

2.利润的确认条件

利润的确认主要依赖于收入和费用,以及直接计入当期利润的利得和损失的确认,其金额的确定也主要取决于收入、费用、利得、损失金额的计量。

3.利润的构成

利润包括收入减去费用后的净额、直接计入当期损益的利得和损失等。其中,收入减去费用后的净额反映企业日常活动的经营业绩；直接计入当期损益的利得和损失反映企业非日常活动的业绩。

直接计入当期损益的利得和损失,是指应当计入当期损益、最终会引起所有者权益发生增减变动的、与所有者投入资本或者向所有者分配利润无关的利得或者损失。企业应当严格区分收入和利得、费用和损失,以便全面反映企业的经营业绩。

知识点提要

收入	含义	收入是指企业在日常活动中形成的、会导致所有者权益增加的、与所有者投入资本无关的经济利益的总流入		
	分类	按性质	分为销售商品收入、提供劳务收入和让渡资产使用权收入	
		按经营业务的主次	主营业务收入	是指企业主要经营业务所带来的收入,包括销售商品收入、提供劳务收入等
			其他业务收入	是指企业除主营业务活动以外的其他经营活动所带来的收入,如工业企业出租固定资产、出租无形资产、出租包装物和商品、销售材料等实现的收入

续表

费用	含义	费用是指企业在日常活动中发生的、会导致所有者权益减少的、与向所有者分配利润无关的经济利益的总流出	
		费用只有在经济利益很可能流出从而导致企业资产减少或者负债增加,且经济利益的流出额能够可靠计量时才能予以确认	
	分类	生产费用	是指与企业日常生产经营活动有关的费用,按经济用途分为直接材料、直接人工和制造费用
		期间费用	期间费用包括管理费用、财务费用和销售费用等
利润	概念	利润是指企业在一定会计期间的经营成果	
		收入－费用＋利得－损失＝利润	
	分类	日常活动	收入(主营业务收入、其他业务收入)－费用
		非日常活动	利得(营业外收入)－损失(营业外支出)
	【注意】营业外收入不属于"收入",营业外支出不属于"费用"		

三、会计要素的计量

会计要素的计量是为了将符合确认条件的会计要素登记入账并列报于财务报表而确定其金额的过程。企业应当按照规定的会计计量属性进行计量,确定相关金额。

(一)会计计量属性及其构成

会计计量属性是指会计要素的数量特征或外在表现形式,反映了会计要素金额的确定基础,主要包括历史成本、重置成本、可变现净值、现值和公允价值等。

1.历史成本

历史成本,又称为实际成本,是指为取得或制造某项财产物资实际支付的现金或其他等价物。在历史成本计量下,资产按照其购置时所支付的现金或者现金等价物的金额,或者按照购置资产时所付出的对价的公允价值计量。负债按照其因承担现时义务而实际收到的款项或者资产的金额,或者承担现时义务的合同金额,或者按照日常活动中为偿还负债预期所需要支付的现金或者现金等价物的金额计量。

2.重置成本

重置成本,又称现行成本,是指按照当前市场条件,重新取得同样一项资产所需要支付的现金或者现金等价物金额。在重置成本计量下,资产按照现在购买相同或者相似资产所需支付的现金或者现金等价物的金额计量。负债按照现在偿付该项债务所需支付的现金或者现金等价物的金额计量。在实务中,重置成本多用于盘盈固定资产的计量等。

3.可变现净值

可变现净值是指在日常的生产经营过程中,以预计售价减去进一步加工成本和预计销售费用以及相关税费后的净值。在可变现净值计量下,资产按照其正常对外销售所能收到现金或者现金等价物的金额扣减该资产完工时估计将要发生的成本、估计的销售费用以及相关税费后的金额计量。可变现净值通常应用于资产减值情况下的后续计量。

4.现值

现值是指对未来现金流量以恰当的折现率进行折现后的价值,是考虑货币时间价值的一种计量属性。在现值计量下,资产按照预计从其持续使用和最终处置中所产生的未来净现金流入量的折现金额计量。

5.公允价值

公允价值是指市场参与者在计量日发生的有序交易中,出售一项资产所能收到或者转移一项负债所需支付的价格。在公允价值计量下,资产和负债按照在公平交易中熟悉情况的交易双方自愿进行资产交换或者债务清偿的金额计量。公允价值主要应用于交易性金融资产、可供出售资产的计量等。

(二)计量属性的运用原则

企业在对会计要素进行计量时,一般应当采用历史成本。采用重置成本、可变现净值、现值、公允价值计量的,应当保证所确定的会计要素金额能够持续取得并可靠计量。

☞ 知识点提要

可变现净值	可变现净值＝预计售价－进一步加工成本－预计销售费用－相关税费
公允价值	公允价值是指市场参与者在计量日发生的有序交易中,出售一项资产所能收到或者转移一项负债所需支付的价格

任务三　理解和运用会计等式

会计等式,又称会计恒等式、会计方程式或会计平衡公式,它是表明各会计要素之间基本关系的等式。

会计对象是社会再生产过程中的资金运动,具体表现为会计要素的增减变化。企业发生的每一项交易或事项,都是资金运动的一个具体过程;资金运动过程必然涉及相应的会计要素。在资金运动过程中,会计要素之间存在一定的相互联系,会计要素之间的这种内在关系,可以通过会计平衡公式表现出来。从形式上看,会计等式反映了各项会计要素之间的内在联系;从本质上看,会计等式揭示了会计主体的产权关系和基本财务状况。会计等式是设置账户、复式记账和编制财务报表的理论依据。

一、会计等式的表现形式

(一)财务状况等式

任何企业要进行经济活动,都必须拥有一定数量和质量的、能给企业带来经济利益的经济资源。企业资产最初来源于两个方面:一是由企业所有者投入;二是由企业向债权人借入。所有者和债权人将其拥有的资产提供给企业使用,就应该相应地对企业的资产享有一种要求权,这种对资产的要求权在会计上称为"权益"。

资产表明企业拥有什么经济资源和拥有多少经济资源,权益表明经济资源的来源渠道,即谁提供了这些经济资源。可见,资产与权益是同一事物的两个不同方面,两者相互依存,不可分割,没有无资产的权益,也没有无权益的资产。因此,资产和权益两者在数量上必然相等,在任一时点都必然保持恒等的关系,可用公式表示为:

$$资产=权益$$

企业的资产来源于企业的债权人和所有者,所以,权益又分为债权人权益和所有者权益,在会计上称债权人权益为负债,于是,上式可以写成:

$$资产=负债+所有者权益$$

财务状况等式,亦称基本会计等式或静态会计等式,是用以反映企业某一特定时点资产、负债和所有者权益三者之间平衡关系的会计等式。这一等式是复式记账法的理论基础,也是编制资产负债表的依据。

(二)经营成果等式

企业经营的目的是获取收入,实现盈利。企业在取得收入的同时,必然要发生相应的费用。通过收入与费用的比较,才能确定一定时期的盈利水平,确定实现的利润总额。在不考虑利得和损失的情况下,它们之间的关系用公式表示为:

$$收入-费用=利润$$

收入、费用、利润等会计要素之间的这种基本关系,实际上是利润计量的基本模式,其含义为:(1)收入的取得和费用的发生,直接影响企业利润的确定;(2)来自于特定会计期间的收入与其相关费用进行配比,可以确定该期间企业的利润数额;(3)利润是收入与相关费用比较的差额。

这一等式反映了利润的实现过程,称为经营成果等式或动态会计等式,是用以反映企业一定时期收入、费用和利润之间恒等关系的会计等式,也是编制利润表的依据。

(三)财务状况与经营成果相结合的等式

"资产=负债+所有者权益"反映的是资金运动的静态状况,"收入-费用=利润"反映的是资金运动的动态状况。运动是绝对的,静止是相对的,但运动的结果最终总要以相对静止的形式表现出来。因此,资金运动的动态状况最后必然反映到各项静态会计要素的变化上,从而使两个会计等式之间建立起勾稽关系。收入可导致企业资产增加或负债减少,最终会导致所有者权益增加;费用可导致企业资产减少或负债增加,最终会导致所有者权益减少。所以,一定时期的经营成果必然影响一定时点的财务状况,六个会计要素之间的关系可用下式表示:

$$资产=负债+所有者权益+(收入-费用)=负债+所有者权益+利润$$

二、经济业务对会计等式的影响

经济业务,又称会计事项,是指在经济活动中使会计要素发生增减变动的交易或者事项。企业经济业务按其对财务状况等式的影响不同可以分为以下九种基本类型:

(1)一项资产增加,另一项资产等额减少的经济业务;

(2) 一项资产增加,一项负债等额增加的经济业务;

(3) 一项资产增加,一项所有者权益等额增加的经济业务;

(4) 一项资产减少,一项负债等额减少的经济业务;

(5) 一项资产减少,一项所有者权益等额减少的经济业务;

(6) 一项负债增加,另一项负债等额减少的经济业务;

(7) 一项负债增加,一项所有者权益等额减少的经济业务;

(8) 一项所有者权益增加,一项负债等额减少的经济业务;

(9) 一项所有者权益增加,另一项所有者权益等额减少的经济业务。

上述九类基本经济业务的发生均不影响财务状况等式的平衡关系,具体分为三种情形:基本经济业务(1)、(6)、(7)、(8)、(9)使财务状况等式左右两边的金额保持不变;基本经济业务(2)、(3)使财务状况等式左右两边的金额等额增加;基本经济业务(4)、(5)使财务状况等式左右两边的金额等额减少。

上述九种情形如表 2-1 所示。

表 2-1　经济业务的发生对资产总额的影响

经济业务类型	资产	=	负债	+	所有者权益	对资产总额影响
(1)	增加、减少					不变
(2)	增加		增加			增加
(3)	增加				增加	增加
(4)	减少		减少			减少
(5)	减少				减少	减少
(6)			增加、减少			不变
(7)			增加		减少	不变
(8)			减少		增加	不变
(9)					增加、减少	不变

由此可见,每一项经济业务的发生,都必然引起会计等式的一边或两边有关项目相互联系地等量变化,即当涉及会计等式的一边时,有关项目的金额发生相反方向的等额变动;当涉及会计等式的两边时,有关项目的金额发生相同方向的等额变化,但始终不会影响会计等式的平衡关系。

知识点提要

财务状况等式(资产=负债+所有者权益)	资产=权益,此处的权益包括负债(债权人权益)和所有者权益
	即基本的恒等式(第一等式)、静态会计等式,是用以反映企业某一特定时点资产、负债、所有者权益三者之间平衡关系的会计等式。此等式是复式记账法的理论基础,也是编制资产负债表的依据

续表

经营成果等式（收入－费用＝利润）	经营成果等式即动态会计等式、第二会计等式，是反映企业一定时期收入、费用和利润(经营成果)之间恒等关系的会计等式，是编制利润表的依据
	资产＝负债＋所有者权益＋利润＝负债＋所有者权益＋收入－费用 【解释】期初：资产 15＝负债 5＋所有者权益 10 　　　　本期：收入 9－费用 6＝利润 3 　　　　期末：由于利润属于所有者权益，在期末新的所有者权益＝10＋3＝13 　　　　　　　即新的资产 18＝负债 5＋所有者权益 10＋利润 3 　　　　　　　　　　　　　　　＝负债 5＋所有者权益 10＋收入 9－费用 6
	收入大于费用，企业产生利润，使资产增加或负债减少，财务状况好转 收入小于费用，企业发生亏损，使资产减少或负债增加，财务状况恶化

任务四　熟悉会计科目与账户

一、会计科目的概念

会计科目，简称科目，是对会计要素的具体内容进行分类核算的项目，是进行会计核算和提供会计信息的基础。

二、会计科目的分类

（一）会计科目的分类

会计科目可按其反映的经济内容（即所属会计要素）、所提供信息的详细程度及其统驭关系分类。

1. 按反映的经济内容分类

会计科目按其反映的经济内容不同，可分为资产类科目、负债类科目、共同类科目、所有者权益类科目、成本类科目和损益类科目。会计对象、会计要素的分类与会计科目的分类之间的对应关系如表 2-2 所示。

表 2-2　会计对象、会计要素与会计科目的对应关系

会计对象	会计要素分类		会计科目分类
会计对象是指会计核算和监督的内容，即以货币表现的经济活动	资产	资产类	库存现金、银行存款等
	负债	负债类	短期借款、应付账款等
	所有者权益	所有者权益类	实收资本、资本公积等
	利润		
	收入	损益类	收入（益）| 主营业务收入、其他业务收入、营业外收入等
	费用		费用（损）| 主营业务成本、其他业务成本、管理费用等
			成本类	生产成本、制造费用等

(1)资产类科目,是对资产要素的具体内容进行分类核算的项目,按资产的流动性分为反映流动资产的科目和反映非流动资产的科目。

反映流动资产的会计科目,如库存现金、银行存款、交易性金融资产、应收账款、应收票据、其他应收款、应收利息、预付账款、原材料、周转材料、库存商品等;反映非流动资产的科目,如长期股权投资、固定资产、无形资产、长期待摊费用等。

在资产类会计科目中,还有一些是用来反映资产价值损耗或损失的科目,如累计折旧、累计摊销、坏账准备、存货跌价准备等。这些会计科目反映相应资产的价值损耗或损失,其目的是确定资产的账面价值。

(2)负债类科目,是对负债要素的具体内容进行分类核算的项目,按负债的偿还期限分为反映流动负债的科目和反映非流动负债的科目。

反映流动负债的会计科目,如短期借款、应付账款、应付票据、其他应付款、应付利息、预收账款、应付职工薪酬、应交税费等;反映非流动负债的会计科目,如长期借款、应付债券、长期应付款等。

(3)共同类科目,既有资产性质又有负债性质,如清算资金往来、货币兑换、衍生工具、套期工具、被套期项目等。

(4)所有者权益类科目,是对所有者权益要素的具体内容进行分类核算的项目,按所有者权益的形成和性质可分为反映资本的科目和反映留存收益的科目。

反映资本的会计科目,如实收资本(股份制企业为"股本")、资本公积等;反映留存收益的会计科目,如盈余公积、本年利润、利润分配等。

(5)成本类科目,是对可归属于产品生产成本、劳务成本等的具体内容进行分类核算的项目,按成本的内容和性质的不同可分为反映制造成本的科目、反映劳务成本的科目等。

反映制造成本的会计科目,如生产成本、制造费用等;反映劳务成本的科目,如劳务成本等。

(6)损益类科目,是对收入、费用的具体内容进行分类核算的项目。

反映收入的会计科目,如主营业务收入、其他业务收入等;反映费用的会计科目,如主营业务成本、其他业务成本、税金及附加、管理费用、财务费用、销售费用、所得税费用等。

2.按提供信息的详细程度及其统驭关系分类

会计科目按其提供信息的详细程度及其统驭关系,可以分为总分类科目和明细分类科目。

(1)总分类科目,又称总账科目或一级科目,是对会计要素的具体内容进行总括分类,提供总括信息的会计科目。例如,原材料、应收账款、应付账款、实收资本等科目。

(2)明细分类科目,又称明细科目,是对总分类科目作进一步分类,提供更为详细和具体的会计信息的科目。例如"原材料"科目可按原材料的品种、规格等设置明细科目,分别反映各品种、规格的原材料;"应收账款"科目可按债务人设置明细科目,分别反映应收账款的具体对象及其分布情况。如果某一总分类科目所辖的明细分类科目较多,可在总分类科目下设置二级明细科目,在二级明细科目下设置三级明细科目。例如,在企业基本生产和辅助生产的产品或劳务种类较多的情况下,"生产成本"总分类科目下可设置"基本生产成本"和"辅助生产成本"两个二级科目。

3.总分类科目和明细分类科目的关系

总分类科目对所属的明细分类科目起着统驭和控制作用,而明细分类科目是对其所归属的总分类科目的补充和说明,且总分类账户与其所属明细分类账户在总金额上应当相等,如表2-3所示。

表2-3 应收账款总分类科目与所属明细分类科目之间的关系

总分类科目	明细分类科目	
（一级科目）	二级科目	三级科目
应收账款	广东省	广州发达公司
		深圳发财公司
	浙江省	杭州发钱公司
		宁波发福公司

☞ 知识点提要

分类	按反映的经济内容（其归属的会计要素）分类	资产类科目	按流动性	流动资产
				非流动资产
		负债类科目	按偿还期限	流动负债
				非流动负债
		共同类科目	既有资产性质,又有负债性质	
		所有者权益类科目	反映资本的科目	
			反映留存收益的科目	
		成本类科目	反映制造成本科目	
			反映劳务成本科目	
		损益类科目	是对收入、费用的具体内容进行核算	
	按提供信息的详细程度及其统驭关系分类	(1)总分类科目,又称一级科目或总账科目,它是对会计要素具体内容进行总括分类、提供总括信息的会计科目。总分类账户是根据总分类科目设置的账户,如应收账款、应付账款、实收资本等		
		(2)明细分类科目,又称明细科目,是对总分类科目作进一步分类、提供更详细和更具体会计信息的科目。明细分类账户是根据明细分类科目设置的账户		
		总分类科目和明细科目的核算内容相同,总分类科目对其所属的明细分类科目具有统驭和控制作用,而明细分类科目是对其所归属的总分类科目的补充和说明		

三、会计科目的设置

(一)会计科目设置的原则

各单位由于经济业务活动的具体内容、规模大小与业务繁简程度等情况不尽相同,在具体设置会计科目时,应考虑其自身特点和具体情况,但设置会计科目时都应遵循以下原则:

(1)合法性原则,是指所设置的会计科目应当符合国家统一的会计制度的规定。企业在设置会计科目时,要根据国家规定的会计科目及有关规定进行选择,符合合法性要求,如会计科目的名称、编号、核算内容、账务处理程序及账户余额等应符合国家的统一规定,不得擅自改变,以保证提供的会计信息口径一致。

(2)相关性原则,是指所设置的会计科目应为提供有关各方所需要的会计信息服务,满足对外报告与对内管理的要求。会计信息使用者包括投资者、债权人、政府及其有关部门和社会公众等。会计信息使用者需要的信息包括企业盈利能力、资产运营水平、偿债能力和可持续发展能力等信息,这类信息主要是由通用财务会计报告和内部会计报表等载体来提供的。会计信息系统提供的会计信息应尽量满足会计信息使用者的需要,符合相关性原则。

(3)实用性原则,是指所设置的会计科目应符合单位自身特点,满足单位实际需要。会计主体在能够提供统一会计信息的前提下,各会计主体应根据本单位自己的具体情况,结合会计信息使用者的要求,删减或者增补会计科目。

另外,会计科目要简明、适用,并要分类、编号。每一个会计科目都应有特定的核算内容。在设置会计科目时,必须严格、明确地界定每一个会计科目特定的核算内容,不能混淆。会计科目的名称应与其核算的内容相一致,并要含义明确、通俗易懂。会计科目的编号是会计科目的数字代码。统一规定会计科目的编号,是为了便于编制会计凭证、登记会计账簿、查阅账目、实行会计电算化。单位在填制会计凭证、登记会计账簿时,应当填列会计科目的名称,或者同时填列会计科目的名称和编号,不应当只填会计科目编号,不填会计科目名称。

☞ 知识点提要

设置原则	合法性原则	设置会计科目应该符合国家统一会计制度的规定
	相关性原则	设置会计科目应当为提供有关各方所需要的会计信息服务,满足对外报告和对内管理的要求
	实用性原则	设置符合企业需要的会计科目

(二)常用会计科目

企业常用的会计科目如表 2-4 所示。

表 2-4　常用的会计科目参照表

编　号	名　称	编　号	名　称
一、资产类		二、负债类	
1001	库存现金	2001	短期借款
1002	银行存款	2201	应付票据
1012	其他货币资金	2202	应付账款
1101	交易性金融资产	2203	预收账款
1121	应收票据	2211	应付职工薪酬
1122	应收账款	2221	应交税费
1123	预付账款	2231	应付利息
1131	应收股利	2232	应付股利
1132	应收利息	2241	其他应付款
1221	其他应收款	2501	长期借款
1231	坏账准备	2502	应付债券
1401	材料采购	2701	长期应付款
1402	在途物资	2711	专项应付款
1403	原材料	2801	预计负债
1404	材料成本差异	2901	递延所得税负债
1405	库存商品	三、共同类（略）	
1406	发出商品	四、所有者权益类	
1407	商品进销差价	4001	实收资本
1408	委托加工物资	4002	资本公积
1471	存货跌价准备	4101	盈余公积
1501	持有至到期投资	4102	其他综合收益
1502	持有至到期投资减值准备	4103	本年利润
1503	可供出售金融资产	4104	利润分配
1511	长期股权投资	五、成本类	
1512	长期股权投资减值准备	5001	生产成本
1521	投资性房地产	5101	制造费用
1531	长期应收款	5201	劳务成本
1601	固定资产	5301	研发支出
1602	累计折旧	六、损益类	
1603	固定资产减值准备	6001	主营业务收入
1604	在建工程	6051	其他业务收入
1605	工程物资	6101	公允价值变动损益
1606	固定资产清理	6111	投资收益

续表

编号	名称	编号	名称
1701	无形资产	6301	营业外收入
1702	累计摊销	6401	主营业务成本
1703	无形资产减值准备	6402	其他业务成本
1711	商誉	6403	税金及附加
1801	长期待摊费用	6601	销售费用
1811	递延所得税资产	6602	管理费用
1901	待处理财产损溢	6603	财务费用
		6701	资产减值损失
		6711	营业外支出
		6801	所得税费用
		6901	以前年度损益调整

知识点提要

需要掌握的科目：

1.资产类

（1）钱：库存现金、银行存款、其他货币资金。

科目	核算内容
库存现金	指企业为了满足经营过程中零星支付需要而保留的现金
银行存款	指企业存入银行或其他金融机构的各种款项
其他货币资金	指企业的银行汇票存款、银行本票存款、信用卡存款、信用证保证金存款、存出投资款、外埠存款等其他货币资金

（2）应收：应收票据、应收账款、其他应收款、应收利息、应收股利、坏账准备、预付账款等。

科目	核算内容
应收票据	指企业因销售商品、提供劳务等而收到的商业汇票，包括银行承兑汇票和商业承兑汇票
应收账款	指企业因销售商品、提供劳务等经营活动发生的应收未收到的销货款
其他应收款	指企业除存出保证金、买入返售金融资产、应收票据、应收账款、预付账款等以外的其他各种应收未收款项，如职工借支差旅费
应收利息	指债券投资实际支付的价款中包含的已到付息期但尚未领取的债券利息
应收股利	因股权投资而应收取的现金股利以及应收其他单位的利润，包括企业股票实际支付的款项中所包括的已宣告发放但尚未领取的现金股利和企业对外投资应分得的现金股利或利润等

续表

坏账准备	指企业按会计谨慎性原则,预先提取的应收款项的风险准备金,核算收不回的坏账损失作为应收账款科目的备抵,基本属性与应收账款相反
预付账款	指企业按照合同规定预先支付给供货单位的购货款或定金预付款项情况不多的,也可以不设置本科目,将预付的款项直接记入"应付账款"科目

(3)物:在途物资、材料采购、原材料、库存商品、工程物资、在建工程、固定资产、累计折旧等。

科 目	核 算 内 容
在途物资	指企业采用实际成本法下,核算已经购入,但尚未验收入库的材料成本
材料采购	指企业采用计划成本法下,核算已经购入,但尚未验收入库的材料成本
原材料	指企业为产品生产储备的并构成产品实体的生产材料,包括主要材料、辅助材料、燃料等
库存商品	指企业库存待销售商品的成本
工程物资	为工程建设而购入的各种材料物资
在建工程	指企业基建、更新改造等在建工程发生的支出
固定资产	指为生产产品、提供劳务、出租或经营管理持有的,使用期限在一年以上,单价在规定限额以上的劳动资料和其他资产的原价(房屋、机器设备等)
累计折旧	指企业固定资产在使用过程中所损耗和转移的价值,作为固定资产科目的备抵,基本属性与固定资产相反

(4)其他:待处理财产损溢、无形资产、累计摊销等。

科 目	核 算 内 容
待处理财产损溢	指企业在清查财产过程中查明的各种财产盘盈、盘亏和毁损的价值物资在运输途中发生的非正常短缺与损耗,也通过本科目核算
无形资产	指企业持有的无物质形态但能给企业带来经济利益的专利技术、非专利技术、商标权、著作权、土地使用权等
累计摊销	指企业对使用寿命有限的无形资产计提的累计摊销,作为无形资产科目的备抵,基本属性与无形资产相反

2.负债类

(1)借款:短期借款、长期借款。

(2)应付:应付票据、应付账款、其他应付款、预收账款、应付利息、应付职工薪酬、应付股利、应交税费、应付债券等。

科 目	核 算 内 容
短期借款	指企业向银行或其他金融机构等借入的期限在1年以下(含1年)的借款
长期借款	指企业向银行或其他金融机构等借入的期限在1年以上(不含1年)的各项借款

续表

科目	核算内容
应付票据	指企业购买材料、商品和接受劳务供应等开出、承兑的商业汇票,包括银行承兑汇票和商业承兑汇票
应付账款	指企业因购买材料、商品和接受劳务等经营活动应付未付的款项
其他应付款	指企业除应付票据、应付账款、预收账款、应付职工薪酬等以外的其他各项应付未付、暂收的款项,如暂收的押金
预收账款	指企业按照合同规定预先收取购货单位的购货款或定金
应付利息	指企业所取得的各项借款应按合同约定应支付的利息
应付职工薪酬	指企业根据有关规定应付给职工的各种薪酬。本科目可按"工资""职工福利""社会保险费""住房公积金""工会经费""职工教育经费""非货币性福利""辞退福利""股份支付"等进行明细核算
应付股利	指企业应付给投资人的分红(现金股利)
应交税费	指企业按照税法等规定计算应交未交的各种税费主要包括增值税、消费税、城市维护建设税、教育费附加、所得税等
应付债券	应付债券是指发行债券的企业在到期时应付钱给持有债券的人(包括本金和利息)

3.共同类:略

4.所有者权益类:实收资本(股本)、资本公积、盈余公积、本年利润、利润分配等

科目	核算内容
实收资本	指企业按照章程或合同、协议的约定,接受投资者投入的实收资本(股份有限公司应将本科目改为"股本")
资本公积	指企业收到投资者出资额超出其在注册资本或股本中所占份额的部分
盈余公积	指企业从净利润中提取的盈余公积
本年利润	指企业当期实现的净利润(或发生的净亏损)
利润分配	指企业税后净利润的分配(或亏损的弥补)和历年分配(或弥补)后的余额

5.成本类:生产成本、制造费用

科目	核算内容
生产成本	指企业进行工业性生产发生的各项生产成本,一般指生产车间直接用于产品生产的费用支出。如直接材料、直接人工、制造费用(间接制造费用分配过来的成本)
制造费用	指企业生产车间为生产产品而发生的各项间接费用,包括车间的折旧费、水电费、办公费、机物料消耗等

6.损益类

(1)收入类(益):主营业务收入、其他业务收入、营业外收入、投资收益

科目	核算内容
主营业务收入	指企业在销售商品、提供劳务以及让渡资产使用权等日常活动中所取得的主营业务的收入

续表

其他业务收入	指企业确认的除主营业务活动以外的其他经营活动实现的收入,包括出租固定资产、出租无形资产、出租包装物和商品、销售材料等实现的收入
营业外收入	指企业发生的非生产经营活动产生或发生的各种收益,包括非流动资产处置利得、捐赠利得、罚没收入等
投资收益	指企业确认的投资收益或投资损失

(2)费用类(损):主营业务成本、其他业务成本、营业外支出、销售费用、管理费用、财务费用、税金及附加、所得税费用、资产减值损失

科 目	核 算 内 容
主营业务成本	指企业从事主营销售活动、提供劳务所发生的成本耗费
其他业务成本	指企业确认的除主营业务活动以外的其他经营活动所发生的成本耗费
营业外支出	指与企业生产经营无直接关系的各项营业外支出,包括非流动资产处置损失、公益性捐赠支出、非常损失、盘亏损失等
销售费用	指企业在销售过程中发生的各项费用以及为销售本企业商品而专设的销售机构经费,如展销费、包装费、宣传广告费、运输费、装卸费、委托代销手续费等费用
管理费用	指企业在筹建期间发生的开办费,包括人员工资、办公费、培训费、差旅费、印刷费、注册登记费等企业为组织和管理企业生产经营所发生的管理费用,如工资、福利费、办公费、招待费、车辆费、差旅费、招待费、行政管理部门固定资产的折旧及无形资产的摊销
财务费用	指企业为生产经营而筹集资金或运用资金所发生的各项费用,包括利息支出、利息收入、汇兑损益、金融机构手续费、企业发生或收到的现金折扣等
税金及附加	税金及附加是指企业经营活动应负担的相关税费,包括消费税、城市维护建设税、教育费附加、资源税、房产税、城镇土地使用税、车船税、印花税等。
所得税费用	指企业确认的应从当期利润总额中扣除的所得税费用
资产减值损失	指企业在资产负债表日,经过对资产的测试,判断资产的可收回金额低于其账面价值而计提资产减值损失准备所确认的相应损失

四、会计账户的概念与分类

我们知道,会计科目只是对会计对象的具体内容进行分类,即对会计要素进行分类,它仅规定了会计核算的具体内容。但只有分类的名称还不能提供任何指标,也就不能真实地记录和反映每一笔经济业务及其连续性,因此会计上所需的具体数据资料要通过有关的账户来进行登记和积累,各单据必须在设置会计科目的基础上,建立相应的账户。

(一)会计账户的概念

账户是根据会计科目设置的,具有一定格式和结构,用于分类反映会计要素增减变动情况及其结果的载体。

(二)会计账户的分类

账户可根据其核算的经济内容、提供信息的详细程度及其统驭关系进行分类。

1.根据核算的经济内容,账户分为资产类账户、负债类账户、共同类账户、所有者权益类账户、成本类账户和损益类账户六类。其中,有些资产类账户、负债类账户和所有者权益类账户存在备抵账户。备抵账户,又称抵减账户,是指用来抵减被调整账户余额,以确定被调整账户实有数额而设置的独立账户。如"坏账准备"是"应收账款"的备抵账户,"累计折旧"是"固定资产"的备抵账户,"累计摊销"是"无形资产"的备抵账户。

2.根根提供信息的详细程度及其统驭关系,账户分为总分类账户和明细分类账户。

(1)总分类账户。总分类账户又称总账账户、一级账户,是对企业经济活动的具体内容进行总括核算的账户,它能够提供某一具体内容的总括核算指标,一般只用货币计量。总分类账户的名称、核算内容、使用方法通常是国家《企业会计准则》统一制定的。如:根据"原材料"科目开设的"原材料"账户,能够提供企业拥有的原材料总额。

(2)明细分类账户。明细分类账户是对某一经济业务进行明细核算的账户,它是根据总分类账户的核算内容,按照实际需要和更详细的分类要求设置的。明细分类账户能够提供具体经济业务活动的详细资料,除可以用货币计量外,有的还用实物量度(个、千克、台)等辅助计量。在实际工作中,不是所有的总分类账户都需要设置明细分类账户,如"库存现金""累计折旧"等账户不必设置明细分类账户,而多数总分类账户都要设置明细分类账户,如:根据"应交税费"科目下所属的各明细科目开设的明细账户,就可以了解企业应交有关具体税种的金额。

总分类账户和所属明细分类账户核算的内容相同,只是反映内容的详细程度有所不同,两者相互补充,相互制约,相互核对。总分类账户统驭和控制所属明细分类账户,明细分类账户从属于总分类账户。

五、账户的功能与结构

(一)账户的功能

账户的功能在于连续、系统、完整地提供企业经济活动中各会计要素增减变动及其结果的具体信息。其中,账户所提供的会计要素在特定会计期间增加和减少的金额,分别称为账户的"本期增加发生额"和"本期减少发生额",二者统称为账户的"本期发生额";会计要素在会计期末的增减变动结果,称为账户的"余额",具体表现为期初余额和期末余额,账户上期的期末余额转入本期,即为本期的期初余额;账户本期的期末余额转入下期,即为下期的期初余额。账户的期初余额、期末余额、本期增加发生额和本期减少发生额统称为账户的四个金额要素。对于同一账户而言,它们之间的基本关系为:

$$期末余额 = 期初余额 + 本期增加发生额 - 本期减少发生额$$

账户的本期发生额说明特定资金项目在某一会计期间增加或减少变动的状况,提供该资金项目变化的动态信息。因此,账户的本期发生额属于"动态"经济指标范畴;账户的余额说明特定资金项目在某一时日或某一时刻(如期初、期末)的存在状况,即"相对静止"条件下的表现形式。因此,账户的余额属于"静态"经济指标范畴。

```
                    库存现金
期初余额 30 000
   (1) 5 000                    (2) 2 000
   (3) 1 000                    (4) 3 000
本期增加发生额合计 6 000    本期减少发生额合计 5 000
期末余额      31 000
     期末余额＝期初余额＋本期增加发生额－本期减少发生额
         31 000＝30 000＋6 000－5 000
```

(二)账户的结构

为了正确记录和反映各项经济业务引起的资产、负债、所有者权益、收入、费用和利润的增减变动及其结果,账户不但要有明确的核算内容,而且要有一定的结构。

账户的结构是指账户的组成部分及其相互关系。账户通常由以下内容组成:

(1)账户名称,即会计科目;

(2)日期,即所依据记账凭证中注明的日期;

(3)凭证字号,即所依据记账凭证的编号;

(4)摘要,即经济业务的简要说明;

(5)金额,即增加额、减少额和余额。

账户的基本结构如表 2-5 所示。

表 2-5 库存现金账户

库存现金

年		凭证号数	摘要	借方	贷方	借或贷	余额
月	日						

从账户名称、记录增加额和减少额的左右两方来看,账户结构在整体上类似于汉字"丁"和大写的英文字母"T",因此,账户的基本结构在实务中被形象地称为"丁"字账户或者"T"形账户。如图 2-2 所示。

图 2-2 账户的基本结构

T字形账户划分为左右两方,由于账户所记录的经济内容的不同,其左右两方记录的内容也不同。左右两方都是按相反方向来记录增加额和减少额的,即如果规定在左方记录增加额,就应该在右方记录减少额。反之,规定右方记录增加额,则左方就应该记录减少额。究竟哪个账户的哪一方用来登记增加额,哪一方用来登记减少额,取决于账户反映的经济内容和账户的性质。账户的左右两方增减相抵后的差额,称为账户的余额,账户余额一般与增加额在同一方向。

☞ 知识点提要

功能	账户的功能在于连续、系统、完整地提供企业经济活动中各会计要素增减变动及其结果的具体信息
	账户的四个金额要素之间的基本关系为:期末余额＝期初余额＋本期增加发生额－本期减少发生额
结构	内容	(1)账户名称;(2)日期;(3)凭证字号;(4)摘要;(5)金额
	账户的左右两方,分别记录增加额和减少额,至于哪一方登记增加,哪一方登记减少,取决于账户记录的经济内容和账户的性质

六、账户与会计科目的关系

从理论上讲,会计科目与账户是两个不同的概念,二者既有联系,又有区别。

联系:会计科目与账户都是对会计对象具体内容的分类,两者核算内容一致,性质相同。会计科目是账户的名称,也是设置账户的依据;账户是会计科目的具体运用,具有一定的结构和格式,并通过其结构反映某项经济业务的增减变动及其余额。没有会计科目,账户便失去了设置的依据;没有账户,就无法发挥会计科目的作用。

区别:会计科目仅仅是账户的名称,不存在结构;而账户则具有一定的格式和结构。实际工作中,对会计科目和账户不加以严格区分,而是相互通用。

☞ 知识点提要

联系	对会计对象具体内容的分类,两者核算内容一致,性质相同
	会计科目是账户的名称,也是设置账户的依据
	账户是会计科目的具体运用,具有一定的结构和格式
区别	会计科目仅仅是账户的名称,不存在结构;而账户则具有一定的格式和结构

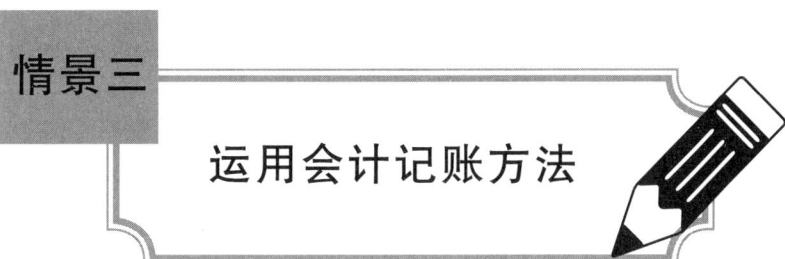

☆情景导读

会计"新手"从学习原始凭证到填制记账凭证的另一座桥梁就是学习会计记账方法,如果把情景二的内容比作会计的"工具",那情景三的内容就是学会如何使用工具——学会使用工具的"方法"。

情景三介绍了借贷记账法的账户结构、借贷记账法的记账规则和会计分录,会计"新手"在学习时务必保持"谦虚、谨慎、不骄、不躁"的态度,一定要把这座大山从你的心中"移走",为你早日成为会计"能手"做好准备。

☆ 任务目标

了 解	复式记账法的概念与种类、会计分录的分类
熟 悉	借贷记账法的原理
掌 握	借贷记账法的账户结构、借贷记账法下的试算平衡

任务一 了解会计记账方法的种类

记账方法就是根据一定的原理、记账符号,采用一定的计量单位,利用文字和数字,将交易或事项发生所引起的各会计要素的增减变动在有关账户中进行记录的方法。记账方法按记录方式不同,分为单式记账法和复式记账法。

一、单式记账法

单式记账法是指对发生的每一项经济业务,只在一个账户中加以登记的记账方法。例如,用银行存款购买原材料的业务,只在账户中记录银行存款付出业务,而对原材料的收入业务,却不在账户中登记,即使在原材料保管账中有登记,与银行存款的付出业务也没有对应关系。

单式记账法是一种比较简单、不完整的记账方法。采用这种方法记账,一般只是单方面反映现金、银行存款和债权债务方面发生的经济业务,而与此相联系的另一方面却不予反映。因此,在账户设置上比较简单,只设置"库存现金""银行存款""应收账款"和

"应付账款"等账户,没有一套完整的账户体系,账户之间也未形成相互对应的关系,不能全面、系统地反映经济业务的来龙去脉,也不便于检查账户记录的正确性。

二、复式记账法

随着社会生产的进一步扩大,经济活动日益频繁,经济业务更加复杂,记账的对象扩大,单式记账法已不能满足管理的要求。因此,产生了科学的复式记账方法。

(一)复式记账法的概念

复式记账法是以资产与权益平衡关系作为记账基础,对于每一笔经济业务,都必须用相等的金额在两个或两个以上相互联系的账户中进行登记,全面系统地反映会计要素增减变化的一种记账方法。每一笔经济业务客观上都要引起至少两个方面的变化。例如,用银行存款购买原材料的业务,一方面是银行存款发生减少的变化;另一方面是原材料发生增加的变化。因此,为了客观地反映经济业务,按复式记账法的要求,不仅要在银行存款账户中记录银行存款的付出,而且还要在原材料账户中记录原材料的收入,并且两个账户中所登记的金额相等。这样,在银行存款账户和原材料账户之间形成了一种相互对应的关系。现代会计运用复式记账法。

(二)复式记账法的优点

复式记账法被世界各国公认为一种科学的记账方法。与单式记账法相比,复式记账法的优点主要有:

(1)能够全面反映经济业务内容和资金运动的来龙去脉

复式记账法对于每一项经济业务,都要在两个或两个以上的账户中进行相互联系的记录,不仅可以通过账户记录完整、系统地反映经济活动的过程,而且还能清楚地反映资金运动来龙去脉。

(2)能够进行试算平衡,便于查账和对账。

复式记账法对于每一项经济业务,都以相等的金额进行对应记录,便于核对和检查账户记录结果,防止错误记录。

(三)复式记账法的种类

复式记账法可分为借贷记账法、增减记账法和收付记账法等。借贷记账法是目前国际上通用的记账方法,我国《企业会计准则——基本准则》规定企业应当采用借贷记账法记账。

知识点提要

复式记账法	概念	复式记账法是指对于每一笔经济业务,都必须用相等的金额在两个或两个以上相互联系的账户中进行登记,全面系统地反映会计要素增减变化的一种记账方法
	优点	能够全面反映经济业务内容和资金运动的来龙去脉
		能够进行试算平衡,便于查账和对账
	种类	复式记账法根据记账符号的不同,可分为借贷记账法、增减记账法和收付记账法三种
		我国《企业会计准则——基本准则》规定企业应当采用借贷记账法记账

任务二 运用借贷记账法

一、借贷记账法的概念

借贷记账法是以"资产＝负债＋所有者权益"为理论依据,以"借"和"贷"作为记账符号,以"有借必有贷,借贷必相等"为记账原则,反映各会计要素增减变动信息的一种复式记账法,是复式记账中应用最广的一种方法。

借贷记账法是历史上第一种复式记账法。它最初产生于13－14世纪意大利地中海沿岸借贷资本家记录其货币存入和放出的需要。一些经营银行的商人,一方面收存商人的游资,支付利息,另一方面又把钱借给另一些商人以收取更高的利息。借和贷是从借贷资本家的角度来解释的。因此,该方法产生之初,"借""贷"两字和账户中记录的经济业务内容相符,并非纯粹的记账符号。

☞ **知识点提要**

概念	借贷记账法是一种以"借""贷"作为记账符号,以"有借必有贷,借贷必相等"为记账规则,对每项经济业务在两个或两个以上有关账户中相互联系地进行记录的一种复式记账方法
	借贷记账法源于13世纪前后的意大利
	借贷记账法以"借""贷"分别作为账户的左方和右方。至于哪一方登记增加,哪一方登记减少,要根据账户的性质与所记录经济内容的性质来决定

二、借贷记账法下的账户结构

（一）借贷记账法下账户的基本结构

借贷记账法下,账户的左方称为借方,右方称为贷方。所有账户的借方和贷方按相反方向记录增加数和减少数,即一方登记增加额,另一方就登记减少额。至于"借"表示增加,还是"贷"表示增加,则取决于账户的性质与所录经济内容的性质。

需要注意的是,如前所述,"借""贷"两字,最初是以其本来含义记账的,反映的是"债权"和"债务"的关系。但随着商品经济的发展,借贷记账法经过不断地发展和完善,"借""贷"两字逐渐失去其本来含义,变成了纯粹的记账符号,仅代表科目的"左方""右方",没有其他含义。初学者切不可望文生义。

通常而言,资产、成本和费用类账户的增加用"借"表示,减少用"贷"表示；负债、所有者权益和收入类账户的增加用"贷"表示,减少用"借"表示。备抵账户的结构与所调整账户的结构正好相反。

（二）资产和成本类账户的结构

在借贷记账法下,资产类、成本类账户的借方登记增加额；贷方登记减少额；期末余额一般在借方,有时可能无余额。其余额计算公式为：

期末借方余额＝期初借方余额＋本期借方发生额－本期贷方发生额

资产和成本类账户结构用 T 型账户表示如图 3-1 所示。

借方		资产及成本类账户	贷方	
期初余额	×××	本期减少额	×××
本期增加额	×××		
	×××		
本期借方发生额	×××	本期贷方发生额	×××
期末余额	×××		

图 3-1　资产及成本类账户结构

资产类备抵账户的结构与所调整账户的结构正好相反。

(三) 负债和所有者权益类账户的结构

在借贷记账法下,负债类、所有者权益类账户的借方登记减少额;贷方登记增加额;期末余额一般在贷方,有时可能无余额,其余额计算公式为:

期末贷方余额＝期初贷方金额＋本期贷方发生额－本期借方发生额

负债和所有者权益类账户结构用 T 型账户表示如图 3-2 所示。

借方		负债与所有者权益类账户	贷方	
本期减少额	×××	期初余额	×××
	×××	本期增加额	×××
			×××
本期借方发生额	×××	本期贷方发生额	×××
		期末余额	×××

图 3-2　负债与所有者权益类账户的结构

(四) 损益类账户的结构

损益类账户是记录企业各项收入和各项费用的账户,主要包括收入类账户和费用类账户。

1. 收入类账户的结构

企业在生产经营过程中不断地取得各项收入,收入是实现利润的源泉。收入增加会导致利润增加,利润在未分配之前可以将其看作所有者权益的增加。因此,收入类会计科目的结构与权益类会计科目的结构相似。

在借贷记账法下,收入类账户的借方登记减少额,贷方登记增加额。本期收入净额在期末转入"本年利润"账户,用以计算当期损益,结转后无余额。

收入类账户的结构如图 3-3 所示。

借方		收入类账户	贷方	
本期减少额	×××	本期增加额	×××
本期转出额	×××		×××
本期借方发生额	×××	本期贷方发生额	×××

图 3-3　收入类账户的结构

2.费用类账户的结构

企业在生产经营过程中必然会发生各项费用支出,费用支出的发生是为取得收入而付出的代价,因而需要从收入中得到弥补。费用支出增加会导致企业利润的减少。因此,费用类账户的结构应与所有者权益类账户的结构相反。

在借贷记账法下,费用类账户的借方登记增加额,贷方登记减少额。本期费用净额在期末转入"本年利润"账户,用以计算当期损益,结转后无余额。

费用类账户的结构如图 3-4 所示。

借方	费用类账户	贷方	
本期增加额	×××	本期减少额	×××
	×××	本期转出额	×××
本期借方发生额	×××	本期贷方发生额	×××

图 3-4　费用类账户的结构

各类账户增减方向、余额和期末余额计算公式所在方向如表 3-1 所示。

表 3-1　借贷记账法各类账户结构

账户类别	借方	贷方	余额	计算公式
资产类账户	＋	－	借方	期末余额＝期初余额＋本期借方发生额－本期贷方发生额
成本类账户	＋	－	借方	
费用类账户	＋	－	一般无余额	期末结转本年利润账户,结转后无余额
负债类账户	－	＋	贷方	期末余额＝期初余额＋本期贷方发生额－本期借方发生额
所有者权益类账户	－	＋	贷方	
收入类账户	－	＋	一般无余额	期末结转本年利润账户,结转后无余额

备注:备抵账户的结构与所调整账户的结构正好相反。

知识点提要

账户的结构	账户的基本结构	资产、成本和费用类账户的增加用"借"表示,减少用"贷"表示;负债、所有者权益和收入类账户的增加用"贷"表示,减少用"借"表示
		备抵账户的结构与所调整账户的结构正好相反
	【巧记】资产＋费用＝负债＋所有者权益＋收入 等式左边:资产、费用(损益支出类、成本类科目)增加在借方,减少在贷方;等式右边:负债、所有者权益、收入增加在贷方,减少在借方,备抵账户正好相反,若有余额,余额与增加方向同步	
会计账户结构	资产类和成本类账户的结构	资产类、成本类账户的借方登记增加额;贷方登记减少额;期末余额一般在借方 【解释】账户余额一般在增加的一方
		期末借方余额＝期初借方余额＋本期借方发生额－本期贷方发生额
	负债及所有者权益类账户的结构	负债类、所有者权益类账户的借方登记减少额;贷方登记增加额;期末余额一般在贷方
		期末贷方余额＝期初贷方余额＋本期贷方发生额－本期借方发生额

续表

会计账户结构	损益类账户的结构	包括损益收入类账户和损益支出类账户
		（1）收入类账户的结构。收入类账户结构类似权益类账户,贷方登记增加额,借方登记收入的减少额以及期末结转记入"本年利润"账户的数额；期末结转后该账户一般无余额
		（2）费用类账户的结构。借方登记增加额,贷方登记减少额及期末结转记入"本年利润"账户的数额；期末结转后该账户一般无余额

三、借贷记账法的记账规则

记账规则是指采用某种记账方法登记具体经济业务时应当遵循的规律。借贷记账法的记账规则是"有借必有贷,借贷必相等"。即对于企业发生的每一笔经济业务,都要在两个或两个以上相互联系的账户的借方和贷方进行登记,并且借方和贷方登记的金额要相等。具体来说,就是指对于每一项经济业务事项,如果在一个账户中登记了借方,必须同时在另一个或几个账户中登记贷方；或者反过来说,在一个账户中登记了贷方,必须在另一个或几个账户中登记借方。而且登记在借方的合计数与贷方的合计数金额必须相等。举例解释如图3-5所示。

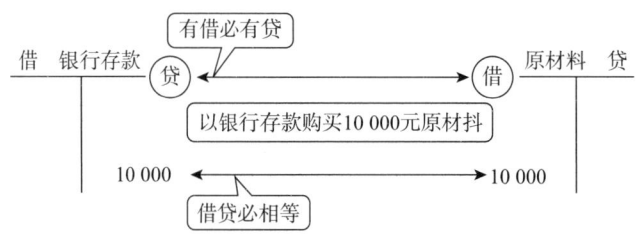

图3-5 借贷记账法的记账规则解释

运用借贷记账法的记账规则登记经济业务时,一般按以下步骤进行：

首先,分析经济业务中所涉及的账户名称,并判断账户的性质；

其次,判断账户中所涉及的资金数量是增加还是减少；

最后,根据账户的结构确定记入账户的方向。

四、借贷记账法下的账户对应关系与会计分录

（一）账户的对应关系

账户的对应关系是指采用借贷记账法对每笔交易或事项进行记录时,相关账户之间形成的应借、应贷的相互关系。

存在对应关系的账户称为对应账户。通过账户的对应关系,可以了解经济业务的内容,反映经济业务的来龙去脉。

(二)会计分录

1.会计分录的含义

会计分录,简称分录,是对每项经济业务列示出应借、应贷的账户名称及其金额的一种记录。会计分录由应借应贷方向、相互对应的科目及其金额三个要素构成。在我国,会计分录记载于记账凭证中。

2.会计分录的分类

按照所涉及账户的多少,会计分录分为简单会计分录和复合会计分录。简单会计分录指只涉及一个账户借方和另一个账户贷方的会计分录,即一借一贷的会计分录。复合会计分录指由两个以上(不含两个)对应账户组成的会计分录,即一借多贷、多借一贷或多借多贷的会计分录。一个复合会计分录是由若干个内容相关的简单会计分录合并而成的,一个复合会计分录又可以分解为若干个内容相关的简单会计分录。编制复合会计分录可以集中反映某项经济业务的全面情况,简化记账手续。通常情况下,复合会计分录的形式可以是一借多贷或一贷多借。特殊经济业务也可以编制多借多贷的会计分录。

3.会计分录的书写格式

(1)先写借方科目,后写贷方科目,借贷要分行书写,借贷方合计金额要相等;

(2)贷方的文字和数字都要比借方后退两格书写;

(3)在一借多贷或一贷多借和多借多贷的情况下,借方或贷方的文字、金额要对齐。

如图3-6所示。

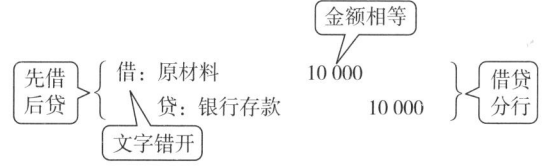

图3-6 会计分录书写格式举例解释

4.会计分录的编制方法

运用借贷记账法编制会计分录,可按下列步骤进行:

(1)分析经济业务事项涉及的会计科目;

(2)确定涉及哪些会计科目,是增加还是减少;

(3)确定记入哪个(或哪些)账户的借方、哪个(或哪些)账户的贷方;

(4)编制会计分录,并检查是否符合记账规则。

会计分录编制对于初学会计者而言是一个重点、难点问题,为了更好地帮助初学会计者理解、掌握会计分录的编制方法,可以给会计分录编制方法进行提炼,按"五步法"来进行分析经济业务、编制会计分录。

第一步:定科目,确定经济业务事项发生涉及哪些科目;

第二步:找类别,分析所涉及的科目属于哪类账户结构;

第三步:定方向,确定所涉及科目增加、减少情况和应记的借贷方向;

第四步:定金额,确定借贷方金额;

第五步:做分录,检查会计科目、金额是否正确,并作出会计分录。

五、借贷记账法下的试算平衡

(一)试算平衡的含义

试算平衡,是指根据借贷记账法的记账规则和资产与权益的恒等关系,通过对所有账户的发生额和余额的汇总计算和比较,来检查记录是否正确的一种方法。

经济业务发生后,按照借贷记账法记账,借、贷双方的发生额必然相等。不仅每一笔会计分录借贷发生额相等,而且当一定会计期间(年、季、月)的全部经济业务的会计分录都记入相关账户后,所有账户的借方发生额与贷方发生额的合计数也必然相等。以此类推,全部账户的借方期末余额与贷方期末余额的合计数也必然相等。用借贷记账法记账,就要根据借贷必相等的规则进行试算平衡,检查每笔经济业务和会计分录是否正确,以及全部账户的本期发生额和期末余额是否正确。

(二)试算平衡的分类

采用借贷记账法进行试算平衡,有发生额试算平衡和余额试算平衡两种方法。

1. 发生额试算平衡

发生额试算平衡是指全部账户本期借方发生额合计与全部账户本期贷方发生额合计保持平衡,即:

全部账户本期借方发生额合计＝全部账户本期贷方发生额合计

发生额试算平衡的直接依据是借贷记账法的记账规则。

在实际工作中,发生额试算平衡是通过编制发生额试算平衡表进行的,格式如表3-2所示。

表 3-2 账户本期发生额试算平衡表

年　　　月　　　　　　单位:元

账户名称	借方发生额	贷方发生额
合计		

2. 余额试算平衡

余额试算平衡是指全部账户借方期末(初)余额合计与全部账户贷方期末(初)余额合计保持平衡,即:

全部账户借方期末(初)余额合计＝全部账户贷方期末(初)余额合计

余额试算平衡的直接依据是财务状况等式。

在实际工作中,余额试算平衡是通过编制账户余额试算平衡表进行的,其格式如表3-3所示。

表 3-3　账户余额试算平衡表

年　　月　　　　　　　　　　单位:元

账户名称	借方余额	贷方余额
合计		

(三)试算平衡表的编制

试算平衡是通过编制试算平衡表进行的。试算平衡表通常是在期末结出各账户的本期发生额合计和期末余额后编制的,试算平衡表中一般应设置"期初余额"、"本期发生额"和"期末余额"三大栏目,其下分设"借方"和"贷方"两个小栏。各大栏中的借方合计与贷方合计应该平衡相等,否则,便存在记账错误。为了简化表格,试算平衡表也可只根据各个账户的本期发生额编制,不填列各账户的期初余额和期末余额。

试算平衡表的一般格式如表 3-4 所示。

表 3-4　试算平衡表

年　　月　　　　　　　　　　单位:元

账户名称	期初余额		本期发生额		期末余额	
	借方	贷方	借方	贷方	借方	贷方
合计						

在编制试算平衡表时,应注意以下几点:

(1)必须保证所有账户的余额均已记入试算表。因为会计等式是对六项会计要素整体而言的,缺少任何一个账户的余额,都会造成期初或期末借方余额合计与贷方余额合计不相等。

(2)如果试算表借贷不相等,肯定账户记录有错误,应认真查找,直到实现平衡为止。

(3)即便实现了有关三栏的平衡关系,并不能说明账户的记录绝对正确,因为有些错误并不会影响借贷双方的平衡关系。例如下列情形:

①漏记某项经济业务,将使本期借贷双方的发生额发生等额减少,借贷仍然平衡;

②重记某项经济业务,将使本期借贷双方的发生额发生等额增加,借贷仍然平衡;

③某项经济业务记错有关账户,借贷仍然平衡;

④某项经济业务在账户记录中,颠倒了记账方向,借贷仍然平衡;

⑤某借方和贷方发生额中,偶然发生多记或少记并相互抵消,借贷仍然平衡。

由于账户记录可能存在这些不能由试算平衡表来发现的错误,所以需要对一切会计记录进行日常或定期的复核,以保证账面记录的正确性。

知识点提要

账户对应关系与会计分录	账户的对应关系		是指采用借贷记账法对每笔交易或事项进行记录时,相关账户之间形成的应借、应贷的相互关系
	对应账户		存在对应关系的账户称为对应账户
	含义		会计分录,就是对每项经济业务列示出应借、应贷账户名称及其金额的一种记录
	构成		由应借、应贷的方向、相互对应的科目及其金额三个要素构成
	分类		会计分录按照所涉及的账户多少,可分为简单会计分录和复合会计分录
		简单会计分录	即一借一贷的会计分录
		复合会计分录	指由两个以上(不含两个)对应账户组成的会计分录,即一借多贷、一贷多借或多借多贷的会计分录
			可以分解为几个简单的会计分录
试算平衡	含义		是指根据借贷记账法的记账规则和资产与权益的恒等关系,通过对所有账户的发生额和余额的汇总计算和比较,来检查记录是否正确的一种方法
	分类	发生额试算平衡法	全部账户本期借方发生额合计=全部账户本期贷方发生额合计
			直接依据是借贷记账法的记账规则
		余额试算平衡法	根据余额时间不同,又分为期初余额和期末余额平衡两类
			全部账户的借方期初余额合计=全部账户的贷方期初余额合计
			全部账户的借方期末余额合计=全部账户的贷方期末余额合计
			直接依据是财务状况等式
试算平衡	试算平衡表的编制		试算平衡是通过编制试算平衡表进行的
			试算平衡表通常是在期末结出各账户的本期发生额合计和期末余额后编制的,试算平衡表中一般应设置"期初余额"、"本期发生额"和"期末余额"三大栏目,其下分设"借方"和"贷方"两个小栏
			各大栏中的借方合计与贷方合计应该平衡相等,否则,便存在记账错误
			为了简化表格,试算平衡表也可只根据各个账户的本期发生额编制,不填列各账户的期初余额和期末余额
		注意几点	(1)必须保证所有账户余额均已计入试算平衡表
			(2)如果试算平衡表借贷不相等,肯定账户记录有错误,应认真查找,直到实现平衡为止
			(3)即使实现了三栏的平衡,并不能说明会计科目记录绝对正确,因为有些错误并不会影响借贷双方的平衡关系。例如①漏记;②重记某项经济业务;③错记会计科目;④借贷方向错误;⑤发生额偶然发生多记或少记并相互抵消,试算依然是平衡的

情景四 借贷记账法下主要经济业务的账务处理

☆ 情景导读

会计"新手"已经学完原始凭证到记账凭证的两座桥梁,是不是你就会填制记账凭证了?"光说不练假把式",教练仅教你"汽车的构造"和"如何开车",你是不会"开车"的,一定要实践、实践、再实践,重要的事情说三遍。

学习情景四的内容,就是填制记账凭证的"岗前"实践工作,情景四按照企业资金运动的顺序,主要介绍了资金筹集、设备购置、材料采购、产品生产、商品销售和利润分配等经济业务的账务处理。

☆ 任务目标

掌　握	1.企业资金的循环与周转过程 2.核算企业主要经济业务的会计科目 3.企业主要经济业务的账务处理 4.企业净利润的计算 5.企业净利润的分配

任务一　熟悉企业的主要经济业务

企业是一种从事生产、运输、贸易等经济活动,以营利为目的,进行自主经营、独立核算的经济组织。

不同企业的经济业务各有特点,其生产经营业务流程也不尽相同,本章主要介绍企业的资金筹集、设备购置、材料采购、产品生产、商品销售和利润分配等经济业务。

企业从各种渠道筹集生产经营所需资金进入生产经营准备过程,主要使用货币资金购置机器设备等固定资产、购买原材料等,为生产产品做好物资准备,随后进入生产过程。

产品的生产过程也是成本和费用的发生过程,从其变化过程看,原材料等劳动对象通过加工转化为产成品;从价值形态看,生产过程中发生的各种耗费形成企业的生产费用,使用厂房、机器设备等劳动资料形成折旧费用等,这些耗费的总和形成了产品的生产成本。

销售过程是产品价值的实现过程,在销售过程中,企业通过销售产品并办理结算等,收回货款或者形成债权。各项收入抵偿各项成本、费用之后的差额,形成企业的利润,完成一次资金循环。

利润分配后,一部分资金退出企业,一部分资金以留存收益等形式继续参与企业的资金周转。

针对企业生产经营过程中发生的上述经济业务,账务处理的主要内容有:(1)资金筹集业务的账务处理;(2)固定资产业务的账务处理;(3)材料采购业务的账务处理;(4)生产业务的账务处理;(5)销售业务的账务处理;(6)期间费用的账务处理;(7)利润形成与分配业务的账务处理。

任务二 资金筹集业务的账务处理

一个企业的生存和发展,离不开资产要素,资产是企业进行生产经营活动的物质基础。对于任何一个企业而言,形成其资产的资金来源主要有两条渠道:一是投资者的投资,即所有者权益筹资;二是向债权人借入的资金,即负债筹资。所有者权益筹资形成所有者的权益(通常称为权益资本),包括投资者的投资及其增值,这部分资本的所有者既享有企业的经营收益,也承担企业的经营风险;负债筹资形成债权人的权益(通常称为债务资本),主要包括企业向债权人借入的资金和结算形成的负债资金等,这部分资本的所有者享有按合同或协议收回本金和利息的权利。在会计上,我们虽然将债权人的要求权和投资者的要求权统称为权益,但由于二者存在着本质上的区别,所以这两种权益的会计处理也必然有着显著的差异。

一、所有者权益筹资业务

(一)所有者投入资本的构成

所有者向企业投入资本,即形成企业的资本金。企业的资本金按照投资主体的不同可以分为:国家资本金——企业接受国家投资而形成的资本金;法人资本金——企业接受其他企业或单位的投资而形成的资本金;个人资本金——企业接受个人包括企业内部职工的投资而形成的资本金;外商资本金——企业接受外国投资者以及中国香港、中国澳门和中国台湾地区投资者投资而形成的资本金。在股份有限公司也称为国家股、法人股、个人股和外商股。企业的资本金按照投资者投入资本的不同物质形态又分为货币资金出资,以及实物、知识产权、土地使用权等可以用货币估价并可以依法转让的非货币财产作价出资等。

所有者投入的资本主要包括实收资本(或股本)和资本公积两个内容。

1.实收资本概述

实收资本(或股本)是指企业的投资者按照企业章程、合同或协议的约定,实际投入企业的资本金以及按照有关规定由资本公积、盈余公积等转增资本的资金。

2.资本公积概述

资本公积是企业收到投资者投入的超出其在企业注册资本(或股本)中所占份额的

投资,以及直接计入所有者权益的利得和损失等。

资本公积作为企业所有者权益的重要组成部分,主要用途就在于转增资本,即在办理增资手续后用资本公积转增实收资本,按所有者原有投资比例增加投资者的实收资本。

(二)账户设置

企业通常设置以下账户对所有者权益筹资业务进行核算:

1."实收资本(或股本)"账户

账户名称	实收资本(股份有限公司一般设置"股本"账户)
性质	所有者权益类
核算内容	企业接受投资者投入的实收资本
账户结构	借方:登记投入资本的减少数 贷方:登记所有者投入企业资本金的增加额 期末余额:在贷方,反映企业期末实收资本(或股本)总额
明细分类核算	按投资者的不同设置明细账户,进行明细核算

2."资本公积"账户

账户名称	资本公积
性质	所有者权益类
核算内容	核算企业收到投资者出资额超出其在注册资本或股本中所占份额的部分,以及直接计入所有者权益的利得和损失等
账户结构	借方:登记资本公积的减少额 贷方:登记资本公积的增加额 期末余额:在贷方,反映企业期末资本公积的结余数额
明细分类核算	按资本公积的来源不同,分别按"资本溢价(或股本溢价)""其他资本公积"进行明细核算

3."银行存款"账户

账户名称	银行存款
性质	资产类
核算内容	核算企业存入银行或其他金融机构的各种款项
账户结构	借方:登记存入的款项 贷方:登记提取或支出的存款 期末余额:在借方,反映企业存在银行或其他金融机构的各种款项
明细分类核算	按照开户银行、存款种类等分别进行明细核算

银行汇票存款、银行本票存款、信用卡存款、信用证保证金存款、存出投资款、外埠存款等不通过"银行存款"账户核算,通过"其他货币资金"账户核算。

(三)账务处理

企业接受投资者投入的资本,借记"银行存款""固定资产""无形资产""长期股权投资"等科目,按其在注册资本或股本中所占份额,贷记"实收资本(或股本)"科目,按其差额,贷记"资本公积——资本溢价(或股本溢价)"科目。

知识点提要

业务类型	会计分录
接受投资账务处理	借:银行存款 　　固定资产 　　无形资产 　　长期股权投资 　贷:实收资本(或股本) 　　　资本公积——资本溢价(或股本溢价)

二、负债筹资业务

(一)负债筹资的构成

负债筹资主要包括短期借款、长期借款以及结算形成的负债等。

1.短期借款

短期借款是指企业为了满足其生产经营对资金的临时性需要而向银行或其他金融机构等借入的偿还期限在1年(含1年)以内的各种借款。

短期借款必须按期归还本金并按时支付利息。短期借款利息的计算公式为:

$$短期借款利息=借款本金\times 利率\times 时间$$

2.长期借款

长期借款是指企业向银行或其他金融机构等借入的偿还期限在1年(不含1年)以上的各种借款。

3.结算形成的负债

结算形成的负债主要有应付账款、应付职工薪酬、应交税费等。

(二)账户设置

企业通常设置以下账户对负债筹资业务进行会计核算:

1."短期借款"账户

账户名称	短期借款
性　　质	负债类
核算内容	企业的短期借款
账户结构	借方:登记短期借款本金的减少额 贷方:登记短期借款本金的增加额 期末余额:在贷方,反映企业期末尚未归还的短期借款
明细分类核算	按借款种类、贷款人和币种进行明细核算

2."长期借款"账户

账户名称	长期借款
性　　质	负债类账户
核算内容	企业的长期借款
账户结构	借方:登记归还的本金等 贷方:登记企业借入的长期借款本金等 期末余额:在贷方,反映企业期末尚未偿还的长期借款
明细分类核算	按贷款单位和贷款种类等进行明细核算

3."应付利息"账户

账户名称	应付利息
性　　质	负债类账户
核算内容	核算企业按照合同约定应支付的利息,包括按月计提的短期借款利息、吸收存款、分期付息到期还本的长期借款、企业债券等应支付的利息
账户结构	借方:登记归还的利息 贷方:登记企业按合同利率计算确定的应付未付利息 期末余额:在贷方,反映企业应付未付的利息
明细分类核算	按存款人或债权人进行明细核算

4."财务费用"账户

账户名称	财务费用
性　　质	损益类账户
核算内容	企业为筹集生产经营所需资金等而发生的筹资费用,包括利息支出(减利息收入)、汇兑损益以及相关的手续费、企业发生的现金折扣或收到的现金折扣等。为购建或生产满足资本化条件的资产所发生的应予资本化的借款费用,通过"在建工程""制造费用"等账户核算
账户结构	借方:登记手续费、利息费用等的增加额 贷方:登记应冲减财务费用的利息收入、期末转入"本年利润"账户的财务费用净额等 期末余额:期末结转后,该账户无余额
明细分类核算	按费用项目进行明细核算

(三)账务处理

1.短期借款的账务处理

企业借入的各种短期借款,借记"银行存款"科目,贷记"短期借款"科目;归还借款时做相反的会计分录。资产负债表日,应按计算确定的短期借款利息费用,借记"财务费用"科目,贷记"银行存款""应付利息"等科目。

2.长期借款的账务处理

企业借入长期借款,应按实际收到的金额借记"银行存款"科目,按借款本金贷记"长期借款——本金"科目,如存在差额,还应借记"长期借款——利息调整"科目。

资产负债表日,应按确定的长期借款的利息费用,借记"在建工程""制造费用""财务费用""研发支出"等科目,按确定的应付未付利息,贷记"应付利息"科目,按其差额,贷记"长期借款——利息调整"等科目。

☞ **知识点提要**

业务类型	会计分录
短期借款的账务处理	借入短期借款时: 借:银行存款 　贷:短期借款
	月末,计提应计利息时: 借:财务费用 　贷:应付利息
	支付银行借款利息时: 借:财务费用 　　应付利息 　贷:银行存款
	偿还银行借款本金时: 借:短期借款 　贷:银行存款
长期借款的账务处理	借入时: 借:银行存款 　　长期借款——利息调整(了解此科目) 　贷:长期借款——本金
	计提长期借款利息时: 借:管理费用(筹建期间利息) 　　财务费用(经营期间非资本化利息) 　　在建工程(经营期间资本化利息) 　贷:应付利息(分期付息) 　　长期借款——应计利息(到期一次还本付息) 　　长期借款——利息调整
	归还本息时: 借:长期借款——本金 　　财务费用等 　　应付利息 　　长期借款——应计利息 　贷:银行存款

任务三　固定资产业务的账务处理

一、固定资产的概念与特征

固定资产是指为生产商品、提供劳务、出租或者经营管理而持有、使用寿命超过一个会计年度的有形资产。

固定资产同时具有以下特征：

(1)固定资产属于一种有形资产

固定资产具有实物特征，这一特征将固定资产与无形资产区别开来。有些无形资产可能同时符合固定资产的其他特征，如无形资产为生产商品、提供劳务而持有，使用寿命超过一个会计年度，但是，由于其没有实物形态，所以不属于固定资产。

(2)固定资产是为生产商品、提供劳务、出租或者经营管理而持有

企业持有固定资产的目的是为了生产商品、提供劳务、出租或者经营管理，而不是直接用于出售。

(3)固定资产的使用寿命超过一个会计年度

固定资产的使用寿命，是指企业使用固定资产的预计期间，或者是固定资产所能生产产品、提供劳务的数量。固定资产使用寿命超过一个会计年度，表明固定资产属于长期资产，随着使用、磨损和损耗，通过计提折旧方式逐渐减少账面价值。

固定资产按经济用途分为：

(1)生产经营用固定资产，是指直接参加或直接服务于企业的生产、经营过程的各种固定资产，如房屋、建筑物、运输设备、管理用具等；

(2)非生产经营用固定资产，是指不直接服务于生产、经营过程的各种固定资产。例如，企业食堂、浴室等后勤部门使用的房屋、设备和其他固定资产。

二、固定资产的成本

固定资产的成本是指企业购建某项固定资产达到预定可使用状态前所发生的一切合理、必要的支出。

企业可以通过外购、自行建造、投资者投入、非货币性资产交换、债务重组、企业合并和融资租赁等方式取得固定资产。取得的方式不同，固定资产成本的具体构成内容及其确定方法也不尽相同。

外购固定资产的成本，包括购买价款、相关税费、使固定资产达到预定可使用状态前所发生的可归属于该项资产的运输费、装卸费、安装费和专业人员服务费等。（价＋税＋费）

2009年1月1日增值税转型改革后，企业购建（包括购进、接受捐赠、实物投资、自制、改扩建和安装）生产用固定资产发生的增值税进项税额可以从销项税额中抵扣。

三、固定资产的折旧

固定资产折旧是指在固定资产使用寿命内，按照确定的方法对应计折旧额进行的系

统分摊。其中,应计折旧额是指应当计提折旧的固定资产的原价扣除其预计净残值后的金额。已计提减值准备的固定资产,还应当扣除已计提的固定资产减值准备累计金额。

(一)固定资产折旧的影响因素

影响固定资产折旧的因素主要有:原始价值、预计净残值、预计使用年限和固定资产减值准备。

预计净残值是指假定固定资产的预计使用寿命已满并处于使用寿命终了时的预期状态,企业目前从该项资产的处置中获得的扣除预计处置费用后的金额。预计净残值率是指固定资产预计净残值额占其原价的比率。企业应当根据固定资产的性质和使用情况,合理确定固定资产的预计净残值。预计净残值一经确定,不得随意变更。

(二)固定资产折旧范围

应计提折旧的固定资产,在会计上也称为折旧性资产。企业应当按月对所有的固定资产计提折旧,但是,已提足折旧仍继续使用的固定资产、单独计价入账的土地和持有待售的固定资产除外。提足折旧是指已经提足该项固定资产的应计折旧额。当月增加的固定资产,当月不计提折旧,从下月起计提折旧;当月减少的固定资产,当月仍计提折旧,从下月起不计提折旧。提前报废的固定资产,不再补提折旧。

(三)固定资产折旧方法

企业可选用的折旧方法有年限平均法、工作量法、双倍余额递减法和年数总和法等。本部分重点介绍年限平均法和工作量法。

1. 年限平均法

年限平均法,又称直线法,是指将固定资产的应计折旧额均匀地分摊到固定资产预计使用寿命内的一种方法。

年限平均法下,各月应计提折旧额的计算公式如下:

$$年折旧率 = \frac{1 - 预计净残值率}{预计使用年限} \times 100\%$$

其中:

$$预计净残值率 = \frac{预计净残值额}{固定资产原值} \times 100\%$$

$$年折旧额 = 固定资产原价 \times 年折旧率$$

$$月折旧额 = 年折旧额 \div 12$$

$$或:月折旧额 = (固定资产原价 - 预计净残值) \times 月折旧率$$

$$月折旧率 = 年折旧率 \div 12$$

$$或:月折旧额 = \frac{固定资产原价 \times (1 - 预计净残值率)}{预计使用寿命(月)}$$

事实上,固定资产在不同使用年限提供的经济效益是不同的。一般而言,固定资产在其使用前期工作效率相对较高,所带来的经济利益也相对较多;而在其使用后期,工作效率较低,所带来的经济利益也相应较少。因此,采用年限平均法计算固定资产折旧存在着明显的局限性。

2.工作量法

工作量法,是根据实际工作量计算每期应提折旧额的一种方法。

工作量法下折旧额的计算公式如下:

$$单位工作量折旧额 = \frac{固定资产原价 \times (1-预计净残值率)}{预计总工作量}$$

年折旧额＝该项固定资产当年实际完成的工作量×单位工作量折旧额

月折旧额＝该项固定资产当月实际完成的工作量×单位工作量折旧额

不同的固定资产折旧方法,将影响固定资产使用寿命期间内不同时期的折旧费用。企业应当根据与固定资产有关的经济利益的预期实现方式合理选择折旧方法,固定资产的折旧方法一经确定,不得随意变更。

固定资产在其使用过程中,因所处经济环境、技术环境以及其他环境均有可能发生很大变化,企业至少应当于每年年度终了,对固定资产的使用寿命、预计净残值和折旧方法进行复核。固定资产使用寿命、预计净残值和折旧方法的改变,应当作为会计估计变更。

四、账户设置

企业通常设置以下账户对固定资产业务进行会计核算:

1."工程物资"账户

账户名称	工程物资
性　　质	资产类账户
核算内容	企业为在建工程准备的各种物资的成本,包括工程用材料、尚未安装的设备以及为生产准备的工器具等。例如公司建造自用办公楼购买的水泥、砖块、黄沙和钢材等
账户结构	借方:登记企业购入工程物资的成本 贷方:登记领用工程物资的成本 期末余额:在借方,反映企业期末为在建工程准备的各种物资的成本
明细分类核算	按"专用材料""专用设备""工器具"等进行明细核算

2."在建工程"账户

账户名称	在建工程
性　　质	资产类账户
核算内容	企业基建、更新改造等在建工程发生的支出。例如公司开始建造自用办公楼,但办公楼还未达到预定可使用状态
账户结构	借方:登记企业各项在建工程的实际支出 贷方:登记工程达到预定可使用状态时转出的成本等 期末余额:在借方,反映企业期末尚未达到预定可使用状态的在建工程的成本
明细分类核算	按"建筑工程""安装工程""在安装设备""待摊支出"以及单项工程等进行明细核算

3."固定资产"账户

账户名称	固定资产
性　　质	资产类账户
核算内容	企业持有的固定资产原价
账户结构	借方：登记固定资产原价的增加 贷方：登记固定资产原价的减少 期末余额：在借方，反映企业期末固定资产的原价
明细分类核算	按固定资产类别和项目进行明细核算

4."累计折旧"账户

账户名称	累计折旧
性　　质	资产类备抵账户
核算内容	企业固定资产计提的累计折旧
账户结构	借方：登记因减少固定资产而转出的累计折旧 贷方：登记按月提取的折旧额，即累计折旧的增加额 期末余额：在贷方，反映期末固定资产的累计折旧额
明细分类核算	按固定资产的类别或项目进行明细核算

5."固定资产清理"账户

账户名称	固定资产清理
性　　质	资产类
核算内容	企业因出售、报废和毁损等原因转入清理的固定资产价值以及在清理过程中所发生的清理费用和清理收入
账户结构	借方：登记固定资产转入清理的净值和清理过程中发生的费用 贷方：登记出售固定资产的取得价款、残料价值和变价收入 期末余额：其贷方余额表示清理后的净收益；借方余额表示清理后的净损失。
明细分类核算	按清理固定资产项目设置明细账

五、账务处理

（一）固定资产的购入

企业购入不需要安装的固定资产，企业可以立即投入使用，因此，会计处理比较简单，只需按确认的入账价值直接增加企业的固定资产。按应计入固定资产成本的金额，借记"固定资产""应交税费——应交增值税（进项税额）"科目，贷记"银行存款"等科目。

企业购入需要安装的固定资产，按应计入固定资产成本的金额，借记"在建工程""应交税费——应交增值税（进项税额）"科目，贷记"银行存款"等科目。支付的安装费用等固定资产成本也通过"在建工程"核算，安装完毕后再把在建工程转入固定资产。

(二)固定资产的折旧

企业按月计提的固定资产折旧,根据固定资产的用途计入相关资产的成本或者当期损益,行政管理部门和财务部门使用的固定资产计提折旧计入管理费用;生产部门使用的固定资产计提的折旧费用,应计入制造费用;专设销售机构使用的固定资产计提的折旧费用,应计入销售费用;研发部门使用的固定资产计提的折旧费用,应计入研发支出;经营性出租的固定资产计提的折旧费用,应计入其他业务成本等。即分别借记"制造费用""销售费用""管理费用""研发支出""其他业务成本"等科目,贷记"累计折旧"科目。

(三)固定资产的处置

企业因出售、报废、毁损、对外投资、非货币性资产交换、债务重组等原因转出的固定资产以及在清理过程中发生的费用,一般通过"固定资产清理"科目核算。固定资产转入清理时,按清理固定资产账面价值,借记"固定资产清理"科目,按已提的折旧,借记"累计折旧"科目,按已计提的减值准备,借记"固定资产减值准备"科目,按固定资产原价,贷记"固定资产"科目。发生清理费用,借记"固定资产清理"科目,贷记"银行存款"等科目;出售收入和收回残料,按实际收到价款及残料价等,借记"银行存款""原材料"等,贷记"固定资产清理"科目,按照税法规定销售固定资产应交的增值税,贷记"应交税费——应交增值税(销项税额)"科目。固定资产清理完成后,对清理净损益,应区分不同情况进行账务处理:(1)属于生成经营期间正常的处置损失,借记"资产处置损益"科目,贷记"固定资产清理"科目;(2)属于自然灾害等非常原因造成的损失,借记"营业外支出——非常损失"科目,贷记"固定资产清理"科目。如为贷方余额,借记"固定资产清理"科目,贷记"资产处置损益"或"营业外收入——非流动资产处置利得"科目。

☞ **知识点提要 1**

固定资产的成本	外购固定资产的成本,包括购买价款、相关税费、使固定资产达到预定可使用状态前所发生的可归属于该项资产的运输费、装卸费、安装费和专业人员服务费等。("价+税+费")	
	企业以一笔款项购入多项没有单独标价的固定资产,应将各项资产单独确认为固定资产,并按各项固定资产公允价值的比例对总成本进行分配,分别确定各项固定资产的成本	
固定资产的折旧	影响折旧的因素	原价;预计净残值;预计使用寿命;固定资产减值准备
		固定资产的使用寿命、预计净残值一经确定,不得随意变更
	不提折旧的固定资产	已提足折旧的固定资产
		单独计价入账的土地
		提前报废的固定资产
		持有待售的固定资产
		进入改良状态的固定资产;已从固定资产转入"在建工程"账户。注意,大修理的固定资产要继续计提折旧

续表

固定资产的折旧	计提折旧起点终点	当月增加,当月不提,下月开提;当月减少,当月仍提,下月不提	
	折旧方法	企业可选用的折旧方法有年限平均法、工作量法、双倍余额递减法和年数总和法等	
		年限平均法（直线法）	年折旧率＝(1－预计净残值率)÷预计使用寿命(年)
			月折旧率＝年折旧率÷12
			月折旧额＝固定资产原价×月折旧率
		工作量法	某项固定资产月折旧额＝该项固定资产当月工作量×单位工作量折旧额
			其中:单位工作量折旧额＝[固定资产原价×(1－预计净残值率)]÷预计总工作量

☞ **知识点提要 2**

业务类型	会计分类		
固定资产的购入	不需安装	借:固定资产 　　应交税费——应交增值税(进项税额) 贷:银行存款	
固定资产的购入	需要安装	支付价税费	借:在建工程 　　应交税费——应交增值税(进项税额) 贷:银行存款
		支付安装费、安装领用原材料	借:在建工程 　　应交税费——应交增值税(进项税额) 贷:银行存款/原材料
		达到可使用状态	借:固定资产 贷:在建工程
固定资产折旧	借:制造费用(生产部门) 　　销售费用(销售部门) 　　管理费用(行政管理部门包括财务部门) 　　研发支出(研发部门) 　　其他业务成本(出租) 贷:累计折旧		

续表

固定资产处置	固定资产转入清理	借:固定资产清理 　　累计折旧 　　固定资产减值准备 贷:固定资产
	支付清理费用	借:固定资产清理 　　应交税费——应交增值税(进项税额) 贷:银行存款
	收到价款时	借:银行存款 贷:固定资产清理 　　应交税费——应交增值税(销项税额)
	结转固定资产清理后的净损益	净损失　借:资产处置损益/营业外支出 　　　　贷:固定资产清理 净收益　借:固定资产清理 　　　　贷:资产处置损益/营业外收入

任务四　材料采购业务的账务处理

企业要进行正常的产品生产经营活动,就必须购买和储备一定品种和数量的原材料。原材料是产品制造企业生产产品不可缺少的物质要素,在生产过程中,材料经过加工而改变其原来的实物形态,构成产品实体的一部分,或者实物消失而有助于产品的生产。

一、材料的采购成本

材料的采购成本是指企业物资从采购到入库前所发生的全部合理的、必要的支出,包括购买价款、相关税费、运输费、装卸费、保险费以及其他可归属于采购成本的费用。在实务中,企业也可以将发生的运输费、装卸费、保险费以及其他可归属于采购成本的费用等先进行归集,期末按照所购材料的存销情况进行分摊。

二、账户设置

企业通常按照实际成本或按照计划成本组织材料的收发,核算通常需要设置以下账户对材料采购业务进行会计核算:

1."原材料"账户

账户名称	原材料
性　　质	资产类账户
核算内容	企业库存的各种材料,包括原料及主要材料、辅助材料、外购半成品(外购件)、修理用备件(备品备件)、包装材料、燃料等的计划成本或实际成本 企业收到来料加工装配业务的原材料、零件等,应当设置备查簿进行登记
账户结构	借方:登记已验收入库材料的成本 贷方:登记发出材料的成本 期末余额:在借方,反映企业库存材料的计划成本或实际成本
明细分类核算	按材料的保管地点(仓库)、材料的类别、品种和规格等进行明细核算

2."材料采购"账户

账户名称	材料采购
性　　质	资产类账户
核算内容	企业采用计划成本进行材料日常核算而购入材料的采购成本
账户结构	借方:登记企业采用计划成本进行核算时,采购材料的实际成本以及材料入库时结转的节约差异 贷方:登记入库材料的计划成本以及材料入库时结转的超支差异 期末余额:在借方,反映企业在途材料的采购成本
明细分类核算	按供应单位和材料品种进行明细核算

3."材料成本差异"账户

账户名称	材料成本差异
性　　质	资产类账户
核算内容	企业采用计划成本进行日常核算的材料计划成本与实际成本的差额
账户结构	借方:登记入库材料形成的超支差异以及转出的发出材料应负担的节约差异 贷方:登记入库材料形成的节约差异以及转出的发出材料应负担的超支差异 期末余额:在借方,反映企业库存材料等的实际成本大于计划成本的差异;期末余额在贷方,反映企业库存材料等的实际成本小于计划成本的差异
明细分类核算	该账户可以分为"原材料""周转材料"等,按照类别或品种进行明细核算

4."在途物资"账户

账户名称	在途物资
性　　质	资产类账户
核算内容	企业采用实际成本(或进价)进行材料、商品等物资的日常核算、货款已付尚未验收入库的在途物资的采购成本

续表

账户结构	借方:登记购入材料、商品等物资的买价和采购费用(采购实际成本) 贷方:登记已验收入库材料、商品等物资应结转的实际采购成本 期末余额:在借方,反映企业期末在途材料、商品等物资的采购成本
明细分类核算	按供应单位和物资品种进行明细核算

5."应付账款"账户

账户名称	应付账款
性　　质	负债类账户
核算内容	企业因购买材料、商品和接受劳务等经营活动应支付的款项
账户结构	借方:登记偿还的应付账款 贷方:登记企业因购入材料、商品和接受劳务等尚未支付的款项 期末余额:一般在贷方,反映企业期末尚未支付的应付账款余额;如果在借方,反映企业期末预付账款余额
明细分类核算	按债权人进行明细核算

6."应付票据"账户

账户名称	应付票据
性　　质	负债类账户
核算内容	企业购买材料、商品和接受劳务等开出、承兑的商业汇票,包括银行承兑汇票和商业承兑汇票
账户结构	借方:登记企业已经支付或者到期无力支付的商业汇票的票面金额 贷方:登记企业开出、承兑的商业汇票的票面金额 期末余额:在贷方,反映企业尚未到期的商业汇票的票面金额
明细分类核算	按债权人进行明细核算

7."预付账款"账户

账户名称	预付账款
性　　质	资产类账户
核算内容	企业按照合同规定预付的款项 预付款项情况不多的,也可以不设置该账户,将预付的款项直接记入"应付账款"账户
账户结构	借方:登记企业因购货等业务预付的款项 贷方:登记企业收到货物后应支付的款项等 期末余额:在借方,反映企业预付的款项;在贷方,反映企业尚需补付的款项
明细分类核算	按供货单位进行明细核算

8."应交税费"账户

账户名称	应交税费
性　　质	负债类账户
核算内容	企业按照税法等规定计算应交纳的各种税费,包括增值税、消费税、所得税、资源税、土地增值税、城市维护建设税、房产税、土地使用税、车船税、教育费附加、矿产资源补偿费等,企业代扣代缴的个人所得税等,也通过本账户核算
账户结构	借方:登记实际缴纳的各种税费 贷方:登记各种应交未交税费的增加额 期末余额:在贷方,反映企业尚未交纳的税费;在借方,反映企业多交或尚未抵扣的税费
明细分类核算	按应交的税费项目进行明细核算

三、账务处理

材料的日常收发结存可以采用实际成本核算,也可以采用计划成本核算。

(一)实际成本法核算的账务处理

实际成本法下,一般通过"原材料"和"在途物资"等科目进行核算。企业外购材料时,按材料是否验收入库分为以下两种情况:

1.材料已验收入库

(1)如果货款已经支付,材料已验收入库,发票账单已到,按支付的实际金额,借记"原材料""应交税费——应交增值税(进项税额)"等科目,贷记"银行存款""预付账款"等科目。

(2)如果货款尚未支付,材料已经验收入库,按相关发票凭证上应付的金额,借记"原材料"、"应交税费——应交增值税(进项税额)"等科目,贷记"应付账款""应付票据"等科目。

(3)如果货款尚未支付,材料已经验收入库,但月末仍未收到相关发票凭证,按照暂估价入账,即借记"原材料"科目,贷记"应付账款"等科目。但在下月初,用红字冲销原暂估入账金额。待收到发票账单后,再按照实际金额入账。

2.材料尚未验收入库

如果货款已经支付,发票账单已到,但材料尚未验收入库,按支付的金额,借记"在途物资""应交税费——应交增值税(进项税额)"等科目,贷记"银行存款"等科目;待验收入库时再作后续分录。

(二)计划成本法核算的账务处理

计划成本法下,一般通过"材料采购""原材料""材料成本差异"等科目进行核算。企业外购材料时,按材料是否验收入库分为以下两种情况:

1.材料已验收入库

(1)如果货款已经支付,发票账单已到,材料已验收入库,按支付的实际金额,借记"材料采购""应交税费——应交增值税(进项税额)"科目,贷记"银行存款"科目;按计划成本金额,借记"原材料"科目,贷记"材料采购"科目;按计划成本与实际成本之间的差额,借记(或贷记)"材料采购"科目,贷记(或借记)"材料成本差异"科目。

(2)如果货款尚未支付,材料已经验收入库,按相关发票凭证上应付的金额,借记"材料采购""应交税费——应交增值税(进项税额)"科目,贷记"应付账款""应付票据"等科目;按计划成本金额,借记"原材料"科目,贷记"材料采购"科目;按计划成本与实际成本之间的差额,借记(或贷记)"材料采购"科目,贷记(或借记)"材料成本差异"科目。

(3)如果材料已经验收入库,货款尚未支付,月末仍未收到相关发票凭证,按照计划成本暂估入账,即借记"原材料"科目,贷记"应付账款——暂估应付账款"等科目。下月初,用红字予以冲回,借记"原材料"科目(红字),贷记"应付账款——暂估应付账款"科目(红字)。

2.材料尚未验收入库

如果相关发票凭证已到,但材料尚未验收入库,按支付或应付的实际金额,借记"材料采购"科目,贷记"银行存款""应付账款"等科目;待验收入库时再作后续分录。

对于可以抵扣的增值税进项税额,一般纳税人企业应根据收到的增值税专用发票上注明的增值税额,借记"应交税费——应交增值税(进项税额)"科目。

下月初作相反的会计分录予以冲回,收到发票账单后再编制会计分录。

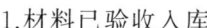知识点提要

实际成本法核算的账务处理	材料已验收入库	发票已到,材料入库	借:原材料 应交税费——应交增值税(进项税额) 贷:银行存款 预付账款 应付账款 应付票据
		发票未到,材料入库	月末	借:原材料(暂估价) 贷:应付账款(暂估价)
			下月初	借:原材料(暂估价)(红字) 贷:应付账款(暂估价)(红字)
	材料未验收入库	材料未到发票已到	购买时 借:在途物资 应交税费——应交增值税(进项税额) 贷:银行存款 应付账款等
		入库时	借:原材料 贷:在途物资

续表

计划成本法核算的账务处理	材料已验收入库	发票已到，材料已验收入库	借：材料采购 　　应交税费——应交增值税（进项税额） 贷：银行存款 　　应付账款
			借：原材料 　　材料成本差异（超支） 贷：材料采购 　　材料成本差异（节约）
		发票未到，材料入库	月末	借：原材料（暂估价） 贷：应付账款（暂估价）
			下月初	借：原材料（暂估价）（红字） 贷：应付账款（暂估价）（红字）
计划成本法核算的账务处理	材料未验收入库		借：材料采购 　　应交税费——应交增值税（进项税额） 贷：银行存款 　　应付账款等

任务五　生产业务的账务处理

企业产品的生产过程同时也是生产资料的耗费过程。企业在生产过程中发生的各项生产费用，是企业为获得收入而预先垫支并需要得到补偿的资金耗费。这些费用最终都要归集、分配给特定的产品，形成产品的成本。

产品成本的核算是指把一定时期内企业生产过程中所发生的费用，按其性质和发生地点，分类归集、汇总、核算，计算出该时期内生产费用发生总额，并按适当方法分别计算出各种产品的实际成本和单位成本等。

一、生产费用的构成

生产费用是指与企业日常生产经营活动有关的费用，生产费用按其经济用途分为直接材料、直接人工和制造费用。

1.直接材料

直接材料是指企业在生产产品和提供劳务的过程中所消耗的、直接用于产品生产，构成产品实体的各种原材料、主要材料、外购半成品以及有助于产品形成的辅助材料等。

2.直接人工

直接人工是指企业在生产产品和提供劳务过程中，直接从事产品生产的人员的薪酬。

3.制造费用

制造费用是指企业为生产产品和提供劳务而发生的各项间接费用,其构成内容比较复杂,包括间接的职工薪酬、折旧费、修理费、办公费、水电费、机物料消耗、季节性停工损失等。

二、账户设置

为了反映和监督产品在生产过程中各项材料费用的发生、归集和分配情况,正确地计算产品成本中的材料费用,企业通常设置以下账户对生产业务进行会计核算:

1."生产成本"账户

账户名称	生产成本
性　　质	成本类账户
核算内容	企业生产各种产品(产成品、自制半成品等)、自制材料、自制工具、自制设备等发生的各项生产成本
账户结构	借方:登记应计入产品生产成本的各项费用,包括直接计入产品生产成本的直接材料费、直接人工费和其他直接支出,以及期末按照一定的方法分配计入产品生产成本的制造费用 贷方:登记完工入库产成品应结转的生产成本 期末余额:在借方,反映企业期末尚未加工完成的在产品成本
明细分类核算	按基本生产成本和辅助生产成本进行明细分类核算。基本生产成本应当分别按照基本生产车间和成本核算对象(如产品的品种、类别、订单、批别、生产阶段等)设置明细账(或成本计算单),并按照规定的成本项目设置专栏

2."制造费用"

账户名称	制造费用
性　　质	成本类账户
核算内容	企业生产车间(部门)为生产产品和提供劳务而发生的各项间接费用
账户结构	借方:登记实际发生的各项制造费用 贷方:登记期末按照一定标准分配转入"生产成本"账户借方的应计入产品成本的制造费用 期末金额:期末结转后,该账户一般无余额
明细分类核算	按不同的生产车间、部门和费用项目进行明细核算

3."库存商品"账户

账户名称	库存商品
性　　质	资产类账户
核算内容	企业库存的各种商品的实际成本(或进价)或计划成本(或售价),包括库存成品、外购商品、存放在门市部准备出售的商品、发出展览的商品以及寄存在外的商品等

续表

账户结构	借方：登记验收入库的库存商品成本 贷方：登记发出的库存商品成本 期末余额：在借方，反映企业期末库存商品的实际成本（或进价）或计划成本（或售价）
明细分类核算	按库存商品的种类、品种和规格等进行明细核算

4."应付职工薪酬"账户

账户名称	应付职工薪酬
性　　质	负债类账户
核算内容	企业根据有关规定应付给职工的各种薪酬
账户结构	借方：登记本月实际支付的职工薪酬 贷方：登记本月计算的应付职工薪酬，包括短期薪酬、离职后福利、辞退福利、其他长期职工薪酬 期末余额：在贷方，反映企业应付未付的职工薪酬
明细分类核算	按"短期薪酬""离职后福利""辞退福利""其他长期职工薪酬"等进行明细核算

三、账务处理

（一）材料费用的归集与分配

产品制造企业在确定材料费用时，应根据领料凭证区分车间、部门和不同用途后，按照确定的结果将发出材料的成本借记"生产成本""制造费用""管理费用"等科目，贷记"原材料"等科目。

对于直接用于某种产品生产的材料费用，应直接计入该产品生产成本明细账中的直接材料费用项目；对于由多种产品共同耗用、应由这些产品共同负担材料费用，应选择适当的标准在这些产品之间进行分配，按分担的金额计入相应的成本计算对象（生产产品的品种、类别等）；对于为提供生产条件等间接消耗的各种材料费用，应先通过"制造费用"科目进行归集，期末再按照一定的标准分配计入有关产品成本；对于行政管理部门领用的材料费用，应记入"管理费用"科目。

（二）职工薪酬的归集与分配

职工为企业劳动，理应从企业获得一定的报酬，也就是企业应向职工支付一定的薪酬。职工薪酬是指企业为获得职工提供的服务或解除劳动关系而给予各种形式的报酬或补偿，具体包括：短期薪酬、离职后福利、辞退福利和其他长期职工福利。企业提供给职工配偶、子女、受赡养人、已故员工遗属及其他受益人等的福利，也属于职工薪酬。

短期薪酬包括：工资、奖金、津贴和补贴；职工福利费、社会保险费、住房公积金、工会经费和职工教育经费；短期带薪缺勤；利润分享计划；非货币性福利。

对于短期职工薪酬，企业应当在职工为其提供服务的会计期间，按实际发生额确认为负债，并计入当期损益或相关资产成本。企业应当根据职工提供服务的受益对象，分别按下列情况处理：

1.应由生产产品、提供劳务负担的短期职工薪酬,计入产品成本或劳务成本。其中,生产工人的短期职工薪酬属于生产成本,应借记"生产成本"科目,贷记"应付职工薪酬"科目;生产车间管理人员的短期职工薪酬属于间接费用,应借记"制造费用"科目,贷记"应付职工薪酬"科目。

当企业采用计件工资制时,生产工人的短期职工薪酬属于直接费用,应直接计入有关产品的成本。当企业采用计时工资制时,对于只生产一种产品的生产工人的短期职工薪酬也属于直接费用,应直接计入产品成本;对于同时生产多种产品的生产工人的短期职工薪酬,则需采用一定的分配标准(实际生产工时或定额生产工时等)分配计入产品成本。

2.应由在建工程、无形资产负担的短期职工薪酬,计入建造固定资产或无形资产成本。

3.除上述两种情况之外的其他短期职工薪酬应计入当期损益。如企业行政管理部门人员和专设销售机构销售人员的短期职工薪酬均属于期间费用,确认时应分别借记"管理费用""销售费用"等科目,贷记"应付职工薪酬"科目。

(三)制造费用的归集与分配

制造费用是产品制造企业为了生产产品和提供劳务而发生的各种间接费用。如车间管理人员的工资及福利费,车间生产使用的照明费、取暖费、运输费、劳动保护费等。

企业发生的制造费用,应当按照合理的分配标准按月分配计入各成本核算对象的生产成本。企业可以采取的分配标准包括机器工时、人工工时、计划分配率等,以便于准确地确定各种产品应负担的制造费用额。

企业发生制造费用时,借记"制造费用"科目,贷记"累计折旧""银行存款""应付职工薪酬"等科目;结转或分摊时,借记"生产成本"等科目,贷记"制造费用"科目。

(四)完工产品生产成本的计算与结转

产品生产成本计算是指将企业生产过程中为制造产品所发生的各种费用按照成本计算对象进行归集和分配,以便计算各种产品的总成本和单位成本。有关产品成本信息是企业进行库存商品计价和确定销售成本的依据。

企业应设置产品生产成本明细账,用来归集应计入各种产品成本的生产费用。通过对材料费用、职工薪酬和制造费用的归集和分配,企业各月生产产品所发生的生产费用已记入"生产成本"科目中。

如果月末某种产品全部完工,该种产品生产成本明细账所归集的费用总额,就是该种完工产品的总成本,用完工产品总成本除以该种产品的完工总产量即可计算出该种产品的单位成本。如果月末某种产品全部未完工,该种产品生产成本明细账所归集的费用总额就是该种产品在产品的总成本。

如果月末某种产品一部分完工,一部分未完工,此时归集在产品成本明细账中的费用总额还需采取适当的分配方法在完工产品和在产品之间进行分配,然后才能计算出完工产品的总成本和单位成本。

完工产品成本的基本计算公式为:

完工产品生产成本＝期初在产品成本＋本期发生的生产费用－期末在产品成本
当产品生产完成并验收入库时，借记"库存商品"科目，贷记"生产成本"科目。

> 知识点提要

业务类型		会计分录
材料费用的归集与分配	领用材料	借：生产成本 　　制造费用 　　管理费用 贷：原材料
职工薪酬的归集与分配		借：生产成本（生产工人的短期薪酬） 　　制造费用（车间管理人员的短期薪酬） 　　管理费用（行政管理人员的短期薪酬） 　　销售费用（销售人员的短期薪酬） 贷：应付职工薪酬
制造费用的归集和分配	企业发生制造费用时	借：制造费用 贷：累计折旧 　　银行存款 　　应付职工薪酬
	结转或分摊时	借：生产成本 贷：制造费用
完工产品生产成本的计算与结转	当产品生产完成并验收入库时	借：库存商品 贷：生产成本

任务六　销售业务的账务处理

通过销售过程，将生产出来的产品销售出去实现它们的价值，销售过程是企业经营过程的最后一个阶段。销售业务的账务处理涉及商品销售与其他销售等业务收入、成本、费用和相关税费的确认与计量等内容。

一、商品销售收入的确认与计量

1.商品销售收入的确认

按照《企业会计准则第 14 号——收入》的要求，企业销售商品收入的确认，必须同时符合以下条件：

（1）合同各方已批准该合同并承诺将履行各自义务；

(2)该合同明确了合同各方与所转让商品或提供劳务(以下简称"转让商品")相关的权利和义务;

(3)该合同有明确的与所转让商品相关的支付条款;

(4)该合同具有商业实质,即履行该合同将改变企业未来现金流量的风险、时间分布或金额;

(5)企业因向客户转让商品而有权取得的对价很可能收回。

2.商品销售收入的计量

在计量销售商品的收入时,要注意在销售过程中发生的销售退回、销售折让、商业折扣和现金折扣等内容。在计量销售商品收入的金额时,应将销售退回、销售折让和商业折扣等作为销售收入的抵减项目记账,即:

商品销售收入=不含税单价×销售数量-销售退回-销售折让-商业折扣

二、账户设置

企业通常设置以下账户对销售业务进行会计核算:

1."主营业务收入"账户

账户名称	主营业务收入
性　　质	损益类账户
核算内容	企业确认的销售商品、提供劳务等主营业务的收入
账户结构	借方:登记期末转入"本年利润"账户的主营业务收入(按净额结转),以及发生销售退回和销售折让时应冲减本期的主营业务收入 贷方:登记企业实现的主营业务收入,即主营业务收入的增加额 期末余额:期末结转后,该账户无余额
明细分类核算	按照主营业务的种类设置明细账户,进行明细分类核算

2."其他业务收入"账户

账户名称	其他业务收入
性　　质	损益类账户
核算内容	企业确认的除主营业务活动以外的其他经营活动实现的收入,包括出租固定资产、出租无形资产、出租包装物和商品、销售材料等
账户结构	借方:登记期末转入"本年利润"账户的其他业务收入 贷方:登记企业实现的其他业务收入,即其他业务收入的增加额 期末余额:期末结转后,该账户无余额
明细分类核算	按其他业务的种类设置明细账户,进行明细分类核算

3."应收账款"账户

账户名称	应收账款
性　　质	资产类账户
核算内容	企业因销售商品、提供劳务等经营活动应收取的款项
账户结构	借方:登记由于销售商品以及提供劳务等发生的应收账款,包括应收取的价款、税款和代垫款等 贷方:登记已经收回的应收账款 期末余额:通常在借方,反映企业尚未收回的应收账款;期末余额如果在贷方,反映企业预收的账款
明细分类核算	按不同的债务人进行明细分类核算

4."应收票据"账户

账户名称	应收票据
性　　质	资产类账户
核算内容	企业因销售商品、提供劳务等而收到的商业汇票
账户结构	借方:登记企业收到的应收票据的票面金额 贷方:登记票据到期收回的应收票据的票面金额 期末余额:在借方,反映企业持有的商业汇票的票面金额
明细分类核算	按开出、承兑商业汇票的单位进行明细核算

5."预收账款"账户

账户名称	预收账款
性　　质	负债类账户
核算内容	企业按照合同约定预收的款项。预收账款情况不多,也可以不设置本账户,将预收的款项直接记入"应收账款"账户
账户结构	借方:登记销售实现时按实现的收入转销的预收款项等 贷方:登记企业向购货单位预收的款项等 期末余额:在贷方,反映企业预收的款项;在借方,反映企业已转销但尚未收取的款项
明细分类核算	按购货单位进行明细核算

6."主营业务成本"账户

账户名称	主营业务成本
性　　质	损益类账户
核算内容	企业确认销售商品、提供劳务等主营业务收入时应结转的相关成本
账户结构	借方:登记主营业务发生的实际成本 贷方:登记期末转入"本年利润"账户的主营业务成本 期末余额:期末结转后,该账户无余额
明细分类核算	按主营业务的种类设置明细账户,进行明细分类核算

7."其他业务成本"账户

账户名称	其他业务成本
性　　质	损益类账户
核算内容	企业确认的除主营业务活动以外的其他经营活动所发生的成本,包括销售材料的成本、出租固定资产的折旧额、出租无形资产的摊销额、出租包装物的成本或摊销额等
账户结构	借方:登记其他业务的支出额 贷方:登记期末转入"本年利润"账户的其他业务支出额 期末余额:期末结转后,该账户无余额
明细分类核算	按其他业务的种类设置明细账户,进行明细分类核算

8."税金及附加"账户

账户名称	税金及附加
性　　质	损益类账户
核算内容	该科目核算企业经营活动发生的消费税、城市维护建设税、资源税、教育费附加及房产税、土地使用税、车船使用税、印花税等相关税费;利润表中的"营业税金及附加"项目调整为"税金及附加"项目。需要提醒的是,之前是在"管理费用"科目中列支的"四小税"(房产税、土地使用税、车船税、印花税),也同步调整到"税金及附加"科目
账户结构	借方:登记企业应按规定计算确定的与经营活动相关的税费 贷方:登记期末转入"本年利润"账户的与经营活动相关的税费 期末余额:期末结转后,该账户无余额

三、账务处理

(一)主营业务收入的账务处理

企业销售商品或提供劳务实现的收入,应按实际收到、应收或者预收的金额,借记"银行存款""应收账款""应收票据""预收账款"等科目,按确认的营业收入,贷记"主营业务收入"科目。

对于增值税销项税额,一般纳税人应贷记"应交税费——应交增值税(销项税额)"科目,在核算一般纳税人采用简易计税方法发生的增值税时贷记"应交税费——简易计税";小规模纳税人应贷记"应交税费——应交增值税"科目。

(二)主营业务成本的账务处理

主营业务成本的计算确定公式如下:

本期应结转的主营业务成本＝本期销售商品的数量×单位商品的生产成本

期(月)末,企业应根据本期(月)销售各种商品、提供各种劳务等实际成本,计算应结转的主营业务成本,借记"主营业务成本"科目,贷记"库存商品""劳务成本"等科目。

采用计划成本或售价核算库存商品的,平时的营业成本按计划成本或售价结转,月末,还应结转本月销售商品应分摊的产品成本差异或商品进销差价。

(三)其他业务收入与成本的账务处理

当企业发生其他业务收入时,按已收取或应收的款项借记"银行存款""应收账款""应收票据"等科目,按确定的收入金额,贷记"其他业务收入"科目,同时确认有关税金。在结转其他业务收入的同一会计期间,企业应根据本期应结转的其他业务成本金额,借记"其他业务成本"科目,贷记"原材料""累计折旧""应付职工薪酬"等科目。

☞ 知识点提要

业务类型		会计分录
主营业务收入	企业销售商品或提供劳务实现的收入	借:银行存款 　　应收账款 　　应收票据 　　预收账款 贷:主营业务收入 　　应交税费——应交增值税(销项税额)
主营业务成本	期(月)末, 结转实际成本	借:主营业务成本 贷:库存商品 　　劳务成本
其他业务收入 与成本	其他业务收入	借:银行存款 　　应收账款 　　应收票据 贷:其他业务收入 　　应交税费——应交增值税(销项税额)
	其他业务成本	借:其他业务成本 贷:原材料 　　累计折旧 　　应付职工薪酬

任务七 期间费用的账务处理

一、期间费用的构成

期间费用是指企业日常活动中不能直接归属于某个特定成本核算对象的,在发生时应直接计入当期损益的各种费用。期间费用包括管理费用、销售费用和财务费用。这些费用的发生对企业取得收入有很大的作用,但很难与各类收入直接配比,所以将其视为与某一期间的营业收入相关的期间费用按其实际发生额予以确认。期间费用不计入产品制造成本,而是从当期损益中予以扣除。

1.管理费用

管理费用是指企业行政管理部门为组织和管理企业生产经营活动而发生的各种费用,包括企业在筹建期间发生的开办费、董事会和行政管理部门在企业的经营管理中发生的或者应由企业统一负担的公司经费(包括行政管理部门职工工资及福利费、物料消耗、低值易耗品摊销、办公费和差旅费等)、工会经费、董事会费(包括董事会成员津贴、会议费和差旅费等)、聘请中介机构费、咨询费(含顾问费)、诉讼费、业务招待费、技术转让费、矿产资源补偿费、研究费用、排污费等。

2.销售费用

销售费用是指企业销售商品和材料、提供劳务等日常经营过程中发生的各种费用,包括保险费、包装费、展览费和广告费、商品维修费、预计产品质量保证损失、运输费、装卸费以及为销售本企业的商品而专设的销售机构(含销售网点、售后服务网点等)的职工薪酬、业务费、折旧费等经营费用。

3.财务费用

财务费用是指企业为筹集生产经营所需资金等而发生的各种筹资费用,包括利息支出(减利息收入)、汇兑损失(减汇兑收益)以及相关的手续费、企业发生的现金折扣或收到的现金折扣等。

二、账户设置

为了核算期间费用的发生及结转情况,企业通常设置以下账户对期间费用业务进行会计核算:

1."管理费用"账户

账户名称	管理费用
性　　质	损益类账户
核算内容	企业为组织和管理企业生产经营所发生的各种费用

续表

账户结构	借方:登记发生的各项管理费用 贷方:登记期末转入"本年利润"账户的管理费用额 期末余额:期末结转后,该账户无余额
明细分类核算	按费用项目设置明细账户,进行明细分类核算

2."销售费用"账户

账户名称	销售费用
性　　质	损益类账户
核算内容	企业发生的各项销售费用
账户结构	借方:登记发生的各项销售费用 贷方:登记期末转入"本年利润"账户的销售费用额 期末余额:期末结转后,该账户无余额
明细分类核算	费用项目设置明细账户,进行明细分类核算

3."财务费用"账户

账户名称	财务费用
性　　质	损益类账户
核算内容	核算企业为筹集生产经营所需资金等而发生的筹资费用,包括利息支出(减利息收入)、汇兑损益(减汇兑收益)以及相关的手续费、企业发生的现金折扣或收到的现金折扣等。为购建或生产满足资本化条件的资产发生的应予资本化的借款费用,通过"在建工程""制造费用"等账户核算。
账户结构	借方:登记手续费、利息费用等财务费用的增加额 贷方:登记应冲减财务费用的利息收入、期末转入"本年利润"账户的财务费用净额等 期末余额:期末结转后,该账户无余额
明细分类核算	按费用项目进行明细核算

三、账务处理

(一)管理费用的账务处理

企业在筹建期间内发生的开办费,包括人员工资、办公费、培训费、差旅费、印刷费、注册登记费以及不计入固定资产成本的借款费用等在实际发生时,借记"管理费用"科目,贷记"应付利息""银行存款"等科目。

确认行政管理部门人员的职工薪酬,借记"管理费用"科目,贷记"应付职工薪酬"科目。

计提行政管理部门的固定资产折旧,借记"管理费用"科目,贷记"累计折旧"科目。

行政管理部门发生的办公费、水电费、业务招待费、聘请中介机构费、咨询费、诉讼费、技术转让费、企业研究费用,借记"管理费用"科目,贷记"银行存款"等科目。

(二)销售费用的账务处理

企业在销售商品过程中发生的包装费、保险费、展览和广告费、运输费、装卸费等费用,借记"销售费用"科目,贷记"库存现金""银行存款"等科目。

企业发生的为销售本企业商品而专设的销售机构的职工薪酬、业务费等费用,借记"销售费用"科目,贷记"应付职工薪酬""银行存款""累计折旧"等科目。

(三)财务费用的账务处理

企业发生的财务费用,借记"财务费用"科目,贷记"银行存款""应付利息"等科目。发生的应冲减财务费用的利息收入、汇兑损益、现金折扣,借记"银行存款""应付账款"等科目,贷记"财务费用"科目。

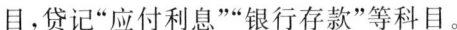知识点提要

业务类型		会计分录
管理费用		借:管理费用 　贷:应付利息 　　银行存款 　　应付职工薪酬 　　累计折旧 　　研发支出——费用化支出
销售费用		借:销售费用 　贷:库存现金 　　银行存款 　　应付职工薪酬 　　累计折旧
财务费用	发生利息支出、汇兑损失、现金折扣	借:财务费用 　贷:银行存款 　　应付利息
	利息收入、汇兑收益、收到现金折扣	借:银行存款 　　应付账款 　贷:财务费用

任务八　利润形成与分配业务的账务处理

一、利润形成的账务处理

(一)利润的形成

利润是指企业在一定会计期间的经营成果,是评价企业经营管理业绩的重要指标。包括收入减去费用后的净额、直接计入当期损益的利得和损失等。利润由营业利润、利润总额和净利润三个层次构成。

1.营业利润

营业利润是反映企业管理者经营业绩的指标,其计算公式如下:

营业利润＝营业收入－营业成本－税金及附加－销售费用－管理费用－财务费用－资产减值损失＋公允价值变动收益(－公允价值变动损失)＋投资收益(－投资损失)＋其他收益－资产处置收益

见本节知识点提要 3 利润表简表。

其中

营业收入＝主营业务收入＋其他业务收入

营业成本＝主营业务成本＋其他业务成本

2.利润总额

利润总额,又称税前利润,其计算公式如下:

利润总额＝营业利润＋营业外收入－营业外支出

3.净利润

净利润,又称税后利润,是利润总额扣除所得税费用后的净额,其计算公式如下:

净利润＝利润总额－所得税费用

(二)账户设置

企业通常设置以下账户对利润形成业务进行会计核算:

1."本年利润"账户

账户名称	本年利润
性　　质	所有者权益类账户
核算内容	企业当期实现的净利润(或发生的净亏损)。企业期(月)末结转利润时,应将各损益类账户的金额转入该账户,结平各损益类账户
账户结构	借方:登记企业期(月)末转入的主营业务成本、税金及附加、其他业务成本、管理费用、财务费用、销售费用、营业外支出、投资损失和所得税费用等 贷方:登记企业期(月)末转入的主营业务收入、其他业务收入、营业外收入和投资收益等 期末余额:在贷方,即为当期实现的净利润;在借方,即为当期发生的净亏损。年度终了,应将本年实现的净利润(或发生的净亏损),转入"利润分配——未分配利润"账户贷方(或借方),结转后该账户无余额

2."投资收益"账户

账户名称	投资收益
性　　质	损益类账户
核算内容	企业确认的投资收益或投资损失
账户结构	借方:登记发生的投资损失和期末转入"本年利润"账户的投资净收益 贷方:登记实现的投资收益和期末转入"本年利润"账户的投资净损失 期末余额:期末结转后,该账户无余额
明细分类核算	按投资项目设置明细账户,进行明细分类核算

3."营业外收入"账户

账户名称	营业外收入
性　　质	损益类账户
核算内容	企业发生的各项营业外收入,主要包括非流动资产处置利得、非货币性资产交换利得、债务重组利得、政府补助、盘盈利得、捐赠利得等
账户结构	借方:登记会计期末转入"本年利润"账户的营业外收入额 贷方:登记营业外收入的实现,即营业外收入的增加额 期末余额:期末结转后,该账户无余额
明细分类核算	按营业外收入项目设置明细账户,进行明细分类核算

4."营业外支出"账户

账户名称	营业外支出
性　　质	损益类账户
核算内容	企业发生的各项营业外支出,包括非流动资产处置损失、非货币性资产交换损失、债务重组损失、公益性捐赠支出、非常损失、盘亏损失等
账户结构	借方:登记营业外支出的发生,即营业外支出的增加额 贷方:登记期末转入"本年利润"账户的营业外支出额 期末金额:期末结转后,该账户无余额
明细分类核算	按支出项目设置明细账户,进行明细分类核算

5."所得税费用"账户

账户名称	所得税费用
性　　质	损益类账户
核算内容	企业确认的应从当期利润总额中扣除的所得税费用
账户结构	借方:登记企业应计入当期损益的所得税 贷方:登记企业期末转入"本年利润"账户的所得税 期末余额:期末结转后,该账户无余额

(三)账务处理

会计期末(月末或年末)结转各项收入时,借记"主营业务收入""其他业务收入""营业外收入"等科目,贷记"本年利润"科目;结转各项支出时,借记"本年利润"科目,贷记"主营业务成本""税金及附加""其他业务成本""管理费用""财务费用""销售费用""资产减值损失""营业外支出""所得税费用"等科目。

二、利润分配的账务处理

利润分配是指企业根据国家有关规定和企业章程、投资者协议等,对企业当年可供分配利润指定其特定用途和分配给投资者的行为。利润分配的过程和结果不仅关系到每个股东的合法权益是否得到保障,而且还关系到企业的未来发展。

(一)利润分配的顺序

企业向投资者分配利润,应按一定的顺序进行,按照我国《公司法》的有关规定,利润分配应按下列顺序进行:

1.计算可供分配的利润

企业在利润分配前,应根据本年净利润(或亏损)与年初未分配利润(或亏损)、其他转入的金额(如盈余公积弥补的亏损)等项目,计算可供分配的利润,即:

可供分配的利润＝净利润(或亏损)＋年初未分配利润－(弥补以前年度的亏损)＋其他转入的金额

如果可供分配的利润为负数(即累计亏损),则不能进行后续分配;如果可供分配利润为正数(即累计盈利),则可进行后续分配。

2.提取法定盈余公积

按照《公司法》的有关规定,公司应当按照当年净利润(抵减年初累计亏损后)的10%提取法定盈余公积,提取的法定盈余公积累计额超过注册资本50%以上的,可以不再提取。

如果不存在年初累计亏损,提取法定盈余公积的基数为当年实现的净利润;如果存在年初累计亏损,提取法定盈余公积的基数应为可供分配的利润。

3.提取任意盈余公积

公司提取法定盈余公积后,经股东会或者股东大会决议,还可以从净利润中提取任意盈余公积。

4.向投资者分配利润(或股利)

企业可供分配的利润扣除提取的盈余公积后,形成可供投资者分配的利润,即:

可供投资者分配的利润＝可供分配的利润－提取的盈余公积

企业可采用现金股利、股票股利和财产股利等形式向投资者分配利润(或股利)。

可供投资者分配的利润扣除向投资者分配利润的余额形成企业的未分配利润。它是所有者权益的重要组成部分,是企业留待以后年度进行分配的利润或等待分配的利润,相对于所有者权益的其他部分而言,企业对于未分配利润的使用有较大的自主权。

(二)账户设置

企业通常设置以下账户对利润分配业务进行会计核算：

1."利润分配"账户

账户名称	利润分配
性　　质	所有者权益类账户
核算内容	企业利润的分配(或亏损的弥补)和历年分配(或弥补)后的余额
账户结构	借方：登记实际分配的利润额，包括提取的盈余公积和分配给投资者的利润，以及年末从"本年利润"账户转入的全年发生的净亏损 贷方：登记用盈余公积弥补的亏损额等其他转入数，以及年末从"本年利润"账户转入的全年实现的净利润 期末余额：年末，应将"利润分配"账户下的其他明细账户的余额转入"未分配利润"明细账户，结转后，除"未分配利润"明细账户可能有余额外，其他各个明细账户均无余额。"未分配利润"明细账户的贷方余额为历年累积的未分配利润(即可供以后年度分配的利润)，借方余额为历年累积的未弥补亏损(即留待以后年度弥补的亏损)
明细分类核算	应当分别按"提取法定盈余公积""提取任意盈余公积""应付现金股利或利润""转作股本的股利""盈余公积补亏"和"未分配利润"等进行明细核算

2."盈余公积"账户

账户名称	盈余公积
性　　质	所有者权益类账户
核算内容	企业从净利润中提取的盈余公积
账户结构	借方：登记实际使用的盈余公积，即盈余公积的减少额 贷方：登记提取的盈余公积，即盈余公积的增加额 期末余额：在贷方，反映企业结存的盈余公积
明细分类核算	应当分别按"法定盈余公积""任意盈余公积"进行明细核算

3."应付股利"账户

账户名称	应付股利
性　　质	负债类账户
核算内容	企业分配的现金股利或利润
账户结构	借方：登记实际支付给投资者的股利或利润，即应付股利的减少额 贷方：登记应付给投资者的股利或利润，即应付股利的增加额 期末余额：在贷方，反映企业应付未付的现金股利或利润
明细分类核算	按投资者进行明细核算

(三)账务处理

利润分配业务的账务处理主要包括净利润转入利润分配的账务处理、提取盈余公积的账务处理、向投资者分配利润或股利的账务处理、盈余公积补亏的账务处理、企业未分配利润的形成的账务处理。

1. 净利润转入利润分配的账务处理

会计期末,企业应将当年实现的净利润转入"利润分配——未分配利润"科目,即借记"本年利润"科目,贷记"利润分配——未分配利润"科目,如为净亏损,则做相反会计分录。

结转前,如果"利润分配——未分配利润"明细科目的余额在借方,上述结转当年所实现净利润的分录同时反映了当年实现的净利润自动弥补以前年度亏损的情况。

因此,在用当年实现的净利润弥补以前年度亏损时,不需另行编制会计分录。

2. 提取盈余公积的账务处理

企业提取的法定盈余公积,借记"利润分配——提取法定盈余公积"科目,贷记"盈余公积——法定盈余公积"科目;提取的任意盈余公积,借记"利润分配——提取任意盈余公积"科目,贷记"盈余公积——任意盈余公积"科目。

3. 向投资者分配利润或股利的账务处理

企业根据股东大会或类似机构审议批准的利润分配方案,按应支付的现金股利或利润,借记"利润分配——应付现金股利"科目,贷记"应付股利"等科目;对于股票股利,应在办妥增资手续后,按转作股本的金额,借记"利润分配——转作股本股利"科目,贷记"股本"等科目。

董事会或类似机构通过的利润分配方案中拟分配的现金股利或利润,不做账务处理,但应在附注中披露。

4. 盈余公积补亏的账务处理

企业发生的亏损,除用当年实现的净利润弥补外,还可使用累积的盈余公积弥补。以盈余公积弥补亏损时,借记"盈余公积"科目,贷记"利润分配——盈余公积补亏"科目。

5. 企业未分配利润的形成的账务处理

年度终了,企业应将"利润分配"科目所属其他明细科目的余额转入该科目"未分配利润"明细科目。结转盈余公积补亏,借记"利润分配——盈余公积补亏"科目,贷记"利润分配——未分配利润"科目;结转已分配的利润,借记"利润分配——未分配利润"科目,贷记"利润分配——提取法定盈余公积""利润分配——提取任意盈余公积""利润分配——应付现金股利""利润分配——转作股本股利"等科目。

结转后,"利润分配"科目中除"未分配利润"明细科目外,所属其他明细科目无余额。"未分配利润"明细科目的贷方余额表示累积未分配的利润,该科目如果出现借方余额,则表示累积未弥补的亏损。

知识点提要1

一、利润形成的账务处理

账户设置	本年利润	该账户贷方登记企业期(月)末转入的收入和利得;借方登记企业期(月)末转入的费用和损失
		年度终了,应将本年实现的净利润(或发生的净亏损),转入"利润分配——未分配利润"账户贷方(或借方),结转后本账户无余额

续表

账户设置	营业外收入	损益类账户,主要包括非流动资产处置利得、非货币性资产交换利得、债务重组利得、政府补助、盘盈利得、捐赠利得、罚款收入等。期末结转后,该账户无余额 速记:双非付债,盘补捐罚
	营业外支出	损益类账户,包括非流动资产处置损失、非货币性资产交换损失、债务重组损失、公益性捐赠支出、非常损失、盘亏损失、罚款支出等 速记:三非付债,盘补捐罚

知识点提要2

业务类型	会计分录
期末结转各项收入	借:主营业务收入 　　其他业务收入 　　营业外收入 　　投资收益 　　公允价值变动损益 　贷:本年利润
期末结转各项支出	借:本年利润 　贷:主营业务成本 　　　税金及附加 　　　其他业务成本 　　　管理费用 　　　财务费用 　　　销售费用 　　　资产减值损失 　　　营业外支出
计算所得税费用	借:所得税费用 　贷:应交税费——应交所得税
结转所得税费用	借:本年利润 　贷:所得税费用

👉 **知识点提要 3**

利润表（简表）
2020 年 12 月

```
一、营业收入
    －2 营业－3 费用－1 损失＋4 收益
二、营业利润
    ＋营业收入－营业外支出
三、利润总额
    －所得税费用
四、净利润
五、其他综合收益的税后净额
六、综合收益总额
七、每股收益
```

【解释】2 营业：营业成本、税金及附加；3 费用：销售费用、管理费用和财务费用；1 损失：资产减值损失；4 收益：公允价值变动收益、投资收益、其他收益、资产处置收益

👉 **知识点提要 4**

二、利润分配的账务处理

利润分配的顺序	计算可供分配的利润	可供分配的利润＝净利润（或亏损）＋年初未分配利润－弥补以前年度的亏损＋其他转入的金额
	提取法定盈余公积	公司应当按照当年净利润（抵减年初累计亏损后）的 10% 提取法定盈余公积，提取的法定盈余公积累计额超过注册资本 50% 以上的，可以不再提取。
账户设置	利润分配	年末，应将"利润分配"账户下的"提取法定盈余公积""提取任意盈余公积""应付现金股利或利润"等明细账户的余额转入"未分配利润"明细账户，结转后，除"未分配利润"明细账户可能有余额外，其他各个明细账户均无余额。

知识点提要 5

业务类型		会计分录
净利润转入 利润分配	会计期末	借:本年利润 贷:利润分配——未分配利润 如为净亏损,则做相反会计分录
	在用当年实现的净利润弥补以前年度亏损时,不需另行编制会计分录	
提取盈余公积	企业提取的法定盈余公积	借:利润分配——提取法定盈余公积 贷:盈余公积——法定盈余公积
	提取的任意盈余公积	借:利润分配——提取任意盈余公积 贷:盈余公积——任意盈余公积
向投资者分配 利润或股利	宣告现金股利	借:利润分配——应付现金股利 贷:应付股利
	宣告股票股利	借:利润分配——转作股本股利 贷:股本
盈余公积补亏	借:盈余公积 贷:利润分配——盈余公积补亏	

企业未分配利润
的形成
	年度终了,企业应将"利润分配"科目所属其他明细科目的余额转入该科目"未分配利润"明细科目	借:利润分配——未分配利润
		    利润分配——盈余公积补亏
		  贷:利润分配——未分配利润
		    利润分配——提取法定盈余公积
		    利润分配——提取任意盈余公积
		    利润分配——应付现金股利
		    利润分配——转作股本股利

	未弥补亏损可以用以后年度实现的税前利润进行弥补,但弥补期限不得超过五年,超过五年以后可以用税后利润弥补,也可以用盈余公积补亏。	

配套练习 扫一扫 码上做!
名师授课｜课后练习

情景五 填制和保管记账凭证

☆情景导读

编者按照会计工作的流程,会计"新手"学完原始凭证、填制记账凭证的"工具"、"方法"再加以"实践"后,现在可以独立完成填制记账凭证了。

与情景二、情景三、情景四比较,情景五的内容相对容易,重点介绍了记账凭证的种类、基本内容和填制要求。

☆任务目标

熟　悉	记账凭证的种类
掌　握	记账凭证的基本内容、记账凭证的填制要求、记账凭证的审核

任务一　了解记账凭证的种类和基本内容

记账凭证又称记账凭单,是会计人员根据审核无误的原始凭证按照经济业务事项的内容加以归类,据以确定会计分录后所填制的会计凭证,是登记账簿的直接依据,由于原始凭证种类繁多、格式各异,需要对各种原始凭证反映的经济内容加以归类整理,确认各会计要素,以会计分录形式反映在记账凭证中。

一、记账凭证的种类

记账凭证可按不同的标准进行分类,按照用途可分为专用记账凭证和通用记账凭证,按照填列方式可分为单式记账凭证和复式记账凭证。

下面重点介绍专用记账凭证和通用记账凭证。

1.专用记账凭证

专用记账凭证是指分类反映经济业务的记账凭证,按其反映的经济业务内容,可分为收款凭证、付款凭证和转账凭证。

(1)收款凭证

收款凭证是指用于记录现金和银行存款收款业务的记账凭证。收款凭证根据有关库存现金和银行存款收入业务的原始凭证填制,是登记库存现金、银行存款日记账以及有关明细账和总账等账簿的依据,也是出纳员人员收讫款项的依据。

(2)付款凭证

付款凭证是指用于记录现金和银行存款付款业务的记账凭证。付款凭证根据有关库存现金和银行存款支付业务的原始凭证填制,既是登记库存现金日记账、银行存款日记账以及有关明细账和总账等账簿的依据,也是出纳人员支付款项的依据。

(3)转账凭证

转账凭证是指用于记录不涉及现金和银行存款业务记账凭证。转账凭证根据有关转账业务的原始凭证填制,是登记有关明细账和总账等账簿的依据。

2.通用记账凭证

通用记账凭证是指用来反映所有经济业务的记账凭证,为各类经济业务所共同使用,其格式与转账凭证基本相同。

二、记账凭证的基本内容

记账凭证是登记账簿的依据,因其所反映经济业务的内容不同、各单位规模大小及其对会计核算繁简程度的要求不同,其内容有所差异,但应当具备以下基本内容:

(1)填制凭证的日期;

(2)凭证编号;

(3)经济业务摘要;

(4)会计科目;

(5)金额;

(6)所附原始凭证张数;

(7)填制凭证人员、稽核人员、记账人员、会计机构负责人、会计主管人员签名或者盖章。收款和付款记账凭证还应由出纳人员签名或者盖章。以自制的原始凭证或者原始凭证汇总表代替记账凭证的,也必须具备记账凭证应有的项目。

如图 5-1 所示。

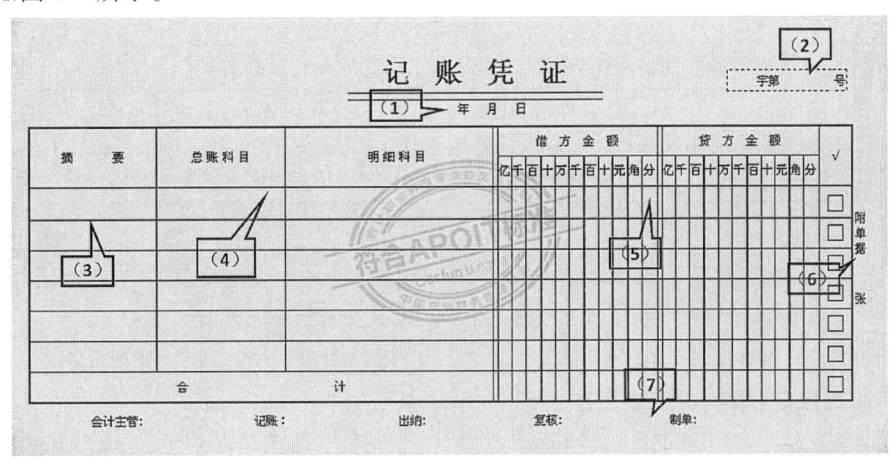

图 5-1 记账凭证的格式

知识点提要

记账凭证的种类	按用途分	专用记账凭证	按照用途分类,可以分为专用记账凭证和通用记账凭证	
			专用记账凭证是指分类反映经济业务的记账凭证,按其反映的经济业务内容是否与现金、银行存款收付有关,可分为收款凭证、付款凭证和转账凭证	
			收款凭证	是指用于记录现金和银行存款收款业务的会计凭证
				分为现金收款凭证和银行存款收款凭证,由出纳人员填制
			付款凭证	是指用于记录现金和银行存款付款业务的会计凭证
				分为现金付款凭证和银行存款付款凭证,由出纳人员填制
			转账凭证	是指用于记录不涉及现金和银行存款业务的会计凭证,由会计人员填制
			这种划分方式的优点是便于分工;缺点是工作量较大;适用于规模较大、收付业务较多的单位	
		通用记账凭证	通用记账凭证是指用来反映所有经济业务的记账凭证,为各类经济业务所共同使用	
			适用于规模不大、款项收付业务不多的中小型企业	
	按填列方式分	单式记账凭证	单式记账凭证是指只填列经济业务所涉及的一个会计科目及其金额的记账凭证	
		复式记账凭证	是将每一笔经济业务所涉及的全部科目及其发生额均在同一张记账凭证中反映的一种凭证。上述收款凭证、付款凭证和转账凭证都属于复式记账凭证	
			优点	反映了经济业务的账户对应关系,降低工作量,减少凭证张数,检查会计分录的正确性
			缺点	不便于传递、汇总和分工记账
记账凭证的基本内容	(1)填制凭证的日期			
	(2)凭证编号;	按月编号,可以按收款、付款和转账三类业务分为收、付、转三类编号,也可以分为现收、现付、银收、银付和转账五类		
	(3)经济业务摘要;(4)会计科目;(5)金额;(6)所附原始凭证张数			
	(7)相关人员签名或盖章。	填制凭证人员、稽核人员、记账人员、会计机构负责人、会计主管人员签名或者盖章。收款和付款记账凭证还应当由出纳人员签名或者盖章		

任务二　填制和审核记账凭证

实训项目三:填制与审核记账凭证

资料:2020年1月22日,会计张雯根据实训一差旅费报销单以及实训二现金支票存根,填制记账凭证。

准备:通用记账凭证一张
要求:填写通用记账凭证

一、记账凭证的填制的基本要求

记账凭证根据审核无误的原始凭证或原始凭证汇总表填制。记账凭证填制正确与否,直接影响整个会计系统最终提供信息的质量。与原始凭证的填制相同,记账凭证也有记录真实,内容完整,手续齐全,填制及时等要求。

1.记账凭证各项内容必须完整。

2.记账凭证的书写应当清楚规范。

3.除结账和更正错账可以不附原始凭证外,其他记账凭证必须附原始凭证。

4.记账凭证可以根据每一张原始凭证填制,或根据若干张同类原始凭证汇总填制,也可以根据原始凭证汇总表填制;但不得将不同内容和类别的原始凭证汇总填制在一张记账凭证上。

5.记账凭证应连续编号。凭证应由主管该项业务的会计人员,按业务发生的顺序并按不同种类的记账凭证采用"字号编号法"连续编号。如果一笔经济业务需要填制两张以上(含两张)记账凭证的,可以采用"分数编号法"编号。如第四笔经济业务需要填写三张记账凭证,则填制的记账凭证编号为记字 4-1/3、记字 4-2/3、记字 4-3/3。

6.填制记账凭证时若发生错误,应当重新填制。已登记入账的记账凭证在当年内发现填写错误时,可以用红字填写一张与原内容相同的记账凭证,在摘要栏注明"注销某月某日某号凭证"字样,同时再用蓝字重新填制一张正确的记账凭证,注明"订正某月某日某号凭证"字样。如果会计科目没有错误,只是金额错误,也可将正确数字与错误数字之间的差额,另编一张调整的记账凭证,调增金额用蓝字、调减金额用红字。发现以前年度记账凭证有误的,应当用蓝字填制一张更正的记账凭证。

7.记账凭证填制完成后,如有空行,应当自金额栏最后一笔金额数字下的空行处至合计数上的空行处划线注销。

二、记账凭证的审核

为了保证会计信息的质量,在记账之前应由有关稽核人员对记账凭证进行严格的审核,审核的内容主要包括:

(1)内容是否真实:记账凭证是否附有原始凭证;记账凭证的内容与所附原始凭证的内容是否相符;记账凭证上填制的附件张数与实际原始凭证张数是否相符。

(2)项目是否齐全:记账凭证中有关项目是否填制齐全;有关人员是否签字或盖章。

(3)科目是否正确:会计科目应用是否正确;二级或明细科目是否齐全;科目对应关系是否清晰。

(4)金额是否正确。

(5)书写是否规范:填写的摘要是否清楚;是否正确归纳了经济业务的实际内容。

(6)手续是否完备。

另外,出纳人员在办理收款或付款凭证业务后,应在凭证上加盖"收讫"或"付讫"戳记,避免重收重付。

在审核过程中若发现记账凭证填制有错误或者不符合要求,则需要由填制人员重新填制或按规定的方法进行更正。经过审核无误的记账凭证,便可据以记账。

> 知识点提要

记账凭证的填制要求	基本要求	各种记账凭证必须按规定及时、准确、完整地填制	
		1.记账凭证各项内容必须完整	
		2.记账凭证的书写应清楚、规范	
		3.除结账和更正错账可以不附原始凭证外,其他记账凭证必须附有原始凭证	(1)一张原始凭证如涉及几张记账凭证的,可以把原始凭证附在一张主要的记账凭证后面,并在其他记账凭证上注明附有该原始凭证的记账凭证的编号或附上该原始凭证的复印件
			(2)一张原始凭证所列的支出需要由几个单位共同负担时,应当由保存该原始凭证的单位开具原始凭证分割单给其他应负担的单位
		4.记账凭证可以根据每一张原始凭证填制,或根据若干张同类原始凭证汇总编制,也可以根据原始凭证汇总表填制;但不得将不同内容和类别的原始凭证汇总填制在一张记账凭证上	
		5.记账凭证应连续编号	凭证应由主管该项业务的会计人员,按业务发生顺序并按不同种类的记账凭证采用"字号编号法"连续编号如果一笔经济业务,需要填制两张以上记账凭证,可采用"分数编号法"
		6.填制记账凭证时若发生错误(未登记入账,应当重新填制)	已登记入账的记账凭证在当年内发现填写错误的,可以用红字填写一张与原内容相同的记账凭证,在摘要栏注明"注销某月某日某号凭证"字样,同时再用蓝字重新填制一张正确的记账凭证,注明"订正某月某日某号凭证"字样
			如果会计科目没有错误,只是金额错误,也可将正确数字与错误数字之间的差额另编一张调整的记账凭证,调增金额用蓝字,调减金额用红字
		记账凭证填制完经济业务事项后,如有空行,应当自金额栏最后一笔金额数字下的空行处至合计数上的空行处划线注销	
		如:借:库存现金　　　　500 　　　管理费用　　　1 500 　　贷:其他应收款　　　　2 000 应填制现金收款凭证和转账凭证等两张凭证 第一张:转账凭证 　　借:管理费用　　1 500 　　　贷:其他应收款　　　1 500 第二张:收款凭证 　　借:库存现金　　　500 　　　贷:其他应收款　　　　500	
	记账凭证的审核	内容是否真实、项目是否齐全、科目是否正确、金额是否正确、书写是否正确、手续是否完备	

任务三　传递与保管会计凭证

一、会计凭证的传递

会计凭证的传递是指从会计凭证的取得或填制时起至归档保管过程中,在单位内部有关部门和人员之间的传送程序。会计凭证的传递,应当满足内部控制制度的要求,使传递程序合理有效,同时尽量节约传递时间,减小传递的工作量。各单位应根据具体情况确定每一种会计凭证的传递程序和方法。

会计凭证的传递具体包括传递程序和传递时间。各单位应根据经济业务特点、内部机构设置、人员分工和管理要求,具体规定各种凭证的传递程序;根据有关部门和经办人员办理业务的情况,确定凭证的传递时间。明确规定凭证传递的路线和时间,不但可以及时地反映和监督经济业务的发生或完成情况,而且可以促使经办业务的部门和人员及时、正确地完成经济业务和办理凭证手续,从而加强经营管理岗位责任制。

科学而又合理的凭证传递程序应能适应经济业务的特点,结合本单位各部门和人员分工的具体情况,满足各个工作环节加强经营管理的需要。这就要求会计凭证沿着最迅速、最合理的轨道传递,使会计凭证在传递过程中只经过必要的部门和人员,而且明确规定凭证在每个部门和业务环节停留的最长时间,并指定专人负责按照规定的顺序和时间监督凭证传递,做到凭证传递满足需要、手续完备、层次清楚、责任明确、传递及时。

二、会计凭证的保管

会计凭证的保管是指会计凭证记账后的整理、装订、归档和存查工作。会计凭证作为记账的依据,是重要的会计档案和经济资料。任何单位在完成经济业务手续和记账后,必须将会计凭证按规定的立卷归档制度形成会计档案资料,妥善保管,以便日后随时查阅。

会计凭证的保管要求主要有:

1.会计凭证应定期装订成册,防止散失。会计部门在依据会计凭证记账以后,应定期(每天、每旬或每月)对各种会计凭证进行分类整理,将各种记账凭证按照编号顺序,连同所附的原始凭证一起加具封面和封底,装订成册,并在装订线上加贴封签,由装订人员在装订线封签处签名或盖章。

从外单位取得的原始凭证遗失时,应取得原签发单位盖有公章的证明,并注明原始凭证的号码、金额、内容等,由经办单位会计机构负责人、会计主管人员和单位负责人批准后,才能代作原始凭证。若确实无法取得证明的,如车票丢失,则应由当事人写明详细情况,由经办单位会计机构负责人、会计主管人员和单位负责人批准后,代作原始凭证。

2.会计凭证封面应注明单位名称、凭证种类、凭证张数、起止号数、年度、月份、会计主管人员和装订人员等有关事项,会计主管人员和保管人员应在封面上签章。

3.会计凭证应加贴封条,防止抽换凭证。原始凭证不得外借,其他单位如有特殊原因确实需要使用时,经本单位会计机构负责人、会计主管人员批准,可以复制。向外单位提供的原始凭证复制件,应在专设的登记簿上登记,并由提供人员和收取人员共同签名、盖章。

4.原始凭证较多时,可单独装订,但应在凭证封面注明所属记账凭证的日期、编号和种类,同时在所属的记账凭证上应注明"附件另订"及原始凭证的名称和编号,以便查阅。对各种重要的原始凭证,如押金收据、提货单等,以及各种需要随时查阅和退回的单据,应另编目录,单独保管,并在有关的记账凭证和原始凭证上分别注明日期和编号。

5.每年装订成册的会计凭证,在年度终了时可暂由单位会计机构保管一年,期满后应当移交本单位档案机构统一保管;未设立档案机构的,应当在会计机构内部指定专人保管。出纳人员不得兼管会计档案。

6.严格遵守会计凭证的保管期限要求,期满前不得任意销毁。《会计档案管理办法》规定原始凭证、记账凭证和汇总凭证的保管期限为30年。保存期满需要销毁时,必须开列清单,按照规定手续报经批准,批准后方可销毁。各种经济合同、存出保证金收据和涉外交付等重要的原始凭证,应当另编目录单独保管,并在有关记账凭证和原始凭证上相互注明日期和编号。

知识点提要

会计凭证的保管	1.会计凭证应定期装订成册,防止散失。	(1)从外单位取得的原始凭证遗失时,应取得原签发单位盖有公章的证明,并注明原始凭证的号码、金额、内容等,由经办单位会计机构负责人、会计主管人员和单位负责人批准后才能代作原始凭证
		(2)若确实无法取得证明,如车票丢失,则应由当事人写明详细情况,由经办单位会计机构负责人、会计主管人员和单位负责人批准后,代作原始凭证
	2.会计凭证应加贴封条,防止抽换凭证。	原始凭证不得外借,其他单位如有特殊原因确实需要使用时,经本单位会计机构负责人、会计主管人员批准,可以复制

配套练习 扫一扫 码上做!
名师授课 | 课后练习

情景六 认识和使用会计账簿

☆ 情景导读

编者按照导言介绍的会计工作流程：证、账、表的顺序，学习完"证"后，会计"菜鸟"要学习"账"，即账簿，主要包括单位实际工作中使用的"四本账"：由会计登记的总分类账和明细分类账，由出纳登记的库存现金日记账和银行存款日记账。

学习情景六的内容时，更多需要记忆一些知识，如：会计账簿的概念与作用、会计账簿的基本内容、会计账簿的保管和会计账簿的登记要求等。除此之外，还有少部分知识需要理解，如：错账的查找方法和更正方法等。

☆ 任务目标

了 解	会计账簿的概念与作用、会计账簿的更换与保管
熟 悉	会计账簿的登记要求、总分类账户与明细分类账户的平行登记的要点
掌 握	日记账的格式与登记方法、总分类账的格式与登记方法、明细分类账的格式与登记方法、错账的查找方法与更正方法

任务一 认识会计账簿

一、会计账簿的概念与作用

会计账簿是指由一定格式的账页组成的，以经过审核的会计凭证为依据，全面、系统、连续地记录各项经济业务的簿籍。对于账簿的概念，可以从两方面理解：一是从外表形式看，账簿是由具有一定格式的账页联结而成的簿籍；二是从记录的内容看，账簿是对各项经济业务进行分类和序时记录的簿籍。

会计账簿和会计凭证都是记录经济业务的会计资料，但二者记录的方式不同。会计凭证对经济业务的记录是零散的，不能全面、连续、系统地反映和监督经济业务内容；而会计账簿对经济业务的记录是分类、序时、全面、连续的，能够把分散在会计凭证中的大量核算资料加以集中，为经营管理提供系统、完整的核算资料。各单位应当按照国家统一的会计制度的规定和会计业务的需要设置会计账簿。

设置和登记账簿,既是填制和审核会计凭证的延伸,也是编制财务报表的基础,是连接会计凭证和财务报表的中间环节。账簿的设置和登记在会计核算中具有重要作用。

设置和登记账簿的作用主要有:

(1)记载和储存会计信息

将会计凭证所记录的经济业务记入有关账簿,可以全面反映会计主体在一定时期内所发生的各项资金运动,储存所需要的各项会计信息。

(2)分类和汇总会计信息

账簿由不同的相互关联的账户所构成,通过账簿记录,一方面可以分门别类地反映各项会计信息,提供一定时期内经济活动的详细情况;另一方面可以通过发生额、余额的计算,提供各方面所需要的总括会计信息,反映财务状况、经营成果和现金流量的综合价值指标。

(3)检查和校正会计信息

账簿记录是会计凭证信息的进一步整理,也是会计分析、会计检查的重要依据。如在永续盘存制下,通过有关盘存账户余额与实际盘点或核查结果的核对,可以确认财产的盘盈或盘亏,并根据实际结存数额调整账簿记录,做到账实相符,提供如实、可靠的会计信息。

(4)编报和输出会计信息

为了及时反映企业的财务状况、经营成果和现金流量,应定期进行结账工作,进行有关账簿之间的核对,计算出本期发生额和余额,据以编制财务报表,向有关各方提供所需要的会计信息。

二、会计账簿的基本内容

在实际工作中,由于各种会计账簿所记录的经济业务不同,账簿的格式也多种多样,但各种账簿都应具备封面、扉页、账页。

(1)封面

主要用来标明账簿的名称,如总分类账、各种明细分类账、库存现金日记账、银行存款日记账等。如图6-1所示。

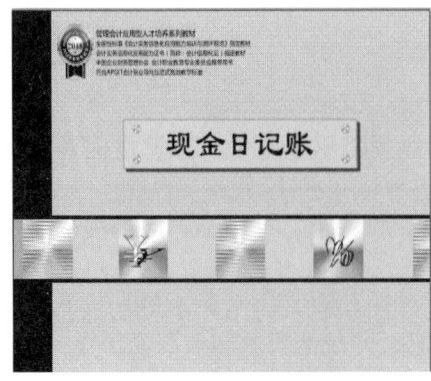 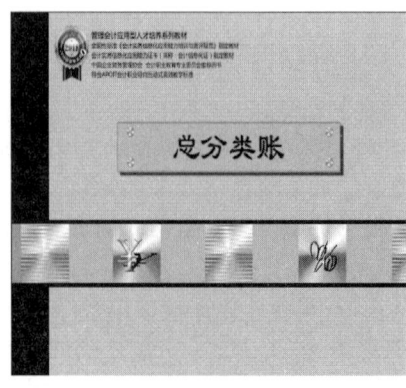

图6-1　库存现金日记账封面、总账封面

(2)扉页

主要用来列明会计账簿的使用信息,如科目索引、账簿启用和经管人员一览表等。"账簿启用和经管人员一览表"的格式如图 6-2 所示。

账簿启用及交接表

机构名称								印鉴				
账簿名称	(第 册)											
账簿编号												
账簿页数	本账簿共计 页(本账簿页数 检点人盖章)											
启用日期	公元 年 月 日											
经管人员	负责人		主办会计		复核				记账			
	姓名	盖章	姓名	盖章	姓名			盖章	姓名			盖章
接交记录	经管人员				接管				交出			
	职别		姓名		年	月	日	盖章	年	月	日	盖章
备注												

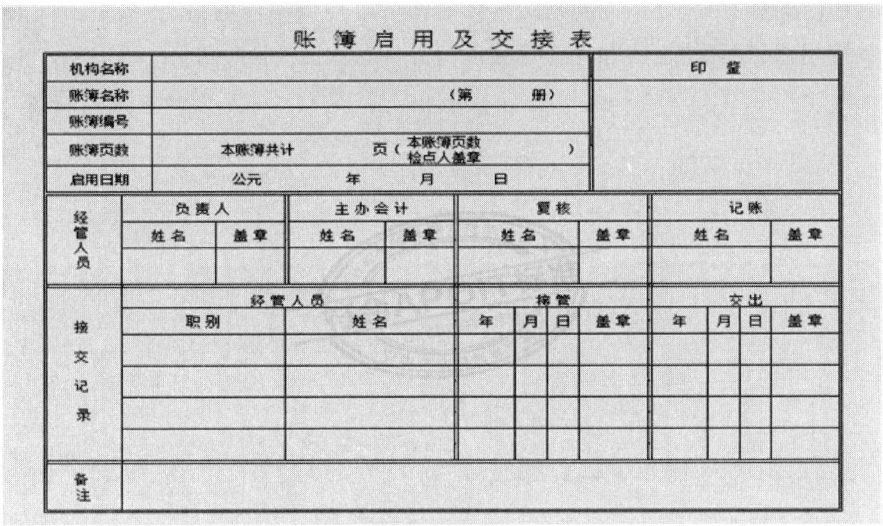

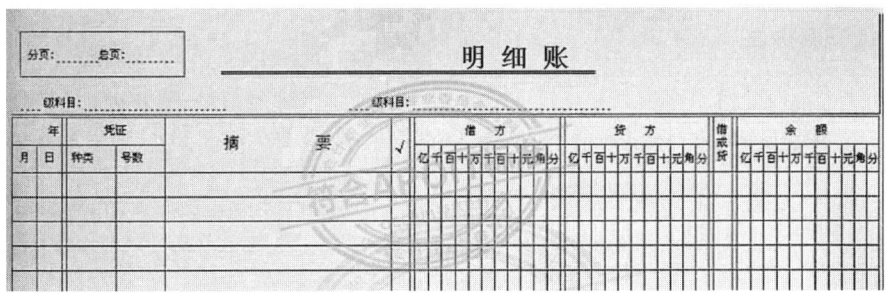

图 6-2 账簿启用和经管人员一览表

(3)账页

账页是账簿用来记录经济业务的主要载体,包括账户的名称、日期栏、凭证种类和编号栏、摘要栏、金额栏以及总页次和分页次等基本内容。如图 6-3 所示。

分页:________总页:________

明细账

________级科目:________________ ________级科目:________________

年		凭证		摘要	√	借方	贷方	借或贷	余额
月	日	种类	号数			亿千百十万千百十元角分	亿千百十万千百十元角分		亿千百十万千百十元角分

图 6-3 三栏式明细账账页

三、会计账簿与账户的关系

账簿与账户的关系是形式和内容的关系。账簿是由若干账页组成的一个整体,账簿中的每一账页就是账户的具体存在形式和载体,没有账簿,账户就无法存在;账簿序时、分类地记录经济业务,是在各个具体的账户中完成的。因此,账簿只是一个外在形式,账户才是它的实质内容。

四、会计账簿的种类

会计账簿的种类很多,不同类别的会计账簿可以提供不同的信息,满足不同的需要。账簿可以按用途、账页的格式和外形特征进行分类。如图 6-4 所示。

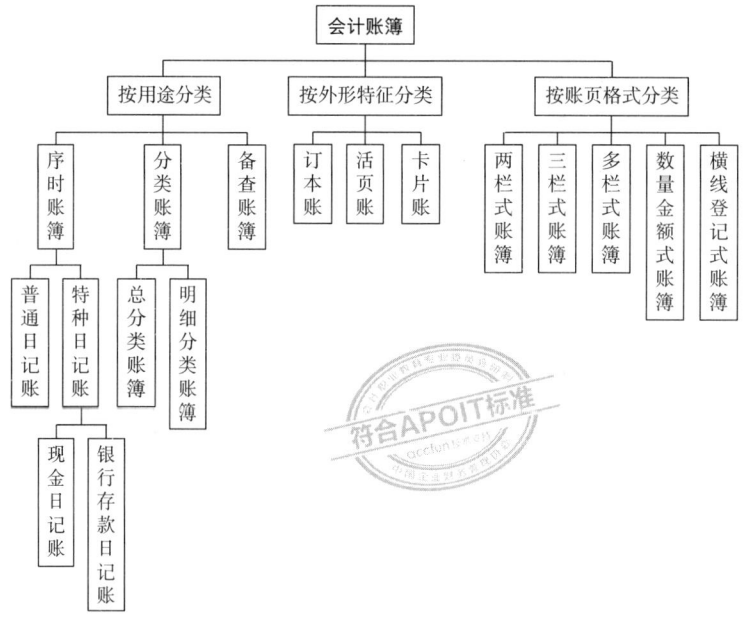

图 6-4　会计账簿的分类

☞ 知识点提要

概念与作用	设置和登记账簿,既是填制和审核会计凭证的延伸,也是编制财务报表的基础,是连接会计凭证和财务报表的中间环节	
	作用	(1)记载和储存会计信息
		(2)分类和汇总会计信息
		(3)检查和校正会计信息
		(4)编报和输出会计信息
基本内容	封面、扉页、账页	
账簿与账户的关系	账簿与账户的关系是形式和内容的关系。账簿只是一个外在形式,账户才是它的实质内容	

续表

会计账簿的分类	按用途分类	会计账簿按照用途可以分为序时账簿、分类账簿和备查账簿	
		序时账簿	序时账簿，又称日记账，是按照经济业务发生的时间先后顺序，逐日逐笔登记的账簿
			序时账簿按其记录的内容不同，又可分为普通日记账和特种日记账
			特种日记账是对某一特定种类的经济业务，按其发生时间的先后顺序逐日、逐笔登记的账簿。在我国，大多数单位一般只设库存现金日记账和银行存款日记账，而不设转账日记账
		分类账簿	分类账簿是按照分类账户设置登记的账簿
			账簿按其反映经济业务的详略程度，可分为总分类账簿和明细分类账簿
			总分类账簿：又称总分类账，简称总账，是根据总分类账户开设的，总括反映某类经济活动
			明细分类账簿：又称明细分类账，是根据明细账户开设的，用来提供明细核算资料的账簿
			总账对所属的明细账起统驭作用，明细账对总账进行补充和说明
		备查账簿	备查账簿也称辅助账簿，是对某些在序时账簿和分类账簿等主要账簿中未能登记或记载不全的经济业务进行补充登记的账簿
			如租入固定资产登记簿、受托加工材料登记簿、代销商品登记簿、住房基金登记簿等
	按账页格式分类	账簿按格式不同，分为两栏式账簿、三栏式账簿、多栏式账簿、数量金额式账簿和横线登记式账簿等	
		两栏式账簿	它是指只有借方和贷方两个金额栏目的账簿
		三栏式账簿	它是指采用借方、贷方、余额三个主要栏目的账簿
			总分类账、库存现金日记账、银行存款日记账以及资本、债权、债务明细账都采用三栏式账簿
		多栏式账簿	多栏式账簿是指在账簿的两个金额栏目（借方和贷方）按需要分设若干专栏的账簿。如多栏式日记账，多栏式明细账收入（贷方多栏）、成本（借方多栏）、费用（借方多栏）和利润分配（借贷方均多栏）明细账采用这种格式
		数量金额式	数量金额式账簿是反映财产物资的实物数量和价值量的账簿。原材料、库存商品等存货明细账采用这种格式
		横线登记式账簿	又称平行式账簿，是指将前后密切相关的经济业务登记在同一行上，以便检查每笔业务的发生和完成情况的账簿。这种格式适用于物资采购和某些应收、应付款项的明细核算

任务二　对账与结账

一、对账

(一)对账的概念

对账就是核对账目,是对账簿记录所进行的核对工作。

在会计工作中,由于种种原因,难免发生记账、计算等差错,也难免出现账实不符的现象。为了确保账簿记录的正确、完整、真实,在有关经济业务入账之后,必须进行账簿记录的核对。对账工作的目的就是保证账证相符、账账相符和账实相符。

对账工作一般在月末进行,即在记账之后、结账之前进行对账。遇特殊情况,如有人员办理调动手续前或发生非常事件后,应随时进行对账。

(二)对账的内容

对账一般可以分为账证核对、账账核对和账实核对。

1. 账证核对

账簿是根据经过审核之后的会计凭证登记的,但实际工作中仍有可能发生账证不符的情况。记账前,应将账簿记录与会计凭证核对,核对账簿记录与原始凭证、记账凭证的时间、凭证字号、内容、金额等是否一致,记账方向是否相符,做到账证相符。

会计期末,如果发现账账不符,也可以再将账簿记录与有关会计凭证进行核对,以保证账证相符。

这种核对主要在日常编制凭证和记账过程中进行。必要时,也可以采用抽查核对和目标核对的方法进行。核对的重点是凭证所记载的业务内容、金额和分录是否与账簿中的记录一致。

2. 账账核对

各个会计账簿是一个有机的整体,既有分工,又有衔接。各种账簿之间的这种衔接依存关系就是账簿的勾稽关系。利用这种关系,可以通过账簿的相互核对发现记账工作是否有误。一旦发现错误,就应立即更正。账账核对的内容主要包括:

(1)总分类账簿之间的核对;

按照"资产=负债+所有者权益"这一会计等式和"有借必有贷、借贷必相等"的记账规律,总分类账簿各账户的期初余额、本期发生额和期末余额之间存在对应的平衡关系,各账户的期末借方余额合计和贷方余额合计也存在平衡关系。通过这种等式和平衡关系,可以检查总账记录是否正确、完整。这项核对工作通常采用编制"总分类账户本期发生额和余额对照表"(简称"试算平衡表")来完成。

(2)总分类账簿与所辖明细分类账簿之间的核对;

总分类账户的期末余额应与其所辖的各明细分类账的期末余额之和核对相符。

(3)总分类账簿与序时账簿之间的核对;

我国企事业单位必须设置库存现金日记账和银行存款日记账。库存现金日记账必须每天与库存现金核对相符,银行存款日记账也必须定期与银行对账。在此基础上,还应检查库存现金总账和银行存款总账的期末余额,与库存现金日记账和银行存款日记账的期末余额是否相符。

(4)明细分类账簿之间的核对。

例如,会计部门有关实物资产的明细账与财产物资保管部门或使用部门的明细账定期核对,以检查其余额是否相符。核对的方法一般是由财产物资保管部门或使用部门定期编制收发结存汇总表报会计部门核对。

3.账实核对

账实核对是指各项财产物资、债权债务等账面余额与实有数额之间的核对。

账实核对的内容主要包括:

(1)库存现金日记账账面余额与库存现金实际库存数逐日核对是否相符;

(2)银行存款日记账账面余额与银行对账单的余额定期核对是否相符;

(3)各项财产物资明细账账面余额与财产物资的实有数额定期核对是否相符;

(4)有关债权债务明细账账面余额与对方单位的账面记录核对是否相符等。

造成账实不符的原因较多,如财产物资保管过程中发生的自然损耗;财产收发过程中由于计量或检验不准,造成多收或少收的差错;由于管理不善、制度不严造成的财产损坏、丢失和被盗等;在账簿记录中发生的重记、漏记和错记等;由于有关凭证未到,形成未达账项,造成结算双方账实不符;发生意外灾害等。因此,需要通过定期的财产清查来弥补漏洞,保证会计信息真实可靠,提高企业管理水平。

二、结账

(一)结账的概念

结账是一项将账簿记录定期结算清楚的账务工作。在一定时期结束时(如月末、季末或年末),为了编制财务报表,需要进行结账,具体包括月结、季结和年结。结账的内容通常包括两个方面:一是结清各种损益类账户,并据以计算确定本期利润;二是结出各资产、负债和所有者权益账户的本期发生额合计和期末余额。

(二)结账的程序

1.结账前,将本期发生的经济业务全部登记入账,并保证其正确性。对于发现的记账错误,应采用适当的方法进行更正。

2.在将本期经济业务全面入账的基础上,根据权责发生制的要求,调整有关账项,合理确定应计入本期的收入和费用。

(1)应计收入和应计费用的调整。

应计收入是指已在本期实现、因款项未收而未登记入账的收入。企业发生的应计收入,主要是本期已经发生且符合收入确认标准,但尚未收到相应款项的销售商品或提供劳务的收入。

应计费用是指已经发生但尚未支付的费用。企业发生的应计费用,本期已经受益,如应计未付的借款利息等。

(2)收入分摊和成本分摊的调整。

收入分摊是指企业已经收取有关款项,但未完成或未全部完成销售商品或提供劳务,需在期末按本期已完成的比例,分摊确认本期已实现收入的金额,并调整以前预收款项时形成的负债。

成本分摊是指为了正确计算各个会计期间的盈亏,将已经发生且能使若干个会计期间受益的支出在其受益的会计期间进行合理分配。

3.将各损益类账户余额全部转入"本年利润"账户,结平所有损益类账户。

4.结出资产、负债和所有者权益账户的本期发生额和余额,并转入下期。

上述工作完成后,就可以根据总分类账和明细分类账的本期发生额和期末余额,分别进行试算平衡。

(三)结账的方法

根据结账时期不同,结账可分为月结、季结和年结。

结账方法的要点主要有:

1.对不需按月结计本期发生额的账户,每次记账以后,都要随时结出余额,每次最后一笔余额是月末余额,即月末余额就是本月最后一笔经济业务记录的同一行内余额。月末结账时,只需要在最后一笔经济业务记录下面通栏划单红线,不需要再次结计余额。如图6-5所示。

图6-5 应收账款明细账

2.库存现金、银行存款日记账和需要按月结计发生额的收入、费用等明细账,每月结账时,要在最后一笔经济业务记录下面通栏划单红线,结出本月发生额和余额,在摘要栏内注明"本月合计"字样,并在下面通栏划单红线。如图6-6所示。

银行存款日记账

第　　页

开户行:

账 号:

月	日	凭证种类	凭证号数	票据号数	摘要	借方	贷方	余额	核对
					承前页	35425330	25107760	29662570	
11	24	记	61	库存现金	提前备用		100000	29562570	
	25	记	62	营业外支出	对外捐款		200000	29362570	
	25	记	63	应收账款	收到货款，存入银行	2825550		32188120	
	26	记	64	应付账款	偿付前欠货款		2567200	29620920	
	26	记	66	管理费用	支付水电费		290000	29330920	
	27	记	67	原材料等	购进材料、验收入库、款已付		186520	29144400	
	29	记	69	主营业务收入	销售商品，货款收存银行	7651800		36796200	
	31				本月合计	45902680	28451480	36796200	

图 6-6　银行存款日记账

3.对于需要结计本年累计发生额的明细账户，每月结账时，应在“本月合计”行下结出自年初起至本月末止的累计发生额，登记在月份发生额下面，在摘要栏内注明“本年累计”字样，并在下面通栏划单红线。12 月末的“本年累计”就是全年累计发生额，全年累计发生额下通栏划双红线。如图 6-7 所示。

分页:……总页:……

主营业务收入明细账

一级科目：主营业务收入　　二级科目：甲产品

月	日	凭证种类	凭证号数	摘要	√	借方	贷方	借或贷	余额
				承前页		35721000	37491000	贷	1770000
11	24	记	60	销售产品，收到货款部分			375000	贷	2145000
	26	记	65	销售产品，款未收			300000	贷	2445000
	29	记	69	销售产品，货款收存银行			1200000	贷	3645000
	30	记	81	结转本月收入		3645000		平	0
	30			本月合计		3645000	3645000	平	0
	30			本年累计		39366000	39366000	平	0
12	13	记	39	销售产品，货款收存银行			1584000	贷	1584000
	16	记	46	销售产品，款未收			540000	贷	2124000
	20	记	51	销售产品，款未收			540000	贷	2664000
	22	记	59	销售产品，收到部分货款			396000	贷	3060000
	26	记	65	销售产品，款未收			300000	贷	2445000
	28	记	72	销售产银行品，货款收存			1440000	贷	4860000
	31	记	81	结转本月收入		4860000		平	0
	31			本月合计		4860000	4860000	平	0
	31			本年累计		44226000	44226000	平	0

图 6-7　主营业务收入明细账

4.总账账户平时只需结出月末余额。年终结账时，为了总括地反映全年各项资金运动情况的全貌，核对账目，要将所有总账账户结出全年发生额和年末余额，在摘要栏内注明“本年合计”字样，并在合计数下通栏划双红线。如图 6-8 所示。

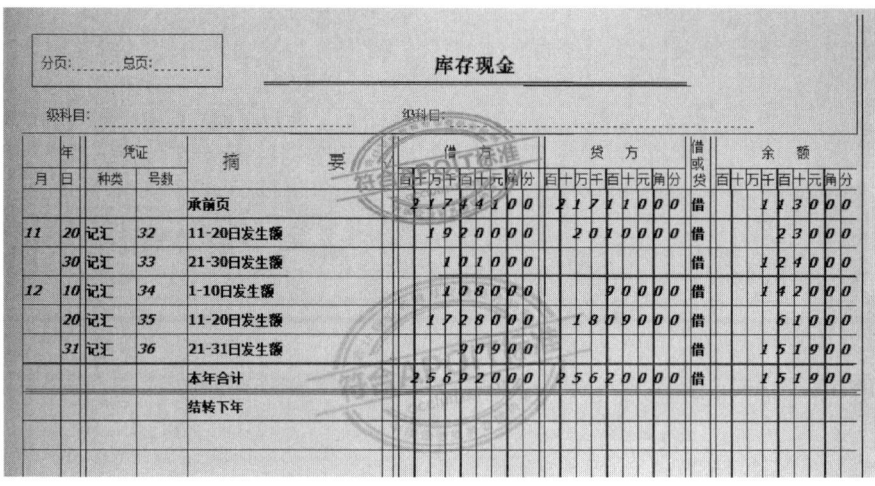

图 6-8 库存现金总账

5.年度终了结账时,有余额的账户,应将其余额结转下年,并在摘要栏注明"结转下年"字样;在下一会计年度新建有关账户的第一行金额栏内填写上年结转的余额,并在摘要栏注明"上年结转"字样,使年末有余额账户的余额如实地在账户中加以反映,以免混淆有余额的账户和无余额的账户。

知识点提要

	账证核对		记账后,应将账簿记录与会计凭证核对
对账	账账核对	1.总分类账簿之间的核对(内部核对)	总分类账账户的借方期末余额合计数与贷方期末余额合计数核对相符
		2.总分类账簿与所辖明细分类账簿之间的核对	总分类账账户的期末余额与所属明细分类账账户的期末余额之和核对相符
		3.总分类账簿与序时账簿之间的核对	库存现金日记账和银行存款日记账期末余额与总分类账"库存现金"和"银行存款"账户的期末余额核对相符
		4.明细分类账簿之间的核对	会计部门各种财产物资明细分类账的期末余额与财产物资保管或使用部门有关明细分类账的期末余额核对相符
	账实核对	账实核对是在账账核对的基础上,将各种财产物资和结算款项的账面余额与实存数额核对相符	
		1.现金	库存现金日记账账面余额与实际现金库存数逐日核对是否相符
		2.银行存款	银行存款日记账账面余额应与银行对账单的余额定期核对是否相符【注意】不是账账核对
		3.财产物资	各种财产物资明细账账面余额与财产物资的实有数定期核对是否相符
		4.债权债务	有关债权债务明细账账面余额与对方单位的账面记录是否相符【注意】不是账账核对

续表

结账	概念	在一定时期结束时（如月末、季末或年末），为了编制财务报表，需要进行结账，具体包括月结、季结和年结
	程序	1.将本期内发生的经济业务全部记入有关账簿
		2.根据权责发生制的要求，调整有关账项，合理确定本期应计的收入和费用
		3.将损益类余额全部转入"本年利润"账户，结平所有损益类账户
		4.结算出资产、负债和所有者权益科目的本期发生额和余额，并结转下期
	方法	1.月末结账时，只需要在最后一笔经济业务记录之下通栏划单红线
		2.库存现金、银行存款日记账和需要按月结计发生额的收入、费用等明细账，每月结账时，在摘要栏内注明"本月合计"字样，并在下面通栏划单红线
		3.对于需要结计本年累计发生额的明细账户，每月结账时，应在"本月合计"行下结出自年初起至本月末止的累计发生额，登记在月份发生额下面，在摘要栏内注明"本年累计"字样，并在下面通栏划单红线。12月末的"本年累计"就是全年累计发生额，全年累计发生额下通栏划双红线
		4.总账账户平时只需结出月末余额。年终结账时，要将所有总账账户结出全年发生额和年末余额，在摘要栏内注明"本年合计"字样，并在合计数下通栏划双红线
		5.年度终了结账时，有余额的账户，应将其余额结转下年，并在摘要栏注明"结转下年"字样；在下一会计年度新建有关账户的第一行余额栏内填写上年结转的余额，并在摘要栏注明"上年结转"字样

任务三 查找与更正错账的方法

一、错账查找方法

在记账过程中，可能发生各种各样的差错，产生错账，如重记、漏记、数字颠倒、数字错位、数字记错、科目记错、借贷方向记反等，从而影响会计信息的准确性，应及时找出差错，并予以更正。错账查找的方法主要有差数法、尾数法、除2法、除9法这四种。

1.差数法

差数法是指按照错账的差数查找错账的方法。在记账过程中只登记了会计分录的借方或贷方，漏记了另一方，从而形成试算平衡中借方合计与贷方合计不等。

2.尾数法

尾数法是指对于发生的差错只查找末位数，以提高查错效率的方法。

3.除2法

除2法是指以差数除以2来查找错账的方法。当某个借方金额错记入贷方（或相反）时，出现错账的差数表现为错误的2倍，将此差数用2去除，得出的商即是反向的金额。例如，应记入"银行存款"科目借方的1000元误记入贷方，则该科目的期末余额将小于总分类科目期末余额2000元,被2除的商1000元即为借贷方向反向的金额。

4.除9法

除9法是指以差数除以9来查找错账的方法,适用于以下三种情况:(1)将数字写小;(2)将数字写大;(3)邻数颠倒。

查找方法:将差数除以9,得出的商连续加11,直到找出颠倒的数字为止。

二、错账更正方法

在记账过程中,可能由于种种原因会使账簿记录发生错误。对于发生的账簿记录错误,应该采用正确、规范的方法予以更正,不得涂改、挖补、刮擦或者用药水消除字迹,不得重新抄写。错账的更正方法一般有划线更正法、红字更正法和补充登记法三种。

(一)划线更正法

在结账前发现账簿记录有文字或数字错误,而记账凭证没有错误,采用划线更正法。更正时,可在错误的文字或数字上划一条红线,在红线的上方填写正确的文字或数字,并由记账人员及会计机构负责人(会计主管人员)在更正处盖章,以明确责任。但应注意,更正时不得只划销错误数字,应将全部数字划销,并保持原有数字清晰可辨,以便审查。如记账凭证中的文字或数字发生错误,在尚未过账前,也可用划线更正法更正。

(二)红字更正法

红字更正法,适用于以下两种情形:

1.记账后发现记账凭证中的应借、应贷会计科目有错误所引起的记账错误。更正的方法是:用红字填写一张与原记账凭证完全相同的记账凭证,在摘要栏内写明"注销某月某日某号凭证",并据以用红字登记入账,以示注销原记账凭证,然后用蓝字填写一张正确的记账凭证,并据以用蓝字登记入账。

2.记账后发现记账凭证和账簿记录中应借、应贷会计科目无误,只是所记金额大于应记金额所引起的记账错误。更正的方法是:按多记的金额用红字编制一张与原记账凭证应借、应贷科目完全相同的记账凭证,在摘要栏内写明"冲销某月某日第×号记账凭证多记金额",以冲销多记的金额,并据以用红字登记入账。

(三)补充登记法

记账后发现记账凭证和账簿记录中应借、应贷会计科目无误,只是所记金额小于应记金额时,采用补充登记法。更正的方法是:按少记的金额用蓝字填制一张与原记账凭证应借、应贷科目完全相同的记账凭证,在摘要栏内写明"补记某月某日第×号记账凭证少记金额",以补充少记的金额,并据以用蓝字登记入账。

错账更正的三种方法中红字更正法和补充登记法都是用来更正因记账凭证错误而产生的记账错误,如果非因记账凭证的差错而产生的记账错误,只能用划线更正法更正。

以上三种方法是对当年内发现填写记账凭证或者登记账错误而采用的更正方法,如果发现以前年度记账凭证中有错误(指会计科目和金额)并导致账簿登记出现差错,应当用蓝字或黑字填制一张更正的记账凭证。因错误的账簿记录已经在以前会计年度终了进行结账或决算,不可能将已经决算的数字进行红字冲销,只能用蓝字或黑字凭证对除文字外的一切错误进行更正并在更正凭证上特别注明"更正××年度错账"的字样。

☞ 知识点提要

错账查找方法	差数法	指按照错账的差数查找错账的方法		
	尾数法	指对于发生的差错只查找末位数,以提高查错效率的方法		
	除2法	指以差数除以2来查找错账的方法。当某个借方金额错记入贷方(或相反)时,出现错账的差数表现为错误的2倍,将此差数用2去除,得出的商即是反向的金额		
	除9法	是指以差数除以9来查找错账的方法,适用于以下三种情况:	(1)将数字写小	
			(2)将数字写大	
			(3)邻数颠倒	
错账更正方法	划线更正法	在结账前发现账簿记录有文字或数字错误,而记账凭证没有错误,采用划线更正法对于错误的数字,应全部划红线更正,不得只更正其中的错误数字【注意】凭证无误,账簿错误		
	红字更正法	科目错误	表现	记账后发现记账凭证中的应借、应贷会计科目有错误所引起的记账错误,可以采用红字更正法予以更正
			更正方法	首先用红字填写一张内容与原错误凭证完全相同的记账凭证,以示注销原记账凭证;然后,用蓝字填制一张正确的记账凭证,并据以记账
		金额写大	表现	记账后发现记账凭证和账簿记录中应借、应贷会计科目无误,只是所记金额大于应记金额所引起的记账错误
			更正方法	按多记的金额用红字填制一张与原记账凭证应借应贷科目完全相同的记账凭证,以冲销多记金额,并据以入账
		【注意】凭证错误(科目错误或金额写大了),账簿错误		
错账更正方法	补充登记法	金额写小	表现	记账后发现记账凭证和账簿记录中应借、应贷会计科目无误,只是所记金额小于应记金额时,采用补充登记法
			更正方法	按少记的金额用蓝字填制一张与原记账凭证应借应贷科目完全相同的记账凭证,以补充少记金额,并据以记账
		【注意】凭证错误(金额写小了),账簿错误		
	【注意】凭证错误,账簿未登,需重新填写一张记账凭证,不用上述方法更正			

任务四 更换与保管会计账簿

按照《会计法》的规定,会计账簿、会计凭证和会计报表等属于单位重要的经济档案,必须定期对账簿进行更换,并妥善保管,否则要承担相应的法律责任。

一、会计账簿的更换

为保证会计账簿资料的连贯性,在每一会计年度结束和新的会计年度开始时,应按会计制度规定进行账簿的更换工作。

会计账簿的更换通常在新会计年度建账时进行。一般来说,总账、日记账和多数明细账应每年更换一次;部分明细账,如固定资产明细账簿,各种备查账簿等,因年度内变动不多,若更换新账,重抄一遍的工作量相当大,因此,可以连续(跨年)使用,年初可不必更换账簿。

二、会计账簿的保管

年度终了,各种账户在结转下年、建立新账后,一般应将旧账集中统一管理。会计账簿暂由本单位财务会计部门保管一年,期满后,由本单位财务会计部门编造清册移交本单位的档案管理部门保管。

各种账簿应当按年度分类归档,编造目录,妥善保管。既保证在需要时迅速查阅,又保证各种账簿的安全和完整。

保管期满后,还要按照规定的审批程序经批准后才能销毁。

账簿日常应由各自分管的记账人员专门保管,未经领导和会计负责人或有关人员批准,不许非经管人员翻阅、查看、摘抄和复制。会计账簿除非特殊需要或司法介入要求,一般不允许携带外出。

新会计年度对更换下来的旧账簿应进行整理、分类,对有些缺少手续的账簿,应补办必要的手续,然后装订成册,并编制分录,办理移交手续,按期归档保管。对会计账簿的保管既是会计人员应尽的职责,也是会计工作的重要组成部分。

知识点提要

会计账簿的更换	日记账、总分类账和多数明细分类账应每年更换一次;变动较小的部分明细账,不必每年更换,如固定资产明细账(固定资产卡片)、备查账可以连续使用
	新旧账簿有关账户之间的结转余额,无须编制记账凭证
会计账簿的保管	会计账簿暂由本单位财务会计部门保管一年,期满后,由财务会计部门编造清册移交本单位的档案管理部门保管

配套练习 扫一扫 码上做!

名师授课│课后练习

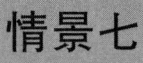

情景七 掌握财产清查的方法

☆ 情景导读

按照会计工作流程——证、账、表的顺序,我们已经学完"证"和"账",是不是可以学习填"表"了? NO,NO,NO! 会计要求企业在期末要做到"账实一致",所以我们需要先学习财产清查。

您在学习情景七的内容时需要重点记忆财产清查的种类、各种财产物资清查的方法等,还需要理解财产清查的账务处理。

☆ 任务目标

了 解	财产清查的概念与意义、财产清查的种类
熟 悉	财产清查的一般程序、货币资金、实物资产和往来款项的清查方法
掌 握	银行存款余额调节表的编制、财产清查结果的账务处理

任务一 了解财产清查的概念

一、财产清查的概念与意义

财产清查是指通过对货币资金、实物资产和往来款项等财产物资进行盘点或核对,确定其实存数,查明账存数与实存数是否相符的一种专门方法。

企业应当建立健全财产物资清查制度,加强管理,以保证财产物资核算的真实性和完整性。具体而言,财产清查的意义主要有:

1.查明各项财产物资的实有数量,确定实有数量与账面数量之间的差异,查明原因和责任,以便采取有效措施,消除差异,改进工作,从而保证账实相符,提高会计资料的准确性。

2.查明各项财产物资的保管情况是否良好,有无因管理不善,造成霉烂、变质、损失浪费,或者被非法挪用、贪污盗窃的情况,以便采取有效措施,改善管理,切实保障各项财产物资的安全完整。

3.查明各项财产物资的库存和使用情况,合理安排经济活动,充分利用各项财产物资,加速资金周转,提高资金使用效益。

二、财产清查的种类

财产清查可以根据清查的范围、时间的不同进行分类,也可以按照清查的执行系统进行分类。

(一)按照清查范围分类

财产清查按照清查范围,可分为全面清查和局部清查。

1.全面清查

全面清查是指对所有的财产进行全面的盘点和核对。全面清查的对象包括固定资产、存货、库存现金、银行存款、往来结算款、缴拨款等。

全面清查由于清查范围大、内容多、时间长、参与人员多,不宜经常进行。需要进行全面清查的情况通常有:年终决算前;企业在合并、撤销或改变隶属关系前;中外合资、国内合资前;企业股份制改制前;开展全面的资产评估、清产核资前;单位主要领导调离工作前等。

2.局部清查

局部清查是指根据需要只对部分财产进行盘点和核对。

局部清查范围小、内容少、时间短、参与人员少,但专业性很强。局部清查的范围和对象应根据业务需要和相关的具体情况而定。一般而言,对于流动性较大的财产物资,如原材料、在产品、产成品,应根据需要随时轮流盘点或重点抽查;对于贵重财产物资,每月都要进行清查盘点;对于库存现金,每日终了,应由出纳人员进行清点核对;对于银行存款,企业至少每月同银行核对一次;对债权、债务,企业应每年至少同债权、债务人核对一至两次。

(二)按照清查的时间分类

按照清查的时间,可分为定期清查和不定期清查。

1.定期清查

定期清查是指按照预先计划安排的时间对财产进行的盘点和核对。定期清查一般在年末、季末、月末进行。通过定期清查,可以在编制财务报表前发现账实不符的情况,据以调整有关账簿记录,使账实相符,从而可以保证会计资料的真实性。定期清查,可以是全面清查,也可以是局部清查。

2.不定期清查

不定期清查是指事前不规定清查日期,而是根据特殊需要临时进行的盘点和核对。不定期清查,可以是全面清查,也可以是局部清查,应根据实际需要来确定清查的对象和范围。

不定期清查主要在以下情况下进行:

(1)财产、库存现金保管人员更换时,要对有关人员保管的财产、库存现金进行清查,以分清经济责任,便于办理交接手续。

(2)发生自然灾害和意外损失时,要对受损失的财产进行清查,以查明损失情况。

(3)上级主管、财政、审计和银行等部门,对本单位进行会计检查,应按检查的要求和范围对财产进行清查,以验证会计资料的可靠性。

(4)进行临时性清产核资时,要对本单位的财产进行清查,以便摸清家底。

企业应当定期将会计账簿记录与实物、款项及有关资料相互核对,保证会计账簿记录与实物及款项的实有数额相符;在编制年度财务报表前,应当全面清查财产、核实债务。

(三)按照清查的执行系统分类

按照清查的执行系统,可分为内部清查和外部清查。

1.内部清查

内部清查是指由本单位内部自行组织清查工作小组所进行的财产清查工作。大多数财产清查都是内部清查。

2.外部清查

外部清查是指由主级主管部门、审计机关、司法部门、注册会计师根据国家有关规定或情况需要对本单位所进行的财产清查。一般来讲,进行外部清查时应有本单位相关人员参加。

三、财产清查的一般程序

财产清查既是会计核算的一种专门方法,又是财产物资管理的一项重要制度。企业必须有计划、有组织地进行财产清查。

财产清查一般包括以下程序:

(1)建立财产清查组织;

(2)组织清查人员学习有关政策规定,掌握有关法律、法规和相关业务知识,以提高财产清查工作的质量;

(3)确定清查对象、范围,明确清查任务;

(4)制订清查方案,具体安排清查内容、时间、步骤、方法以及必要的清查前准备;

(5)清查时本着先清查数量、核对有关账簿记录等,后认定质量的原则进行;

(6)填制盘存清单;

(7)根据盘存清单,填制实物、往来账项清查结果报告表。

☞ **知识点提要**

概念与意义	概念	财产清查是指通过对货币资金、实物资产和往来款项等财产物资的盘点或核对,确定其实存数,查明账存数与实存数是否相符的一种专门方法
	意义	(1)保证账实相符,提高会计资料的准确性
		(2)切实保障各项财产物资的安全完整
		(3)加速资金周转,提高资金使用效益

续表

种类	按照清查范围分类	全面清查	清查对象	对所有的财产进行全面的盘点和核对
			需进行全面清查的情况	(1)年终决算前 (2)单位撤销、分立、合并或改变隶属关系 (3)中外合资、国内联营 (4)股份制改造前 (5)开展全面的资产评估、清产核资前 (6)单位主要领导调离工作前,以明确经济责任 【注意】单位的副总、财务主管等非主要调离工作不需要全面清查
		局部清查	清查对象	是指根据需要只对部分财产进行盘点和核对。其清查的主要对象是货币资金、存货等流动性较大的财产
			需进行局部清查的情况	(1)对于库存现金,应由出纳员每日清点核对一次,做到日清月需进行结 (2)对于银行存款,每月至少同银行核对一次 (3)对于债权债务,每年至少核对一至两次,有问题及时解决 (4)对于原材料、在产品和库存商品等流动性较大的存货,除全年安排一次全面清查外,平时应根据需要轮流盘点或重点抽查 (5)对于贵重财产物资,每月清查一次
	按照清查的时间分类	定期清查	概念	按照预先计划安排的时间对财产进行的盘点和核对
			时间对象	时间：一般在年末、季末、月末进行
				对象：可以是全面清查,也可以是局部清查
			目的	保证会计资料的真实性与正确性
		不定期清查	概念	事前不规定清查日期,而是根据特殊需要临时进行的盘点和核对
			对象	其清查对象可以是全面清查也可以是局部清查
				更换出纳员时对现金、银行存款所进行的清查
				更换仓库保管员时对其所保管的财产所进行的清查等
			【补充】目的:在于查明情况,分清责任	
	按照清查的执行系统	内部清查		是指由本单位内部自行组织清查工作小组所进行的财产清查工作
				大多数财产清查都是内部清查
		外部清查		是指由上级主管部门、审计机关、司法部门、注册会计师根据国家有关规定或情况需要对本单位所进行的财产清查
				一般来讲,进行外部清查时应有本单位相关人员参加
一般程序	清查时本着先清查数量、核对有关账簿记录等,后认定质量的原则进行			

任务二 熟悉财产清查的方法

由于货币资金、实物、往来款项的特点各有不同,在进行财产清查时,应采用与其特点和管理要求相适应的方法。

一、货币资金的清查方法

(一)库存现金的清查

库存现金的清查是采用实地盘点法确定库存现金的实存数,然后与库存现金日记账的账面余额相核对,确定账实是否相符。库存现金清查一般由主管会计或财务负责人和出纳人员共同清点出各种面值钞票的张数和硬币的个数,并填制"库存现金盘点报告表"。

对库存现金进行盘点时,出纳人员必须在场,有关业务必须在库存现金日记账中全部登记完毕。盘点时,一方面要注意账实是否相符,另一方面还要检查现金管理制度的遵守情况,如库存现金有无超过其限额,有无白条抵库、挪用舞弊等情况。盘点结束后,应填制"库存现金盘点报告表",作为重要原始凭证,它也具有实存账存对比表的作用。

(二)银行存款的清查

银行存款的清查是采用与开户银行核对账目的方法进行的,即将本单位银行存款日记账的账簿记录与开户银行转来的对账单逐笔进行核对,来查明银行存款的实有数额。银行存款的清查一般在月末进行。

1.银行存款日记账与银行对账单不一致的原因

将截止到清查日所有银行存款的收付业务都登记入账后,对发生的错账、漏账应及时查清更正,再与银行的对账单逐笔核对。如果二者余额相符,通常说明没有错误;如果二者余额不相符,则可能是企业或银行一方或双方记账过程有错误或者存在未达账项。

未达账项,是指企业和银行之间,由于记账时间不一致而发生的一方已经入账,而另一方尚未入账的事项。未达账项一般分为以下四种情况:

(1)企业已收款记账,银行未收款未记账的款项。例如,企业已将收到的购货单位开出的转账支票送存银行并且入了账,但是,因银行尚未办妥转账收款手续而没有入账。

(2)企业已付款记账,银行未付款未记账的款项。例如,企业开出的转账支票已经入账,但是,因收款单位尚未到银行办理转账手续或银行尚未办妥转账付款手续而没有入账。

(3)银行已收款记账,企业未收款未记账的款项。例如,企业委托银行代收的款项,银行已经办妥收款手续并且入了账,但是,因收款通知尚未到达企业而使企业没有入账。

(4)银行已付款记账,企业未付款未记账的款项。例如,企业应付给银行的借款利息,银行已经办妥付款手续并且入了账,但是,因付款通知尚未到达企业而使企业没有入账。

上述任何一种未达账项的存在,都会使企业银行存款日记账的余额与银行出具的对账单的余额不符。所以,在与银行对账时首先应查明是否存在未达账项,如果存在未达账项,就应该编制"银行存款余额调节表",据以调节双方的账面余额,确定企业银行存款实有数。

2.银行存款清查的步骤

银行存款的清查按以下四个步骤进行:

(1)根据经济业务、结算凭证的种类、号码和金额等资料逐日逐笔核对银行存款日记账与银行对账单。凡双方都有记录的,用铅笔在金额旁打上记号"√";

(2)找出未达账项(即银行存款日记账和银行对账单中没有打"√"的款项);

(3)将日记账和对账单的月末金额及找出的未达账项填入"银行存款余额调节表",并计算出调整后的余额;

(4)将调整平衡的"银行存款余额调节表",经主管会计签章后,呈报开户银行。

银行存款余额调节表的编制,是以双方账面余额为基础,各自分别加上对方已收款入账而己方尚未入账的数额,减去对方已付款入账而己方尚未入账的数额。其计算公式如下:

企业银行存款日记账余额+银行已收企业未收款-银行已付企业未付款=银行对账单存款余额+企业已收银行未收款-企业已付银行未付款

3.银行存款余额调节表的作用

(1)银行存款余额调节表是一种对账记录或对账工具,不能作为调整账面记录的依据,即不能根据银行存款余额调节表中的未达账项来调整银行存款账面记录,未达账项只有在收到有关凭证后才能进行有关的账务处理。

(2)调节后的金额如果相等,通常说明企业和银行的账面记录一般没有错误,该余额通常为企业可以动用的银行存款实有数。

(3)调节后的余额如果不相等,通常说明一方或双方记账有误,需进一步追查,查明原因后予以更正和处理。

二、实物资产的清查方法

实物资产主要包括固定资产、存货等。实物资产的清查就是对实物资产在数量和质量上所进行的清查。常用的清查方法主要有实地盘点法和技术推算法。

1.实地盘点法。通过点数、过磅、量尺等方法来确定实物资产的实有数量。其适用的范围较广,在多数财产物资清查中都可以采用这种方法。

2.技术推算法。利用技术方法对财产物资的实存数进行推算,故又称估推法。采用这种方法,对于财产物资不是逐一清点计数,而是通过量方、计尺等技术推算财产物资的结存数量。这种方法只适用于成堆量大而价值又不高,难以逐一清点的财产物资的清查。例如,露天堆放的煤炭等。

对于实物的质量,应根据不同的实物采用不同的检查方法,例如:有的采用物理方法,有的采用化学方法来检查实物的质量。

实物清查过程中,实物保管人员和盘点人员必须同时在场。对于盘点结果,应如实登记盘存单,并由盘点人和实物保管人签字或盖章,以明确经济责任。盘存单既是记录盘点结果的书面证明,也是反映财产物资实存数的原始凭证。其一般格式如表7-1所示。

表7-1 盘存单

单位名称: 盘点时间: 编号:
财产类别: 存放地点: 金额单位:

编号	名称	计量单位	数量	单价	金额	备注

盘点人签章: 保管人:

为了查明实存数与账存数是否一致,确定盘盈或盘亏情况,应根据盘存单和有关账簿的记录,编制实存账存对比表。实存账存对比表是用以调整账簿记录的重要原始凭证,也是分析产生差异的原因、明确经济责任的依据。实存账存对比表的一般格式如表7-2所示。

表7-2 实存账存对比表

单位名称: 年 月 日

编号	类别及名称	计量单位	单价	实存		账存		差异				备注
								盘盈		盈亏		
				数量	金额	数量	金额	数量	金额	数量	金额	
1												
2												

主管人员: 会计: 制表:

三、往来款项的清查方法

往来款项主要包括应收、应付款项和预收、预付款项等。往来款项的清查一般采用发函询证的方法进行核对。清查单位应在其各种往来款项记录准确的基础上,按每一个经济往来单位填写"往来款项对账单"一式两联,其中一联送交对方单位核对账目,另一联作为回单联。对方单位经过核对相符后,在回单联上加盖公章退回,表示已核对。如有数字不符,对方单位应在对账单中注明情况退回本单位,本单位进一步查明原因,再行核对。

往来款项清查以后,将清查结果编制"往来款项清查报告单",填列各项债权、债务的余额。对于有争执的款项以及无法收回的款项,应在报告单上详细列明情况,以便及时采取措施进行处理,避免或减少坏账损失。

👉 知识点提要

库存现金的清查	方法	采用实地盘点的方法
	库存现金清查应由清查人员同出纳人员进行定期或不定期清查	
	盘点时,为了明确责任,出纳人员必须在场	
	库存现金的清查既要检查账实是否相符,又要检查现金管理制度是否符合相关规定	库存现金有无超过银行规定的限额
		是否有白条抵库、挪用舞弊
		是否按现金范围使用现金
		有无坐支现金
	现金盘点后,应填写"现金盘点报告表"。现金盘点报告表是用以调整账簿的重要原始凭证	
银行存款的清查	方法	采用与开户银行核对账目的方法进行的,即将本单位银行存款日记账的账簿记录与开户银行转来的对账单逐笔进行核对,来查明银行存款的实有数额
	时间	银行存款的清查一般在月末进行
	银行存款日记账账与银行对账单不一致的原因	一是企业或银行一方或双方记账过程有错误
		二是存在未达账项 — 概念:未达账项,是指企业和银行之间,由于记账时间不一致而发生的一方已经入账,而另一方尚未入账的事项
		未达账项的情况:(1)企业已收,银行未收;(2)企业已付,银行未付;(3)银行已收,企业未收;(4)银行已付,企业未付
		【注意】(1)、(4)两种情况会使企业账面存款余额大于银行对账单余额;(2)、(3)两种情况会使企业账面存款余额小于银行对账单余额
	银行存款清查的步骤	(1)根据经济业务、结算凭证的种类、号码和金额等资料逐日逐笔核对银行存款日记账与银行对账单。凡双方都有记录的,用铅笔在金额旁打上记"√"
		(2)找出未达账项(即银行存款日记账和银行对账单中没有打"√"的款项)
		(3)将日记账和对账单的月末余额及找出的未达账项填入"银行存款余额调节表",并计算出调整后的余额
		(4)将调整平衡的"银行存款余额调节表",经主管会计签章后,呈报开户银行
	公式	企业银行存款日记账余额+银行已收企业未收款-银行已付企业未付款=银行对账单存款余额+企业已收银行未收款-企业已付银行未付款

续表

银行存款的清查	银行存款余额调节表的作用	(1)银行存款余额调节表是一种对账记录或对账工具,不能作为调整账面记录的依据,未达账项只有在收到有关凭证后才能进行有关的账务处理。(该表本身并非原始凭证)
		(2)调节后的余额如果相等,通常说明企业和银行的账面记录一般没有错误,该余额通常为企业可以动用的银行存款实有数
		(3)调节后的余额如果不相等,通常说明一方或双方记账有误,需进一步追查,查明原因后予以更正和处理
实物资产的清查方法	对于实物资产的清查,应从数量和质量两个方面进行	
	实地盘点法	财产物资存放在现场逐一清点数量或计量仪器确定其实存数的方法
		缺点　工作量大,还用大量人力、时间
	技术推算法	利用技术推算财产物资实存数的方法
		这种方法适用于大量成堆又廉价又笨重,难以逐一清点的物资,如煤炭、砂石、油罐中的油等大宗物资的清查
		优缺点　工作量小,但盘点数字不够准确
	将盘点结果填入在"盘存单",并由盘点人员和实物保管人员共同签章。"盘存单"是反映财产物资实存数的原始凭证	
	盘点后,确认盘盈、盘亏数,并填制"实存账存对比表"。实存账存对比表是调整账簿记录的原始凭证	
往来款项的清查方法	往来款项的清查一般采用发函询证的方法进行核对。往来款项清查结束后,应将清查结果编制"往来款项清查结果报告表"(该表不是原始凭证)	

【总结】原始凭证:现金盘点报告表、盘存单、实存账存对比表
　　　　不是原始凭证:银行存款余额调节表、往来款项清查结果报告表

任务三　财产清查结果的处理

一、财产清查结果处理的要求

对于财产清查中发现的问题,如财产物资的盘盈、盘亏、毁损或其他各种损失,应核实情况,调查分析产生的原因,按照国家有关法律法规的规定,进行相应的处理。

财产清查结果处理的具体要求有:

(1)分析产生差异的原因和件质,提出处理建议;

对于财产清查所发现的盘盈、盘亏,应及时查明原因,明确经济责任,并依据有关规定进行处理。对于一些合理的物资损耗等,只要在规定的损耗标准和范围内,会计人员可按照规定及时作出处理。对于超出规定职权范围,会计人员无权自行处理,应及时报请单位负责人作出处理。一般而言,个人造成的损失,应由个人赔偿;因管理不善原因造成的损失,应作为企业管理费用入账;因自然灾害造成的非常损失,列入企业的营业外支出。

(2)积极处理多余积压财产,清理往来款项;

对于财产清查中发现的多余、积压物资,应分不同情况处理。属于盲目采购或者盲目生产等原因造成的积压,一方面积极利用或者改造出售,另一方面要停止采购或生产。

(3)总结经验教训,建立和健全各项管理制度;

财产清查后,要针对存在的问题和不足,总结经验教训,采取必要的措施,建立健全财产管理制度,进一步提高财产管理水平。

(4)及时调整簿账记录,保证账实相符。

对于财产清查中发现的盘盈或盘亏,应根据清查中取得的原始凭证填制记账凭证,登记有关账簿,及时调整账面记录,使各种财产物资的账存数与实存数相一致,同时反映待处理财产损溢的发生。

二、财产清查结果处理的步骤与方法

对于财产清查结果的处理可分为以下两种情况:

1.审批之前的处理

根据"清查结果报告表""盘点报告表"等已经查实的数据资料,填制记账凭证,记入有关账簿,使账簿记录与实际盘存数相符,同时根据权限,将处理建议报股东大会或董事会,或经理(厂长)会议或类似机构批准。

2.审批之后的处理

企业清查的各种财产的损溢,应于期末前查明原因,并根据企业的管理权限,经股东大会或董事会,或经理(厂长)会议或类似机构批准后,在期末结账前处理完毕。企业应严格按照有关部门对财产清查结果提出的处理意见,填制有关记账凭证,登记有关账簿,并追回应由责任者承担的财产损失。

期末结账前,如果企业清查的各种财产的损溢尚未经批准,在对外提供财务报表时,先按上述规定进行处理,并在附注中作出说明;其后批准处理的金额与已处理金额不一致的,调整财务报表相关项目的年初数。

三、财产清查结果的账务处理

(一)设置"待处理财产损溢"账户

为了反映和监督企业在财产清查过程中查明的各种财产物资的盘盈、盘亏、毁损及其处理情况,应设置"待处理财产损溢"账户(但固定资产盘盈和毁损分别通过"以前年度损益调整""固定资产清理"账户核算)。该账户属于双重性质的资产类账户,下设"待处理流动资产损溢"和"待处理非流动资产损溢"两个明细分类账户进行明细分类核算。

"待处理财产损溢"账户的基本结构如表 7-3 所示。

表 7-3　待处理财产损溢

借方	贷方
①清查时发现的盘亏数 ②经批准后盘盈的转销数	①清查时发现的盘盈数 ②经批准后盘亏的转销数

该账户的借方登记财产物资的盘亏数、毁损数和批准转销的财产物资盘盈数;贷方登记财产物资的盘盈数和批准转销的财产物资盘亏及毁损数。企业清查的各种财产的盘盈、盘亏和毁损应在期末结账前处理完毕,所以"待处理财产损溢"账户在期末结账后没有余额。

(二)库存现金清查结果的账务处理

1.库存现金盘盈的账务处理

库存现金盘盈时,应及时办理库存现金的入账手续,调整库存现金账簿记录,即按盘盈的金额借记"库存现金"科目,贷记"待处理财产损溢——待处理流动资产损溢"科目。

对于盘盈的库存现金,应及时查明原因,按管理权限报经批准后,按盘盈的金额借记"待处理财产损溢——待处理流动资产损溢"科目,按需要支付或退还他人的金额贷记"其他应付款"科目,按无法查明原因的金额贷记"营业外收入"科目。

2.库存现金盘亏的账务处理

库存现金盘亏时,应及时办理盘亏的确认手续,调整库存现金账簿记录,即按盘亏的金额借记"待处理财产损溢——待处理流动资产损溢"科目,贷记"库存现金"科目。

对于盘亏的库存现金,应及时查明原因,按管理权限报经批准后,按可收回的保险赔偿和过失人赔偿的金额借记"其他应收款"科目,按管理不善等原因造成净损失的金额借记"管理费用"科目,按自然灾害等原因造成净损失的金额借记"营业外支出"科目,按原记入"待处理财产损溢——待处理流动资产损溢"科目借方的金额贷记本科目。

(三)存货清查结果的账务处理

1.存货盘盈的账务处理

存货盘盈时,应及时办理存货入账手续,调整存货账簿的实存数。盘盈的存货应按其重置成本作为入账价值借记"原材料""库存商品"等科目,贷记"待处理财产损溢——待处理流动资产损溢"科目。

对于盘盈的存货,应及时查明原因,按管理权限报经批准后,冲减管理费用,即按其入账价值,借记"待处理财产损溢——待处理流动资产损溢"科目,贷记"管理费用"科目。

2.存货盘亏的账务处理

存货盘亏时,应按盘亏的金额借记"待处理财产损溢——待处理流动资产损溢"科目,贷记"原材料""库存商品"等科目。材料、产成品、商品采用计划成本(或售价)核算的,还应同时结转材料成本差异(或商品进销差价)。涉及增值税的,还应进行相应处理。

对于盘亏的存货,应及时查明原因,按管理权限报经批准后,按可收回的保险赔偿和过失人赔偿的金额借记"其他应收款"科目,按管理不善等原因造成净损失的金额借记"管理费用"科目,按自然灾害等原因造成净损失的金额借记"营业外支出"科目,按原记入"待处理财产损溢——处理流动资产损溢"科目借方的金额贷记该科目。

(四)固定资产清查结果的账务处理

1.固定资产盘盈的账务处理

企业在财产清查过程中盘盈的固定资产,经查明确属企业所有,按管理权限报经批准后,应根据盘存凭证填制固定资产交接凭证,经有关人员签字后送交企业会计部门,填写固定资产卡片账,并作为前期差错处理,通过"以前年度损益调整"科目核算。盘盈的固定资产通常按其重置成本作为入账价值借记"固定资产"科目,贷记"以前年度损益调整"科目。涉及增值税、所得税和盈余公积的,还应按相关规定处理。

2.固定资产盘亏的账务处理

固定资产盘亏时,应及时办理固定资产注销手续,按盘亏固定资产的账面价值借记"待处理财产损溢——待处理非流动资产损溢"科目,按已提折旧额借记"累计折旧"科目,按其原价贷记"固定资产"科目。涉及增值税和递延所得税的,还应按相关规定处理。

对于盘亏的固定资产,应及时查明原因,按管理权限报经批准后,按过失人及保险公司应赔偿额借记"其他应收款"科目,按盘亏固定资产的原价扣除累计折旧和过失人及保险公司赔偿后的差额借记"营业外支出"科目,按盘亏固定资产的账面价值贷记"待处理财产损溢——待处理非流动资产损溢"科目。

(五)结算往来款项盘存的账务处理

在财产清查过程中发现的长期未结算的往来款项,应及时清查。对于经查明确实无法支付的应付款项可按规定程序报经批准后,转作营业外收入。

对于无法收回的应收款项则作为坏账损失冲减坏账准备。坏账是指企业无法收回或收回的可能性极小的应收款项。由于发生坏账而产生的损失,称为坏账损失。

企业通常应将符合下列条件之一的应收款项确认为坏账:

(1)债务人死亡,以其遗产清偿后仍然无法收回;

(2)债务人破产,以其破产财产清偿后仍然无法收回;

(3)债务人较长时间内未履行其偿债义务,并有足够的证据表明无法收回或者收回的可能性极小。

企业对有确凿证据表明确实无法收回的应收款项,经批准后作为坏账损失。

对于已确认为坏账的应收款项,并不意味着企业放弃了追索权,一旦重新收回,应及时入账。

知识点提要

财产清查结果处理的要求	(1)分析账实不符的原因和性质,提出处理建议	由个人和保险公司赔偿的部分,记入"其他应收款";
		因管理不善原因造成的损失,应作为企业"管理费用"入账;
		因自然灾害造成的非常损失,列入企业的"营业外支出"。
	(2)及时调整账簿记录,保证账实相符。	

续表

财产清查结果的处理步骤和方法	审批之前、后的处理（发现时）	审批前		根据"清查结果报告表"、"盘点报告表"等已经查实的数据资料，填制记账凭证，记入有关账簿，使账簿记录与实际盘存数相符，同时根据权限，将处理建议报股东大会或董事会，或经理（厂长）会议或类似机构批准。
		1.库存现金		
		盘盈		
		审批前处理	借：库存现金 　贷：待处理财产损溢	
		审批后处理	借：待处理财产损溢 　贷：营业外收入	
		盘亏		
		审批前处理	借：待处理财产损溢 　贷：库存现金	
		审批后处理	借：其他应收款 　　管理费用 　贷：待处理财产损溢	
		2.存货		
		盘盈		
		审批前处理	借：原材料 　　库存商品 　贷：待处理财产损溢	
		审批后处理	借：待处理财产损溢 　贷：管理费用	
		盘亏		
		审批前处理	借：待处理财产损溢 　贷：原材料 　　　库存商品	
		审批后处理	借：其他应收款 　　管理费用 　　原材料（残料） 　贷：待处理财产损溢	
		3.固定资产		
		盘盈		

续表

财产清查结果的处理步骤和方法	审批之前、后的处理（发现时）	审批前处理	借：固定资产（重置成本） 　贷：以前年度损益调整
		审批后处理	借：以前年度损益调整 　贷：盈余公积——法定盈余公积 　　　利润分配——未分配利润
		盘亏	
		审批前处理	借：待处理财产损溢 　　累计折旧 　贷：固定资产
		审批后处理	借：营业外支出 　贷：待处理财产损溢
		4.往来款项	
		无法支付的应付账款	借：应付账款 　贷：营业外收入
		应收账款	采用备抵法计提坏账准备 借：资产减值损失 　贷：坏账准备
			发生坏账损失 借：坏账准备 　贷：应收账款

配套练习 扫一扫 码上做！

名师授课｜课后练习

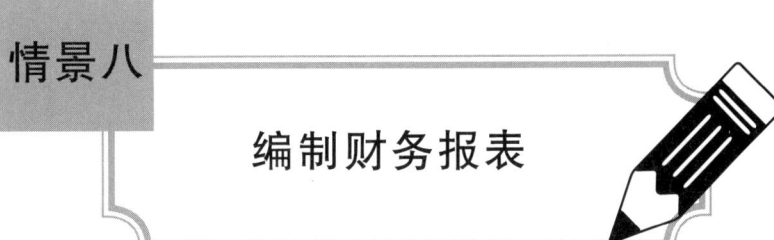

情景八 编制财务报表

☆情景导读

终于到了会计工作流程的最后一步——学习"表"即财务报表的时候了,"新手"的心情难免有点小激动。财务报表的内容主要包括"四表一注":资产负债表、利润表、现金流量表、所有者权益变动表和附注。

"新手"必须要学会编制资产负债表和利润表,在学习时要牢记这两张表的"简表"(由编者独创,详见内容),掌握报表每个项目的金额来源等。同时"新手"要记忆一些基础的知识,如财务报表的分类、两张表的格式和编制要求等。

学完情景八的内容,我不再是一名会计"新手"了,噢耶!

☆任务目标

了 解	财务报表的概念与分类、财务报表编制前的准备工作
熟 悉	财务报表编制的基本要求、资产负债表的列示要求与编制方法、利润表的列示要求与编制方法
掌 握	资产负债表的概念与作用、利润表的概念与作用

任务一 认识财务报表

一、财务报表的概念与分类

(一)财务报表的概念

在日常会计核算中,对于企业、行政、事业单位在一定时期内所发生的各项经济业务都要按照一定的会计程序,在有关账簿中进行连续、系统、全面、分类的记录和归集。但这些会计核算资料是分散地反映在各个会计账户中的,不能集中、概括、相互联系地反映企业、单位的经济活动和财务收支的全貌。为了满足经营管理的各方面的需要,就有必要定期地对日常会计核算资料加以总结,按照一定的表格形式编制财务报表,总括、综合地反映企业的经济活动过程和结果,为有关方面进行管理和决策提供科学、准确的会计信息。

财务报表是对企业财务状况、经营成果和现金流量的结构性表述。

财务报表至少应当包括下列组成部分：

(1)资产负债表

资产负债表是反映企业在某一特定日期的财务状况的财务报表。

(2)利润表

利润表是反映企业在一定会计期间的经营成果的财务报表。

(3)现金流量表

现金流量表是反映企业在一定会计期间的现金和现金等价物流入和流出的财务报表。

(4)所有者权益变动表

所有者权益变动表是反映构成所有者权益的各组成部分当期的增减变动的财务报表。

(5)附注

附注是对在资产负债表、利润表、现金流量表和所有者权益变动表等报表中列示的文字描述或明细资料，以及对未能在这些报表中列示项目的说明等。

财务报表上述组成部分具有同等的重要程度。

(二)财务报表的分类

财务报表可以按其编报期间不同分为中期财务报表和年度财务报表；按其编报主体不同分为个别财务报表和合并财务报表。

1.按编报期间不同分类

按编报期间的不同,可以分为中期财务报表和年度财务报表。

(1)中期财务报表,是以短于一个完整会计年度的报告期间为基础编制的财务报表,包括月报、季报和半年报等。中期财务报表至少包括资产负债表、利润表、现金流量表和附注,其中,中期资产负债表、利润表和现金流量表应当是完整报表,其格式和内容应当与年度财务报表相一致。与年度财务报表相比,中期财务报表中的附注披露可适当简略。

(2)年度财务报表,是指以一个完整的会计年度(自公历1月1日起至12月31日止)为基础编制的财务报表。年度财务报表一般包括资产负债表、利润表、现金流量表、所有者权益变动表和附注等内容。

2.按编报主体不同分类

按编报主体的不同,可以分为个别财务报表和合并财务报表。

(1)个别财务报表,是由企业在自身会计核算基础上对账簿记录进行加工而编制的财务报表,它主要是用以反映企业自身的财务状况、经营成果和现金流量情况。

(2)合并财务报表,是以母公司和子公司组成的企业集团为会计主体,根据母公司和所属子公司的财务报表,由母公司编制的综合反映企业集团财务状况、经营成果及现金流量的财务报表。

二、财务报表编制的基本要求

财务报表是按照一定的格式和一定的指标体系，对日常会计核算资料进行加工整理而编制出来的，它对国家宏观经济管理、企业内部管理决策以及投资人、债权人对企业经营管理进行考察都有重要的意义。因此，企业在编制财务报表时一定要做到以下几点：

（一）以持续经营为基础编制

企业应当以持续经营为基础，根据实际发生的交易和事项，按照《企业会计准则——基本准则》和其他各项会计准则的规定进行确认和计量，在此基础上编制财务报表。以持续经营为基础编制财务报表不再合理，企业应当采用其他基础编制财务报表，并在附注中声明财务报表未以持续经营为基础编制的事实、披露未以持续经营为基础编制的原因和财务报表的编制基础。

（二）采用正确的会计基础编制

除现金流量表按照收付实现制原则编制外，企业应当按照权责发生制原则编制其他财务报表。

（三）至少按年编制财务报表

企业至少应当按年编制财务报表。年度财务报表涵盖的期间短于一年的，应当披露年度财务报表的涵盖期间、短于一年的原因以及报表数据不具可比性的事实。

（四）项目列报遵守重要性原则

重要性，是指在合理预期下，财务报表某项目的省略或错报会影响使用者据此作出经济决策的，该项目具有重要性。

重要性应当根据企业所处的具体环境，从项目的性质和金额两方面予以判断，且对各项目重要性的判断标准一经确定，不得随意变更。判断项目性质的重要性，应当考虑该项目在性质上是否属于企业日常活动、是否显著影响企业的财务状况、经营成果和现金流量等因素；判断项目金额大小的重要性，应当考虑该项目金额占资产总额、负债总额、所有者权益总额、营业收入总额、营业成本总额、净利润、综合收益总额等直接相关项目金额的比重或所属报表单列项目金额的比重。

性质或功能不同的项目，应当在财务报表中单独列报，但不具有重要性的项目除外。

性质或功能类似的项目，其所属类别具有重要性的，应当按其类别在财务报表中单独列报。

某些项目的重要性程度不足以在资产负债表、利润表、现金流量表或所有者权益变动表中单独列示，但对附注却具有重要性，则应当在附注中单独披露。

《企业会计准则第 30 号——财务报表列报》规定在财务报表中单独列报的项目，应当单独列报。其他会计准则规定单独列报的项目，应当增加单独列报项目。

(五)保持各个会计期间财务报表项目列报的一致性

财务报表项目的列报应当在各个会计期间保持一致,除会计准则要求改变财务报表项目的列报或企业经营业务的性质发生重大变化后,变更财务报表项目的列报能够提供更可靠、更相关的会计信息外,不得随意变更。

(六)各项目之间的金额不得相互抵消

财务报表中的资产项目和负债项目的金额、收入项目和费用项目的金额、直接计入当期利润的利得项目和损失项目的金额不得相互抵消,但其他会计准则另有规定的除外。

一组类似交易形成的利得和损失应当以净额列示,但具有重要性的除外。

资产或负债项目按扣除备抵项目后的净额列示,不属于抵消。

非日常活动产生的利得和损失,以同一交易形成的收益扣减相关费用后的净额列示更能反映交易实质的,不属于抵销。

(七)至少应当提供所有列报项目上一个可比会计期间的比较数据

当期财务报表的列报,至少应当提供所有列报项目上一个可比会计期间的比较数据,以及与理解当期财务报表相关的说明,但其他会计准则另有规定的除外。

财务报表的列报项目发生变更的,应当至少对可比期间的数据按照当期的列报要求进行调整,并在附注中披露调整的原因和性质,以及调整的各项目金额。对可比数据进行调整不切实可行的,应当在附注中披露不能调整的原因。

(八)应当在财务报表的显著位置披露编报企业的名称等重要信息

企业应当在财务报表的显著位置(如表首)至少披露下列各项:

(1)编报企业的名称;

(2)资产负债表日或财务报表涵盖的会计期间;

(3)人民币金额单位;

(4)财务报表是合并财务报表的,应当予以标明。

企业应当依照有关法律、行政法规规定的结账日进行结账。年度结账日为公历年度每年的12月31日;半年度、季度、月度结账日分别为公历年度每半年度、每季、每月的最后一天。并且要求:月度财务报表应当于月度终了后6天内(节假日顺延,下同)对外提供,季度财务报表应当于季度终了后15天内对外提供,半年度财务报表应当于年度中期结束后60天内(相当于两个连续的月份)对外提供,年度财务报表应当于年度终了后4个月内对外提供。

伪造、变造财务报表都是违反《会计法》的,最终将受到惩罚。因此,每一位会计人员在编制财务报表时必须实事求是,认真负责。

三、财务报表编制前的准备工作

在编制财务报表前,需要完成下列工作:
1.严格审核会计账簿的记录和有关资料;
2.进行全面财产清查、核实债务,发现有关问题,应及时查明原因,并按规定程序报批后,进行相应的会计处理;
3.按规定的结账日结账,结出有关会计账簿的余额和发生额,并核对各会计账簿之间的余额;
4.检查相关的会计核算是否按照国家统一的会计制度的规定进行;
5.检查是否存在因会计差错、会计政策变更等原因需要调整前期或本期相关项目的情况等。

☞ **知识点提要**

财务报表的概念与分类	概念		财务报表是对企业财务状况、经营成果和现金流量的结构性表述
			组成部分:(1)资产负债表;(2)利润表;(3)现金流量表;(4)所有者权益变动表;(5)附注。("四表一注")
		资产负债表	是指反映企业在某一特定日期的财务状况的会计报表。(财务状况、静态报表)
		利润表	是指反映企业在一定会计期间的经营成果的会计报表。(经营成果、动态报表)
		现金流量表	是反映企业在一定会计期间现金及现金等价物流入和流出的报表。(动态报表)
		所有者权益变动表	是反映构成所有者权益各组成部分当期增减变动情况的报表
		附注	对上述四表中列示项目的文字描述或明细资料,以及对未能在这些报表中列示项目的说明等
			附注是报表的重要组成部分
	分类	按其编报期间不同	中期财务报表	中期可以是半年度、季度和月度
				至少应当包括(1)资产负债表;(2)利润表;(3)现金流量表;(4)附注。("三表一注")
			年度财务报表	一个完整会计年度(公历1月1日—12月31日)
				(1)资产负债表;(2)利润表;(3)现金流量表;(4)所有者权益变动表;(5)附注("四表一注")
		按其编报主体不同	个别财度报表	个别企业自身会计核算编制的财务报表
			合并财务报表	母子公司组成的集团为一报告主体编制的财务报表

续表

财务报表编制的基本要求	1.以持续经营为基础编制	自报告期末起至少12个月的持续经营能力
	2.按正确的会计基础编制	除现金流量表按照收付实现制原则编制外,企业应当按照权责发生制原则编制财务报表
	3.至少按年编制财务报表	
	4.项目列报遵守重要性原则	重要性应当根据企业所处的具体环境,从项目的性质和金额两方面予以判断,且对各项目重要性的判断标准一经确定,不得随意变更
	5.保持各个会计期间财务报表项目列报的一致性	
	6.各项目之间的金额不得相互抵消	
	7.至少应当提供所有列报项目上一个可比会计期间的比较数据	
	8.应当在财务报表的显著位置披露编报企业的名称等重要信息	

任务二 编制资产负债表

实训项目四:编制资产负债表

准备:资产负债表一张

其他资料:银行存款年初数11700元,存货(库存商品)期初数20000元,应付账款期初数20000元,未分配利润期初数11700元。2020年1月由主营业务收入增加的同时应收账款增加20000元,主营业务成本增加的同时库存商品减少10000元。

要求:根据实训三(P90)和上述资料编制资产负债表。

一、资产负债表的概念与作用

资产负债表是反映企业在某一特定日期的财务状况的财务报表。它用资产、负债、所有者权益及其相互关系反映一个企业资金运动在某一特定时日的相对静止状态。资产负债表的核心是向会计报表的使用者展示一个企业的财务状况。所谓财务状况是指一个企业的资产、负债、所有者权益结构及其相互关系。

资产负债表的作用主要有:

(1)可以提供某一日期资产的总额及其结构,表明企业拥有或控制的资源及其分布情况;

(2)可以提供某一日期的负债总额及其结构,表明企业未来需要用多少资产或劳务清偿债务以及清偿时间;

(3)可以反映所有者所拥有的权益,据以判断资本保值、增值的情况以及对负债的保障程度。

二、资产负债表的列示要求

(一)资产负债表列报总体要求

1.分类别列报

资产负债表列报,最根本的目标就是应如实反映企业在资产负债表日所拥有的资产、所承担的负债以及所有者所拥有的权益。因此,资产负债表应当按照资产、负债和所有者权益三大类别分类列报。

2.资产和负债按流动性列报

资产和负债应当按照流动性分别分为流动资产和非流动资产、流动负债和非流动负债列示。流动性,通常按资产的变现或耗用时间长短或者负债的偿还时间长短来确定。按照财务报表列报准则的规定,应先列报流动性强的资产或负债,再列报流动性弱的资产或负债。

银行、证券、保险等金融企业由于在经营内容上不同于一般的工商企业,导致其资产和负债的构成项目也与一般工商企业有所不同,具有特殊性,金融企业的有些资产或负债无法严格区分为流动资产和非流动资产。在这种情况下,往往按照流动性列示能够提供可靠且更相关信息,因此金融企业可以大体按照流动性顺序列示资产和负债。

3.列报相关的合计、总计项目

资产负债表中的资产类至少应当列示流动资产和非流动资产的合计项目;负债类至少应当列示流动负债、非流动负债以及负债的合计项目;所有者权益类应当列示所有者权益的合计项目。

资产负债表遵循了"资产=负债+所有者权益"这一会计恒等式,把企业在特定时日所拥有的经济资源和与之相对应的企业所承担的债务及偿债以后属于所有者的权益充分反映出来。因此,资产负债表应当分别列示资产总计项目和负债与所有者权益之和的总计项目,并且这二者的金额应当相等。

(二)资产的列报

资产负债表中的资产类至少应当单独列示反映下列信息的项目:

(1)货币资金;(2)以公允价值计量且其变动计入当期损益的金融资产;(3)应收款项;(4)预付款项;(5)存货;(6)持有待售资产;(7)可供出售金融资产;(8)持有至到期投资;(9)长期股权投资;(10)投资性房地产;(11)固定资产;(12)无形资产;(13)递延所得税资产。

(三)负债的列报

资产负债表中的负债类至少应当单独列示反映下列信息的项目:

(1)短期借款;(2)以公允价值计量且其变动计入当期损益的金融负债;(3)应付款项;(4)预收款项;(5)应付职工薪酬;(6)应交税费;(7)持有待售负债;(8)长期借款;(9)

应付债券;(10)长期应付款;(11)预计负债;(12)递延所得税负债。

(四)所有者权益的列报

资产负债表中的所有者权益类至少应当单独列示反映下列信息的项目:
(1)实收资本(或股本);(2)资本公积;(3)其他综合收益;(4)盈余公积;(5)未分配利润。

三、我国企业资产负债表的一般格式

在我国,资产负债表采用账户式的格式,即左侧列示资产,右侧列示负债和所有者权益。

资产负债表由表头和表体两部分组成。表头部分应列明报表名称、编表单位名称、资产负债表日和人民币金额单位;表体部分反映资产、负债和所有者权益的内容。其中,表体部分是资产负债表的主体和核心,各项资产、负债和所有者权益按流动性排列,所有者权益项目按稳定性排列。

资产负债表正是依据"资产=负债+所有者权益"的基本平衡原理,按照一定的分类标准和一定的次序分项排列编制的。可以从两方面来理解资产负债表的结构原理及内容:一方面,它反映了某一企业在一定时日所拥有的资产总额,以及相对于这些资产的权益总额;另一方面,它反映了某一企业在一定时日企业的债权人、所有者以及经过有效的经营活动所提供的资本及其积累,这些权益被运用并物化为各种资产。所以,从一定意义上说,资产负债表就是资产与权益具体项目及其相互关系的分项表述和归纳。

资产负债表的基本结构分为两大部分:一部分列示资产各项目,反映企业资金的分布状况和存在形式;另一部分列示权益各项目,反映企业的负债、所有者权益及其增减情况。两方总金额始终保持平衡关系,反映了资产与权益的本质联系。

根据资产与权益两方排列格式的不同,资产负债表可分为账户式和报告式两种。

账户式资产负债表,又称平行式资产负债表,是指将资产和权益分列左右两方,左方列示资产项目,右方列示权益项目,左右平衡。

报告式资产负债表是将资产和权益采用上下垂直分列的形式,上方列示资产项目,下方列示权益项目,上下平衡。账户式资产负债表的优点是报表格式与账户的结构相似,直观清晰,左右对应平行排列,便于对比分析。同时,考虑到目前我国的习惯,现行会计准则及行业会计制度规定采用账户式资产负债表,左方反映资产状况,右方反映企业负债和所有者权益的情况。

我国企业资产负债表的格式一般如表8-1所示。

表 8-1 资产负债表

会企 01 表

编制单位： 年 月 日 单位：元

资产	期末余额	上年年末余额	负债和所有者权益(或股东权益)	期末余额	上年年末余额
流动资产：			流动负债：		
货币资金			短期借款		
交易性金融资产			交易性金融负债		
衍生金融资产			衍生金融负债		
应收票据			应付票据		
应收账款			应付账款		
应收款项融资			预收款项		
预付款项			合同负债		
其他应收款			应付职工薪酬		
存货			应交税费		
合同资产			其他应付款		
持有待售资产			持有待售负债		
一年内到期的非流动资产			一年内到期的非流动负债		
其他流动资产			其他流动负债		
流动资产合计			流动负债合计		
非流动资产：			非流动负债：		
债权投资			长期借款		
其他债权投资			应付债券		
长期应收款			其中：优先股		
长期股权投资			永续债		
其他权益工具投资			租赁负债		
其他非流动金融资产			长期应付款		
投资性房地产			预计负债		
固定资产			递延收益		
在建工程			递延所得税负债		
生产性生物资产			其他非流动负债		
油气资产			非流动负债合计		
使用权资产			负债合计		
无形资产			所有者权益(或股东权益)：		
开发支出			实收资本(或股本)		
商誉			其他权益工具		
长期待摊费用			其中：优先股		
递延所得税资产			永续债		
其他非流动资产			资本公积		
非流动资产合计			减：库存股		
			其他综合收益		
			专项储备		
			盈余公积		
			未分配利润		
			所有者权益(或股东权益)合计		
资产总计			负债和所有者权益(或股东权益)总计		

单位负责人： 会计主管： 复核： 制表：

四、资产负债表编制的基本方法

(一)"期末余额"栏的填列方法

资产负债表"期末余额"栏内各项数字,一般应根据资产、负债和所有者权益类科目的期末余额填列,具体方法如下:

(1)根据一个或几个总账科目的余额填列

如"以公允价值计量且其变动计入当期损益的金融资产""工程物资""固定资产清理""短期借款""应付票据""应付职工薪酬""应交税费""应付利息""应付股利""其他应付款""预计负债""实收资本(或股本)""资本公积""盈余公积"等项目应根据有关总账科目的余额填列。有些项目则应根据几个总账科目的余额计算填列。如"货币资金"项目,应根据"库存现金""银行存款""其他货币资金"三个总账科目余额的合计数填列。

(2)根据明细账科目的余额计算填列

如"应付账款"项目,应根据"应付账款"和"预付账款"两个科目所属的相关明细科目的期末贷方余额合计数填列;"未分配利润"项目,应根据"利润分配"科目所属的"未分配利润"明细科目期末余额填列。

(3)根据总账科目和明细账科目的余额分析计算填列

如"长期借款"项目,应根据"长期借款"总账科目余额扣除"长期借款"科目所属的明细科目中将在资产负债表日起一年内到期且企业不能自主地将清偿义务展期的长期借款后的金额计算填列。

(4)根据有关科目余额减去其备抵科目余额后的净额填列

如:"长期股权投资""在建工程"项目,应根据相关科目的期末余额填列,已计提减值准备的,还应扣减相应的减值准备;"固定资产""无形资产""投资性房地产""持有待售资产"项目,应根据相关科目的期末余额扣减相应的累计折旧(摊销、折耗)填列,已计提减值准备的,还应扣减相应的减值准备,采用公允价值计量的上述资产,应根据相关科目的期末余额填列。

(5)综合运用上述填列方法分析填列

如"存货"项目,应根据"材料采购""原材料""发出商品""库存商品""周转材料""生产成本"等科目期末余额合计,减去"存货跌价准备"等科目期末余额后的金额填列,材料采用计划成本核算以及库存商品采用计划成本核算或售价核算的企业,还应按加减材料成本差异、商品进销差价后的金额填列。

资产负债表主要项目的填列详见知识点提要2。

(二)"年初余额"栏的填列方法

本表的"年初余额"栏通常根据上年末有关项目的期末余额填列,且与上年末资产负债表"期末余额"栏一致。如果企业上年度资产负债表规定的项目名称和内容与本年度不一致,应当对上年年末资产负债表相关项目的名称和数字按照本年度的规定进行调整,填入"年初余额"栏。

☞ 知识点提要 1

资产负债表的概念和作用	概念	资产负债表是反映企业在某一特定日期的财务状况的财务报表
	作用	(1)提供资产的总额及其结构,表明企业拥有或控制的资源及其分布情况
		(2)提供负债总额及其结构,表明企业未来需要用多少资产或劳务清偿债务以及清偿时间
		(3)反映所有者所拥有的权益,据以判断资本保值、增值的情况以及对负债的保障程度
资产负债表的列示要求	资产负债表列报总体要求	分类别列报
		资产和负债按流动性列报
		列报相关的合计、总计项目
	资产的列报	至少应当单独列示的项目:货币资金、以公允价值计量且其变动计入当期损益的金融资产、应收款项、预付款项和存货(流动资产)等
	负债	至少应当单独列示的项目:短期借款、应付款项、预收款项、应付职工薪酬、应交税费(流动负债)和长期借款、应付债券(非流动负债)等
	所有者权益	至少应当单独列示的项目:实收资本(或股本)、资本公积、其他综合收益、盈余公积和未分配利润等
我国企业资产负债表的一般格式	在我国,资产负债表采用账户式的格式	
	资产负债表由表头和表体两部分组成。表体部分反映资产、负债和所有者权益的内容,表体部分是资产负债表的主体和核心	
	各项资产、负债和所有者权益按流动性排列,所有者权益项目按稳定性排列	

续表

资产负债表编制的基本方法	"期末余额"栏的填列方法	资产负债表项目的填列方法	1.根据一个或几个总账科目的余额填列	(1)有些项目直接根据总账科目的期末余额填列	如"应付票据""短期借款"等
				(2)有些项目根据几个总账科目的期末余额计算填列	如：货币资金＝库存现金＋银行存款＋其他货币资金
			2.根据明细账科目的余额计算填列	(1)应收账款＝"应收账款"明细账户的期末借方余额＋"预收账款"明细账户的期末借方余额－坏账准备
				(2)预付款项＝"预付账款"明细账户的期末借方余额＋"应付账款"明细账户的期末借方余额－坏账准备
				(3)应付账款＝"应付账款"明细账户的期末贷方余额＋"预付账款"明细账户的期末贷方余额
				(4)预收款项＝"预收账款"明细账户的期末贷方余额＋"应收账款"账户所属明细账户的期末贷方余额
			3.根据总账科目和明细账科目的余额分析计算填列	"长期借款"＝"长期借款"总账科目余额－"长期借款"科目所属的明细账科目中将在一年内到期,且企业不能自主地将清偿义务展期的长期借款后的余额计算填列
			4.根据有关科目余额减去其备抵科目余额后的净额填列	(1)固定资产＝固定资产－累计折旧－固定资产减值准备
				(2)无形资产＝无形资产－累计摊销－无形资产减值准备
				(3)"应收账款""在建工程""长期股权投资"和"持有至到期投资"项目,均应根据其相应总账账户的期末余额减去其相应减值准备后的净额填列
				(4)"持有待售资产""持有待售负债"项目,均应根据在资产类或负债类科目新设置的对应科目的期末余额,减去其相应减值准备后的金额填列。
			5.综合运用上述填列方法分析填列	"存货"＝"原材料"＋"库存商品"＋"委托加工物资"＋"周转材料"＋"材料采购"＋"在途物资"＋"发出商品"＋"材料成本差异"－"存货跌价准备" 【注意】"工程物资"和"在建工程"不属于存货,它们与"固定资产"同一条线
	"年初余额"栏的填列方法	本表的"年初余额"栏通常根据上年末有关项目的期末余额填列,且与上年末资产负债表"期末余额"栏一致		

知识点提要 2

资产负债表的填列说明

项目	填列说明
货币资金	库存现金＋银行存款＋其他货币资金
以公允价值计量且其变动计入当期损益的金融资产	直接根据总账科目的期末余额填列
应收票据	账面余额－坏账准备
应收账款	(应收账款＋预收账款)明细账借方余额－坏账准备
预付款项	(应付账款＋预付账款)明细账借方余额－坏账准备
存货	原材料＋在途物资＋周转材料＋委托加工物资＋库存商品＋发出商品＋生产成本＋委托代销商品＋材料成本差异(借方余额)或－材料成本差异(贷方余额)－存货跌价准备
长期股权投资	账面余额－减值准备
固定资产	账面余额－累计折旧－固定资产减值准备
在建工程	账面余额－减值准备
无形资产	账面余额－累计摊销－无形资产减值准备
一年内到期的非流动资产	一年内到期的长期待摊费用
短期借款	直接根据总账科目的期末余额填列
应付账款	(应付账款＋预付账款)明细账贷方余额
应付票据	直接根据总账科目的期末余额填列
预收款项	(应收账款＋预收账款)明细账贷方余额
应付职工薪酬	直接根据总账科目的期末余额填列
应交税费	直接根据总账科目的期末余额填列
应付利息	直接根据总账科目的期末余额填列
一年内到期的非流动负债	一年内到期的长期借款
实收资本	直接根据总账科目的期末余额填列
盈余公积	直接根据总账科目的期末余额填列
未分配利润	本年利润±利润分配 【解释】余额在贷方用"＋",余额在借方用"－"

任务三　编制利润表

实训五:编制利润表

准备:利润表一张

其他资料:所得税税率25%。

要求：根据实训三、实训四和上述资料，编制 2020 年度 1 月份利润表。

一、利润表的概念与作用

利润表是反映企业在一定会计期间的经营成果的财务报表。利润表属于动态报表。

企业编制利润表的目的是如实反映企业实现的收入、发生的费用以及应当计入当期利润的利得和损失等金额及其结构情况，帮助使用者分析评价企业的盈利能力、利润构成及其质量，利润表包括的项目有营业收入、营业成本、营业利润、利润总额、净利润、每股收益、其他综合收益和综合收益总额等。

利润表的作用主要有：
(1)反映一定会计期间收入的实现情况；
(2)反映一定会计期间的费用耗费情况；
(3)反映企业经济活动成果的实现情况，据以判断资本保值增值等情况。

二、利润表的列示要求

利润表列示的基本要求如下：

1.企业在利润表中应当对费用按照功能分类，分为从事经营业务发生的成本、管理费用、销售费用和财务费用等。

2.利润表至少应当单独列示反映下列信息的项目，但其他会计准则另有规定的除外：
(1)营业收入；(2)营业成本；(3)税金及附加；(4)销售费用；(5)管理费用；(6)财务费用；(7)投资收益；(8)公允价值变动收益；(9)资产减值损失；(10)营业利润；(11)营业外收入；(12)营业外支出；(13)利润总额；(14)所得税费用；(15)净利润；(16)其他综合收益各项目分别扣除所得税影响后的净额；(17)综合收益总额；(18)每股收益。

3.其他综合收益项目应当根据其他相关会计准则的规定分为以后会计期间不能重分类进损益的其他综合收益项目和以后会计期间在满足规定条件时将重分类进损益的其他综合收益项目两类列报。

三、我国企业利润表的一般格式

利润表基本结构是根据"收入－费用＝利润"这一等式设计的。按照利润表各具体内容的排列方式的不同，利润表分单步式和多步式两种格式。

在我国，企业应当采用多步式利润表，将不同性质的收入和费用分别进行对比，以便得出一些中间性的利润数据，帮助使用者理解企业经营成果的不同来源。

利润表通常包括表头和表体两部分。表头应列明报表名称、编表单位名称、财务报表涵盖的会计期间和人民币金额单位等内容；利润表的表体，反映形成经营成果的各个项目和计算过程。我国企业利润表的格式一般如表 8-2 所示。

表 8-2　利润表

会企 02 表
单位:元

编制单位:　　　　　　　　　　　　　年　　月

项　　目	本期金额	上期金额
一、营业收入		
减:营业成本		
税金及附加		
销售费用		
管理费用		
财务费用		
其中:利息费用		
利息收入		
加:其他收益		
投资收益(损失以"－"号填列)		
其中:对联营企业和合营企业的投资收益		
以摊余成本计量的金融资产终止确认收益(损失以"－"号填列)		
净敞口套期收益(损失以"－"号填列)		
公允价值变动收益(损失以"－"号填列)		
信用减值损失(损失以"－"号填列)		
资产减值损失(损失以"－"号填列)		
资产处置收益(损失以"－"号填列)		
二、营业利润(损失以"－"号填列)		
加:营业外收入		
减:营业外支出		
三、利润总额(亏损总额以"－"号填列)		
减:所得税费用		
四、净利润(净亏损以"－"号填列)		
(一)持续经营净利润		
(二)终止经营净利润		
五、其他综合收益的税后净额		
(一)不能重分类进损益的其他综合收益		
1.重新计量设定受益计划变动额		
2.权益法下不能转损益的其他综合收益		
3.其他权益工具投资公允价值变动		
4.企业自身信用风险公允价值变动		
……		
(二)将重分类进损益的其他综合收益		
1.权益法下可转损益的其他综合收益		
2.其他债权投资公允价值变动		
3.金融资产重分类计入其他综合收益的金额		
4.其他债权投资信用减值准备		
5.现金流量套期储备		
6.外币财务报表折算差额		
……		
六、综合收益总额		
七、每股收益		
(一)基本每股收益		
(二)稀释每股收益		

单位负责人:　　　　　　会计主管:　　　　　　复核:　　　　　　制表:

四、利润表编制的基本方法

为了使报表使用者通过不同期间利润的实现情况判断企业经营成果的未来发展趋势,企业需要提供比较利润表。所以,利润表各项目需要分为"本期金额"和"上期金额"两栏分别填列。

(一)"本期金额"栏的填列方法

"本期金额"栏根据"主营业务收入""主营业务成本""税金及附加""销售费用""管理费用""财务费用""资产减值损失""公允价值变动收益""投资收益""营业外收入""营业外支出""所得税费用"等科目的发生额分析填列。其中,"营业利润""利润总额""净利润""其他综合收益的税后净额""综合收益总额""每股利益"等项目根据该表中相关项目计算填列。

(二)"上期金额"栏的填列方法

"上期金额"栏应根据上年该期利润表"本期金额"栏内所列数字填列。如果上年该期利润表规定的各个项目的名称和内容同本期不一致,应对上年该期利润表各项目的名称和数字按本期的规定进行调整,填入利润表"上期金额"栏内。

利润表的主要项目的内容及其填列方法:

1."营业收入"项目

"营业收入"反映企业经营业务所取得的收入总额。本项目应根据"主营业务收入"科目的发生额加上"其他业务收入"科目的发生额合计填列。

2."营业成本"项目

"营业成本"反映企业经营业务所发生的实际成本。本项目应根据"主营业务成本"科目的发生额加上"其他业务成本"科目的发生额合计填列。

3."税金及附加"项目

"税金及附加"反映企业经营业务应负担的营业税、消费税、城市维护建设税、资源税、土地增值税和教育费附加等。本项目应根据"税金及附加"科目的发生额分析填列。

4."销售费用"项目

"销售费用"反映企业在销售商品过程中发生的费用。本项目应根据"销售费用"科目的发生额分析填列。

5."管理费用"项目

"管理费用"反映企业发生的管理费用。本项目应根据"管理费用"科目的发生额分析填列。

6."财务费用"项目

"财务费用"反映企业发生的财务费用。本项目应根据"财务费用"科目的发生额分析填列。

7."投资收益"项目

"投资收益"反映企业以各种方式对外投资所取得的收益。本项目应根据"投资收益"科目的发生额分析填列;如为投资损失,以"-"号填列。

8."资产减值损失"项目,反映企业各项资产发生的减值损失。

9."公允价值变动收益"项目,反映企业按照相关准则规定应当计入当期损益的资产或负债公允价值变动净收益。如"交易性金融资产当期公允价值的变动额"。如为净损失,以"-"填列。

10."营业外收入"项目和"营业外支出"项目

"营业外收入"行项目,反映企业发生的营业利润以外的收益,主要包括债务重组利得、与企业日常活动无关的政府补助、盘盈利得、捐赠利得等。该项目应根据"营业外收入"科目的发生额分析填列。

"营业外支出"行项目,反映企业发生的营业利润以外的支出,主要包括债务重组损失、公益性捐赠支出、非常损失、盘亏损失、非流动资产毁损报废损失等。该项目应根据"营业外支出"科目的发生额分析填列。

11."利润总额"项目

"利润总额"反映企业实现的利润总额。如为亏损总额,以"-"号填列。

12."所得税费用"项目

"所得税费用"反映企业按规定从本期损益中减去的所得税。本项目应根据"所得税费用"科目的发生额分析填列。

13."净利润"项目

"净利润"反映企业实现的净利润。如为亏损数,以"-"号填列。净利润包括"持续经营净利润"和"终止经营净利润"行项目,分别反映净利润中与持续经营相关的净利润和与终止经营相关的净利润;如为净亏损,以"-"号填列。该两个项目应按照《企业会计准则第42号——持有待售的非流动资产、处置组和终止经营》的相关规定分别列报。

☞ 知识点提要1

记住利润表(简表)
2020年12月

- 一、营业收入
  - -2营业-3费用-1损失+4收益
- 二、营业利润
  - +营业外收入-营业外支出
- 三、利润总额
  - -所得税费用
- 四、净利润
- 五、其他综合收益的税后净额
- 六、综合收益总额
- 七、每股收益

【解释】2营业:营业成本、税金及附加;3费用:销售费用、管理费用和财务费用;1损失:资产减值损失;4收益:公允价值变动收益、投资收益、资产处置收益、其他收益。

知识点提要 2

概念与作用	概念	利润表又称损益表,是指反映企业在一定会计期间的经营成果的财务报表
		利润＝收入－费用＋利得－损失
	作用	1.反映一定会计期间收入的实现情况
		2.反映一定会计期间的费用耗费情况
		3.反映企业经济活动成果的实现情况,据以判断资本保值增值等情况
利润表的列示要求		企业在利润表中应当对费用按照功能分类,分为从事经营业务发生的成本、销售费用、管理费用和财务费用等
我国企业利润表的一般格式		在我国,企业应当采用多步式利润表
		利润表通常包括表头和表体两部分
		多步式利润表分为三层次,分步计算
利润表编制的基本方法		利润表各个项目需填列的数字分为"本期金额"和"上期金额"两栏
	本期金额栏的填列方法	营业收入＝主营业务收入＋其他业务收入
		营业成本＝主营业务成本＋其他业务成本
	上期金额栏的填列方法	"上期金额"栏应根据上年该期利润表"本期金额"栏内所列数字填列

配套练习 扫一扫 码上做!
名师授课｜课后练习

情景九 了解账务处理程序

☆情景导读

会计"新手"走完了会计工作流程的三步(证账表),现在我们先回顾一下会计的核心账本——总账是根据什么登记的?是根据记账凭证登记的,这就是情景九要学习的内容,即记账凭证账务处理程序。这种程序登记总账的工作量比较大,为了减少工作量,会计大师们又发明了科目汇总表账务处理程序和汇总记账凭证账务处理程序,后两个发明的程序并不完美,也有他们的缺点。

☆任务目标

了　解	企业账务处理程序的概念与意义
熟　悉	账务处理程序的一般步骤
掌　握	企业账务处理程序的种类、记账凭证账务处理程序的内容、科目汇总表账务处理程序的内容、汇总记账凭证账务处理程序的内容

任务一　了解账务处理程序

一、账务处理程序的概念与意义

账务处理程序,又称会计核算组织程序或会计核算形式,是指会计凭证、会计账簿、财务报表相结合的方式,包括账簿组织和记账程序。账簿组织是指会计凭证和会计账簿的种类、格式,会计凭证与账簿之间的联系方法;记账程序是指由填制、审核原始凭证到填制、审核记账凭证,登记日记账、明细分类账和总分类账,编制财务报表的工作程序和方法等。把不同的会计凭证组织、账簿组织按不同的记账程序和方法结合在一起,就形成不同的账务处理程序。

账务处理程序解决的是会计核算工作的技术组织方式问题。科学、合理地选择账务处理程序的意义主要有:

(1)有利于规范会计工作,保证会计信息加工过程的严密性,提高会计信息质量;

(2)有利于保证会计记录的完整性和正确性,增强会计信息的可靠性;

（3）有利于减少不必要的会计核算环节，提高会计工作效率，保证会计信息的及时性。

二、账务处理程序的种类

企业常用的账务处理程序主要有记账凭证账务处理程序、科目汇总表账务处理程序和汇总记账凭证账务处理程序等。它们之间的主要区别为登记总分类账的依据和方法不同。

（一）记账凭证账务处理程序

记账凭证账务处理程序是指对发生的经济业务，先根据原始凭证或汇总原始凭证填制记账凭证，再直接根据记账凭证登记总分类账的一种账务处理程序。

（二）科目汇总表账务处理程序

科目汇总表账务处理程序，又称记账凭证汇总表账务处理程序，是指根据记账凭证定期编制科目汇总表，再根据科目汇总表登记总分类账的一种账务处理程序。

（三）汇总记账凭证账务处理程序

汇总记账凭证账务处理程序是指先根据原始凭证或汇总原始凭证填制记账凭证，定期根据记账凭证分类编制汇总收款凭证、汇总付款凭证和汇总转账凭证，再根据汇总记账凭证登记总分类账的一种账务处理程序。

以上三种账务处理程序中，记账凭证账务处理程序是最基本的账务处理程序，是其他账务处理程序的基础。

> 知识点提要

概念	账务处理程序，又称会计核算组织程序或会计核算形式，是指会计凭证、会计账簿、财务报表相结合的方式，包括账簿组织和记账程序	
种类	企业常用的账务处理程序主要有记账凭证账务处理程序、汇总记账凭证账务处理程序和科目汇总表账务处理程序等	
	它们之间的主要区别为登记总分类账的依据和方法不同	
	记账凭证账务处理程序	是指对发生的经济业务，先根据原始凭证或汇总原始凭证填制记账凭证，再直接根据记账凭证登记总分类账
	汇总记账凭证账务处理程序	是指先根据原始凭证或汇总原始凭证填制记账凭证，定期根据记账凭证分类编制汇总收款凭证、汇总付款凭证和汇总转账凭证，再根据汇总记账凭证登记总分类账
	科目汇总表账务处理程序	又称记账凭证汇总表账务处理程序，是指根据记账凭证定期编制科目汇总表，再根据科目汇总表登记总分类账

任务二 熟悉记账凭证账务处理程序

记账凭证账务处理程序是指对发生的经济业务事项,根据原始凭证或汇总原始凭证编制记账凭证,然后直接根据记账凭证逐笔登记总分类账的一种账务处理程序。它是最基本的一种账务处理程序。

记账凭证账务处理程序是最基本的账务处理程序,它既是理解账务处理程序的基础,也是掌握其他账务处理程序的基础。

一、记账凭证账务处理程序的一般步骤

在记账凭证账务处理程序下,记账凭证可以采用通用格式,但一般都采用收款凭证、付款凭证和转账凭证三种格式,账簿需设置库存现金日记账、银行存款日记账、明细账和总账。明细账可根据实际需要采用三栏式、多栏式和数量金额式。(记账凭证账务处理程序下会计凭证与账簿种类示意图,如图9-1所示)

记账凭证账务处理程序的一般步骤是:

1. 根据原始凭证填制汇总原始凭证;
2. 根据原始凭证或汇总原始凭证,填制收款凭证、付款凭证和转账凭证,也可以填制通用记账凭证;
3. 根据收款凭证和付款凭证逐笔登记库存现金日记账和银行存款日记账;
4. 根据原始凭证、汇总原始凭证和记账凭证,登记各种明细分类账;
5. 根据记账凭证逐笔登记总分类账;
6. 期末,将库存现金日记账、银行存款日记账和明细分类账的余额与有关总分类账的余额核对相符;
7. 期末,根据总分类账和明细分类账的记录,编制财务报表。

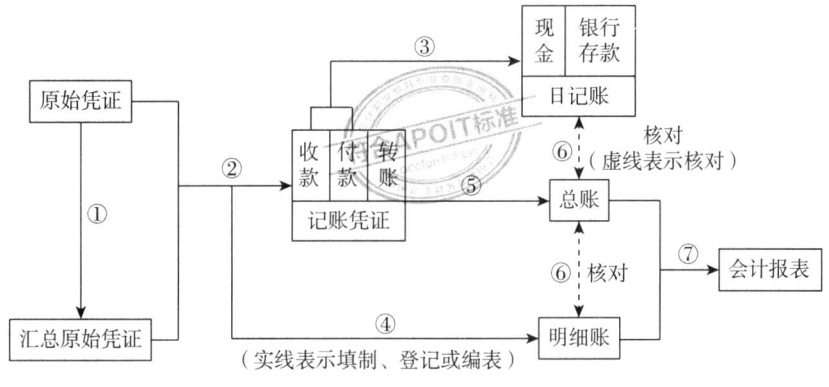

图 9-1 记账凭证账务处理程序

二、记账凭证账务处理程序的评价

(一)特点

记账凭证账务处理程序的特点是对发生的经济业务事项,要根据原始凭证或汇总原始凭证编制记账凭证,然后直接根据记账凭证对总分类账进行逐笔登记。

(二)优缺点

记账凭证账务处理程序的优点是:简单明了,易于理解;总分类账可以较详细地反映经济业务的发生情况,来龙去脉清楚,便于查账、对账。记账凭证账务处理程序的缺点是:登记总分类账的工作量较大。

(三)适用范围

该账务处理程序适用于规模较小、经济业务量较少的单位。因而,为了最大限度地克服其局限,实务工作中,应尽量将原始凭证汇总编制汇总原始凭证,再根据汇总原始凭证编制记账凭证,从而简化总账登记的工作量。

☞ 知识点提要

一般步骤			根据原始凭证或汇总原始凭证,填制收款凭证、付款凭证和转账凭证,也可以填制通用记账凭证
内容	特点		直接根据记账凭证对总分类账进行逐笔登记。它是最基本的账务处理程序,其他各种账务处理程序都是在此基础上发展形成的
	优缺点	优点	(1)简单明了,易于理解
			(2)总分类账可以较详细地反映经济业务的发生情况
			【补充】(3)来龙去脉清楚,便于查账、对账
		缺点	登记总分类账的工作量较大
	适用		这种程序只适用于一些规模小、业务量少的单位

任务三 熟悉科目汇总表账务处理程序

一、科目汇总表的编制

科目汇总表,又称记账凭证汇总表,是企业定期对全部记账凭证进行汇总后,按照不同的会计科目分别列示各账户借方发生额和贷方发生额的一种汇总凭证。其格式如表

9-1 所示。

表 9-1 科目汇总表

年　　月　　日至　　日　　　　　　　　　　　字第　　号

会计科目	本期发生额		记账凭证起讫号码
	借方	贷方	

科目汇总表的编制方法是根据一定时期内的全部记账凭证,按照会计科目进行归类,定期汇总出每一个账户的借方本期发生额和贷方本期发生额,填写在科目汇总表的相关栏内。科目汇总表可每月编制一张,按旬汇总,也可每旬汇总一次编制一张。任何格式的科目汇总表,都只反映各个账户的借方本期发生额和贷方本期发生额,不反映各个账户之间的对应关系。

二、一般步骤

科目汇总表账务处理程序的一般步骤是:

1.根据原始凭证填制汇总原始凭证;

2.根据原始凭证或汇总原始凭证填制记账凭证;

3.根据收款凭证、付款凭证逐笔登记库存现金日记账和银行存款日记账;

4.根据原始凭证、汇总原始凭证和记账凭证,登记各种明细分类账;

5.根据各种记账凭证编制科目汇总表;

6.根据科目汇总表登记总分类账;

7.期末,将库存现金日记账、银行存款日记账和明细分类账的余额同有关总分类账的余额核对相符;

8.期末,根据总分类账和明细分类账的记录,编制财务报表。

三、科目汇总表账务处理程序的评价

(一)特点

科目汇总表账务处理程序的特点是先将所有记账凭证汇总编制成科目汇总表,然后以科目汇总表为依据登记总分类账。

总分类账可以根据每次汇总编制的科目汇总表随时进行登记,也可以在月末根据科目汇总表的借方发生额和贷方发生额的全月合计数一次登记。

(二)优缺点

科目汇总表账务处理程序的优点是:根据科目汇总表一次或分次登记总分类账,大大减轻了登记总分类账的工作量;科目汇总表的编制和使用易于理解,方便学习,可做到试算平衡,保证总账登记的正确性。

科目汇总表账务处理程序的缺点是:科目汇总表不能反映各个账户之间的对应关系,不利于对账目进行检查。

(三)适用范围

科目汇总表账务处理程序适用范围较广,特别适用于规模大、业务量多的企业。

☞ **知识点提要**

科目汇总表的编制方法	科目汇总表,又称记账凭证汇总表,是企业通常定期对全部记账凭证进行汇总后,按照不同的会计科目编制方法分别列示各账户借方发生额和贷方发生额的一种汇总凭证		
内容	特点	先将所有记账凭证汇总编制成科目汇总表	
		然后以科目汇总表为依据登记总分类账	
	优缺点	优点	减轻了登记总分类账的工作量
			易于理解,方便学习
			可做到试算平衡
		缺点	(来龙去脉不清楚)不能反映各个账户之间的对应关系,不利于对账目进行检查
适用	适用于经济业务较多的单位		

任务四 熟悉汇总记账凭证账务处理程序

汇总记账凭证账务处理程序是根据原始凭证或汇总原始凭证编制记账凭证,定期根据记账凭证分类编制汇总收款凭证、汇总付款凭证、汇总转账凭证,再根据汇总记账凭证登记总分类账的一种账务处理程序。

在汇总记账凭证账务处理程序下,设置的账簿主要有:库存现金日记账、银行存款日记账、总分类账和明细分类账。总分类账可以采用三栏式,也可采用多栏式,其他各种账簿的格式同记账凭证核算程序基本相同。在记账凭证方面,除设收款凭证、付款凭证和转账凭证三种记账凭证外,还应增设汇总收款凭证、汇总付款凭证和汇总转账凭证,并分别根据库存现金、银行存款的收款和付款凭证以及转账凭证汇总填制。

一、汇总记账凭证的编制方法

汇总记账凭证是指对一段时期内同类记账凭证进行定期汇总而编制的记账凭证。汇总记账凭证可以分为汇总收款凭证、汇总付款凭证和汇总转账凭证，三种凭证有不同的编制方法。

(一)汇总收款凭证的编制

汇总收款凭证根据"库存现金"和"银行存款"账户的借方进行编制。汇总收款凭证是在对各账户对应的贷方分类之后，进行汇总编制。总分类账根据各汇总收款凭证的合计数进行登记，分别记入"库存现金""银行存款"总分类账户的借方，并将汇总收款凭证上各账户贷方的合计数分别记入有关总分类账户的贷方。

(二)汇总付款凭证的编制

汇总付款凭证根据"库存现金"和"银行存款"账户的贷方进行编制。汇总付款凭证是在对各账户对应的借方分类之后，进行汇总编制。总分类账根据各汇总付款凭证的合计数进行登记，分别记入"库存现金""银行存款"总分类账户的贷方，并将汇总付款凭证上各账户借方的合计数分别记入有关总分类账户的借方。

在填制时，应注意库存现金和银行存款之间相互划转的业务，如同时填制收款凭证和付款凭证，应以付款凭证为依据。汇总收款凭证和汇总付款凭证要定期，一般5天或10天填制一次，每月填制一张。

(三)汇总转账凭证的编制

汇总转账凭证通常根据所设置账户的贷方进行编制。汇总转账凭证是在对所设置账户相对应的借方账户分类之后，进行汇总编制。总分类账根据各汇总转账凭证的合计数进行登记，分别记入对应账户的总分类账户的贷方，并将汇总转账凭证上各账户借方的合计数分别记入有关总分类账户的借方。值得注意的是，在编制的过程中贷方账户必须唯一，借方账户可一个或多个，即转账凭证必须一借一贷或多借一贷。

如果在一个月内某一贷方账户的转账凭证不多，可不编制汇总转账凭证，直接根据单个的转账凭证登记总分类账。

二、汇总记账凭证账务处理程序的一般步骤

汇总记账凭证账务处理程序的一般步骤是：
1.根据原始凭证填制汇总原始凭证；
2.根据原始凭证或汇总原始凭证，填制收款凭证、付款凭证和转账凭证，也可以填制通用记账凭证；
3.根据收款凭证、付款凭证逐笔登记库存现金日记账和银行存款日记账；

4.根据原始凭证、汇总原始凭证和记账凭证,登记各种明细分类账;

5.根据各种记账凭证编制有关汇总记账凭证;

6.根据各种汇总记账凭证登记总分类账;

7.期末,将库存现金日记账、银行存款日记账和明细分类账的余额与有关总分类账的余额核对相符;

8.期末,根据总分类账和明细分类账的记录,编制财务报表。

汇总记账凭证账务处理程序如图9-2所示。

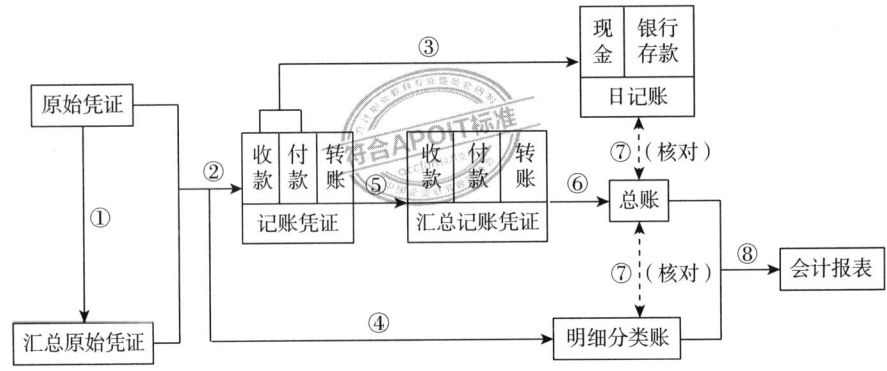

图9-2 汇总记账凭证账务处理程序

三、汇总记账凭证账务处理程序的评价

(一)特点

汇总记账凭证账务处理程序的特点是先根据记账凭证编制汇总记账凭证,再根据汇总记账凭证登记总分类账。

(二)优缺点

汇总记账凭证账务处理程序的优点是:根据汇总记账凭证月终一次登记总分类账,大大减轻了登记总分类账的工作量;由于汇总记账凭证是按照会计科目的对应关系进行归类、汇总编制的,在总分类账中也注明了对方科目,因而在汇总记账凭证和总分类账中,可以清晰地反映科目之间的对应关系,便于查对和分析账目。

汇总记账凭证账务处理程序的缺点是:当转账凭证较多时,编制汇总转账凭证的工作量较大;并且按每一贷方账户编制汇总转账凭证,不考虑交易或事项的性质,不利于会计核算的日常分工。

(三)适用范围

该账务处理程序适用于规模较大、经济业务较多的单位,特别是转账业务少,而收、付款业务较多的单位。

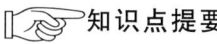 知识点提要

汇总记账凭证编制方法		汇总记账凭证是指对一段时期内同类记账凭证进行定期汇总而编制的记账凭证。汇总记账凭证可以分为汇总收款凭证、汇总付款凭证和汇总转账凭证,三种凭证有不同的编制方法	
	汇总收款凭证的编制	按"库存现金"和"银行存款"科目的借方进行编制	
		对各账户对应的贷方分类之后,进行汇总编制。一般可5天或10天汇总一次	
	汇总付款凭证的编制	根据"库存现金"和"银行存款"账户的贷方进行编制	
		汇总付款凭证是在对各账户对应的借方分类之后,进行汇总编制。一般可5天或10天汇总一次	
	汇总转账凭证的编制	汇总转账凭证通常根据所设置账户的贷方进行编制。汇总转账凭证是在对所设置账户相对应的借方账户分类之后,进行汇总编制	
		在编制的过程中贷方账户必须唯一,借方账户可一个或多个,即转账凭证必须一借一贷或多借一贷。(不得编制"一借多贷"或"多借多贷"的会计分录。)	
		如果在一个月内某一贷方账户的转账凭证不多,可不编制汇总转账凭证,直接根据单个的转账凭证登记总分类账	

【思路】牢记程序图有利于理解记忆。

汇总记账凭证账务处理程序的评价	特点	先根据各种记账凭证编制有关汇总记账凭证	
		再根据各种汇总记账凭证登记总分类账	
	优缺点	优点	减轻了登记总分类账的工作量
			清晰地反映账户之间的对应关系(来龙去脉清楚)
		缺点	当转账凭证较多时,编制汇总转账凭证的工作量较大
			按每一贷方账户编制汇总转账凭证,不利于会计核算的日常分工
	适用	规模较大,交易或事项较多的单位	

配套练习 扫一扫 码上做!
名师授课 | 课后练习

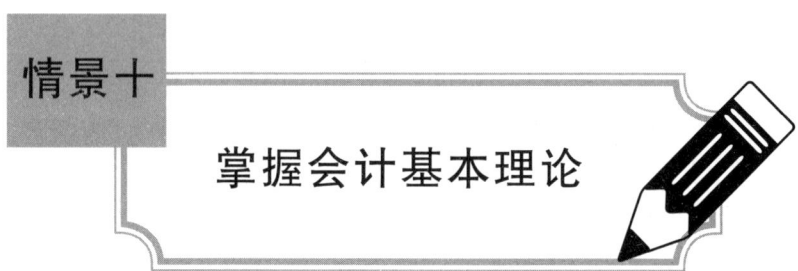

情景十　掌握会计基本理论

☆ 情景导读

会计新手在编者的引导下按照会计实际工作的流程学习完了前面的内容,但是要胜任会计岗位工作还有很多理论知识需要学习。编者把这部分理论知识归类到情景十来介绍,新手需要学会在理解的基础上记忆。

☆ 任务目标

了　解	会计对象、会计的目标、会计的核算方法、收付实现制、会计准则体系
熟　悉	会计的基本特征、会计的基本职能
掌　握	会计基本假设、权责发生制、会计信息的质量要求

任务一　确立会计目标

会计目标也称会计目的,是要求会计工作完成的任务或达到的标准,即向财务会计报告使用者提供与企业财务状况、经营成果和现金流量等有关的会计信息,反映企业管理层受托责任履行情况(受托责任观),有助于财务会计报告使用者作出经济决策(决策有用观)。

会计目标主要包括以下两方面的内容:

1.反映企业管理层受托责任履行情况

现代企业制度强调企业所有权和经营权相分离,企业管理层是受委托人之托经营管理企业及其各项资产,负有受托责任。即企业管理层所经营管理的企业各项资产基本上由投资者投入的资本(或者留存收益作为再投资)和向债权人借入的资金形成,企业管理层有责任妥善保管并合理、有效运用这些资产。为了评价企业管理层的责任情况和业绩,并决定是否需要调整投资或者信贷政策,是否需要加强企业内部控制和其他制度建设,是否需要更换管理层等,企业投资者和债权人等也需要及时或者经常性地了解企业管理层保管、使用资产的情况。因此,会计应当反映企业管理层受托责任的履行情况,以便外部投资者和债权人等评价企业的经营管理责任和资源使用的有效性。

2.向财务会计报告使用者提供决策有用信息

财务会计报告使用者主要包括投资者、债权人、政府及其有关部门和社会公众等。

会计主要是通过财务会计报告向其使用者提供与企业财务状况、经营成果和现金流量等有关的会计信息,有助于财务会计报告使用者作出是否投资或继续投资、是否发放或收回贷款的决策,有助于政府及其有关部门作出促进经济资源分配公平与合理、市场经济秩序公正和有序的宏观经济决策。

任务二　了解会计的职能与方法

一、会计的职能

会计的职能是指会计在经济管理过程中所具有的功能,会计具有会计核算和会计监督两项基本职能,还具有预测经济前景、参与经济决策、评价经营业绩等拓展职能。

(一)基本职能

1.核算职能

会计核算职能,又称会计反映职能,是指会计以货币为主要计量单位,对特定主体的经济活动进行确认、计量和报告。

会计核算贯穿于经济活动的全过程,是会计最基本的职能。会计核算的内容主要包括：

(1)款项和有价证券的收付;(钱、券)

(2)财物的收发、增减和使用;(财物)

(3)债权、债务的发生和结算;(债)

(4)资本、基金的增减;(资本)

(5)收入、支出、费用、成本的计算;(收支)

(6)财务成果的计算和处理;(成果)

(7)需要办理会计手续、进行会计核算的其他事项。(其他)

2.监督职能

会计监督职能,又称会计控制职能,是指对特定主体经济活动和相关会计核算的真实性、合法性和合理性进行监督检查。会计监督是一个过程,它分为事前监督、事中监督和事后监督。对不合法的经济业务,会计人员有权提出意见、不予办理或事后提出报告。

真实性审查是指检查各项经济业务是否根据实际发生的经济业务进行。

合法性审查是指检查各项经济业务是否符合国家有关法律法规、遵守财经纪律,执行国家的各项方针政策,以杜绝违法乱纪行为。

合理性审查是指检查各项财务收支是否符合客观经济规律及经营管理方面的要求、保证各项财务收支符合特定的财务收支计划、实现预算目标。

3.会计核算与会计监督的关系

会计核算与会计监督是相辅相成,辩证统一的。会计核算是会计监督的基础,没有核算所提供的各种信息,监督就失去了依据;会计监督是会计核算质量的保障,只有核算,没有监督,就难以保证核算所提供信息的真实性、可靠性。

(二)拓展职能

会计的拓展职能主要有:
(1)预测经济前景;(2)参与经济决策;(3)评价经营业绩。

☞ **知识点提要**

会计基本职能	核算(反映)职能	概念	是指会计以货币为主要计量单位,对特定主体的经济活动进行确认、计量和报告
	监督(控制)职能	概念	对特定主体经济活动和相关会计核算的真实性、合法性、合理性进行监督检查
		特点	包括事前、事中和事后监督
	两者关系		会计核算是会计监督的基础 会计监督是会计核算的质量保障

二、会计核算方法

会计核算方法是指对会计对象进行连续、系统、全面、综合的确认、计量和报告所采用的各种方法。

(一)会计核算方法体系

会计核算方法体系由填制和审核会计凭证、设置会计科目和账户、复式记账、登记会计账簿、成本计算、财产清查、编制财务会计报告等专门方法构成。

1.填制和审核会计凭证

填制和审核会计凭证记账必须有根有据,这种根据就是凭证。通过凭证的填制和审核,可以提供既真实可靠又合理合法的原始依据。它是保证核算质量的必要手段,也是实行会计监督的重要方面。

2.设置会计科目和账户

设置会计科目和账户是对会计对象的具体内容进行分类、核算和监督的一种专门方法。会计科目是在账簿中开设账户的依据。账户的名称叫会计科目。通过账户可以分类、连续记录各项经济业务,为经营管理提供各种不同性质的核算指标。

3.复式记账

复式记账是一种科学的记账方法。通过复式记账,可以了解每笔经济业务的来龙去脉及其相互联系。

4.登记会计账簿

登记账簿就是在账簿上连续、完整、科学地记录和反映经济业务的一种方法。登记必须以凭证为依据,利用账户和复式记账的方法,把经济业务分门别类地登记到账簿中去,并定期进行结账和对账,以便编制会计报表,提供完整而又系统的会计数据。

5.成本计算

成本计算主要应用于工业部门,它是按照一定对象归集和分配生产经营各阶段中所发生的各项费用,且确定各该对象的总成本和单位成本的一种专门方法。进行成本计算,可以确定材料采购、生产和销售的成本。

6.财产清查

财产清查就是通过盘点实物、核实账面数额,保持账实相符的一种方法。

7.编制财务会计报告

编制财务会计报告是定期总括地反映经济活动和财务收支情况,考核计划、预算执行结果的一种专门方法。

以上会计核算方法相互联系、紧密结合,形成了一个完整的方法体系,确保会计工作有序进行,对于做好会计核算工作,提高会计管理工作质量都具有重要的作用。

(二)会计循环

会计循环是指按照一定的步骤反复运行的会计程序。从会计工作流程看,会计循环由确认、计量和报告等环节组成;从会计核算的具体内容看,会计循环由填制和审核会计凭证、设置会计科目和账户、复式记账、登记会计账簿、成本计算、财产清查、编制财务会计报告等组成。填制和审核会计凭证是会计核算的起点。

这些会计程序从一个会计期间的期初开始,至会计期末结束,并在各个会计期间循环往复,周而复始,故被称为会计循环。

> 知识点提要

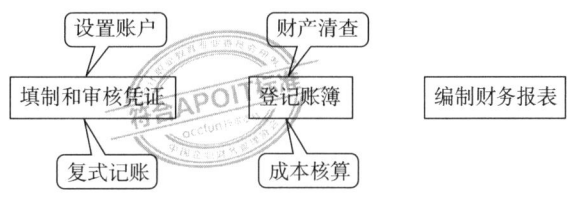

会计核算方法体系速记图

任务三 熟悉会计基本假设与会计基础

一、会计基本假设

会计基本假设是企业会计确认、计量和报告的前提,是对会计核算所处时间、空间环境等所作的合理假定。会计基本假设包括会计主体、持续经营、会计分期和货币计量。

(一)会计主体

会计主体是指企业会计确认、计量和报告的空间范围,即会计核算和监督的特定单位。

在会计主体假设下。企业应当对其本身发生的交易或者事项进行会计确认、计量和报告。反映企业本身所发生的经济活动,明确界定会计主体是开展会计确认、计量和报告工作的重要前提。

首先,明确会计主体,才能划定会计所要处理的各项交易事项的范围。

其次,明确会计主体,才能将会计主体的交易或者事项与会计主体所有者的交易或者事项以及其他会计主体的交易或者事项区分开来。

会计主体不同于法律主体。一般而言,法律主体必然是一个会计主体。例如,一个企业作为一个法律主体,应当建立财务会计系统,独立反映其财务状况、经营成果和现金流量。但是,会计主体不一定是法律主体。例如,企业集团中的母公司拥有若干子公司,母、子公司虽然是不同的法律主体,但是母公司对子公司拥有控制权,为了全面反映企业集团的财务状况、经营成果和现金流量,有必要将企业集团作为一个会计主体,编制合并财务报表,在这种情况下,尽管企业集团不属于法律主体,但它却是会计主体。再如,由企业管理的证券投资基金、企业年金基金等,尽管不属于法律主体,但属于会计主体,应当对每项基金进行会计确认、计量和报告。

(二)持续经营

持续经营是指在可以预见的未来,企业将会按当前的规模和状态继续经营下去,不会停业,也不会大规模削减业务。

在持续经营假设下,会计确认、计量和报告应当以企业持续、正常的经济活动为前提。一个企业在不能持续经营时,应当停止使用根据该假设所选择的会计确认、计量和报告原则与方法,否则不能客观反映企业的财务状况、经营成果和现金流量,会误导会计信息使用者的经济决策。

(三)会计分期

会计分期是指将一个企业持续经营的经济活动划分为一个个连续的、长短相同的期间,以便分期结算账目和编制财务会计报告。

根据持续经营假设,一个企业将按当前的规模和状态持续经营下去。但是,无论是企业的生产经营决策还是投资者、债权人等的决策都需要及时的信息,需要将企业持续的生产经营活动划分为一个个连续的、长短相同的期间,分期确认、计量和报告企业的财务状况、经营成果和现金流量。由于会计分期,才产生了当期与以前期间、以后期间的差别,才使不同类型的会计主体有了记账的基准,进而出现了折旧、摊销等会计处理方法。

在会计分期假设下,企业应当划分会计期间,分期结算账目和编制财务报表。会计期间通常分为年度和中期。在我国,会计年度自公历1月1日起至12月31日止。中期,是指短于一个完整的会计年度的报告期间,通常包括半年度、季度和月度。

(四)货币计量

货币计量是指会计主体在会计确认、计量和报告时以货币作为计量尺度,反映会计主体的经济活动。

在有些情况下,统一采用货币计量也有缺陷。某些影响企业财务状况和经营成果的因素,往往难以用货币来计量,但这些信息对于使用者决策而言也很重要。为此,企业可以在财务会计报告中补充披露有关非财务信息来弥补上述缺陷。

我国会计核算以人民币为记账本位币。业务收支以人民币以外的货币为主的单位,也可以选定其中一种货币作为记账本位币,但编制的财务报表应当折算为人民币反映。在境外设立的中国企业向国内报送的财务报表,也应当折算为人民币反映。

☞ **知识点提要**

会计主体	概念	会计主体是指企业会计确认、计量和报告的空间范围
	与法律主体的关系	法律主体必然是一个会计主体,但是会计主体不一定是法律主体
	运用	会计主体可以是非独立法人:如独资企业、合伙企业、企业的分支机构或企业内部的某一单位或部门,企业集团
		会计主体也可以是法人:某个企业
持续经营	概念	持续经营是指在可以预见的将来,企业将会按当前的规模和状态持续经营下去,不会停业,也不会大规模削减业务
	界定	明确了会计核算的时间范围
会计分期	概念	会计分期,是指将一个企业持续经营的生产经营活动期间划分为一个个连续的、长短相同的期间,以便分期结算账目和编制财务会计报告
	内容	会计期间分为年度和中期(月度、季度、半年度)
		在我国,会计年度自公历1月1日至12月31日止
		由于会计分期,才产生了当期与以前期间、以后期间的差别,进而出现了折旧、摊销等会计处理方法
货币计量	运用	我国会计核算应以人民币作为记账本位币
		业务收支以人民币以外的货币为主的单位,可以选定其中一种外币作为记账本位币,但编制的财务报告应当折算为人民币反映。在境外设立的中国企业向国内报送的财务报表,也应当折算为人民币反映

【巧记】会计主体规定了空间范围,犹如下图圆圈内的范围;持续经营是指不会清算和破产,就像下图的射线;会计分期就是人为地把太长的时间分成相等的时间段,就像下图的射线分成等距的线段;货币计量可以写个人民币符号￥。这样一幅图就把没有联系

的四个假设,轻松地记住了。

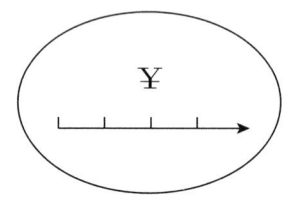

二、会计基础

会计基础是指会计确认、计量和报告的基础,包括权责发生制和收付实现制。会计基础是确认一定会计期间的收入和费用,从而确定损益的标准。

(一)权责发生制

权责发生制,也称应计制,是指收入、费用的确认应当以收入和费用的实际发生作为确认的标准,合理确认当期损益的一种会计基础。《企业会计准则——基本准则》规定,企业应当以权责发生制为基础进行确认、计量和报告。

在权责发生制下,凡是当期已实现的收入和已经发生或应当负担的费用,无论款项是否收付,都应当作为当期的收入和费用,计入利润表;凡是不属于当期的收入和费用,即使款项已在当期收付,也不应该作为当期的收入和费用。为了真实、公允地反映特定时点的财务状况和特定期间的经营成果,企业在会计确认、计量和报告中应当以权责发生制为基础。

(二)收付实现制

收付实现制,也称现金制,是以收到或支付现金作为确认收入和费用的标准,是与权责发生制相对应的一种会计基础。

事业单位会计核算一般采用收付实现制;事业单位部分经济业务或者事项,以及部分行业事业单位的会计核算采用权责发生制核算的,由财政部在相关会计制度中具体规定。

《政府会计准则——基本准则》规定,政府会计由预算会计和财务会计组成。预算会计实行收付实现制(国务院另有规定的,依照其规定),财务会计实行权责发生制。

☞ **知识点提要**

会计基础	概念	会计确认、计量和报告的基础,包括权责发生制和收付实现制
权责发生制		又称应收应付制,是指收入、费用的确认应当以收入和费用的实际发生作为确认的标准,合理确认当期损益的一种会计基础 即:收入(看"卖")和费用(看"买")的归属期间的制度,不管收到或支付多少现金

续表

收付实现制	又称现收现付制,也称现金制,是以收到或支付现金作为确认收入和费用的标准,是与权责发生制相对应的一种会计基础 即:收入(看"收到")和费用(看"支付")的归属期间的制度	
准则规定	企业会计准则	企业(做生意)在会计确认、计量和报告应当以权责发生制为基础
	事业单位会计准则	事业单位部分经济业务或者事项,以及部分行业事业单位的会计核算采用权责发生制核算
	政府会计准则	政府会计由预算会计和财务会计组成。预算会计实行收付实现制,财务会计实行权责发生制

任务四 掌握会计信息的使用及其质量要求

一、会计信息的使用者

会计信息的使用者主要包括投资者、债权人、企业管理者、政府及其相关部门和社会公众等。

企业投资者通常关心企业的盈利能力和发展能力,他们需要借助会计信息等相关信息来决定是否调整投资、更换管理层和加强企业的内部控制等。

企业贷款人、供应商等债权人通常关心企业的偿债能力和财务风险,他们需要借助会计信息等相关信息来判断企业能否按约支付所欠货款、偿还贷款本金和支付利息等。

企业管理者是会计信息的重要使用者,他们需要借助会计信息等相关信息来管理企业,对企业进行控制、作出财务决策。

政府及其有关部门作为经济管理和经济监管部门,通常关心经济资源分配的公平、合理,市场经济秩序的公正、有序,宏观决策所依据信息的真实可靠等,他们需要会计信息来监管企业的有关活动(尤其是经济活动)、制定税收政策、进行税收征管和国民经济统计等。

社会公众也关心企业的生产经营活动,包括企业对其所在地经济发展的贡献,如增加就业、刺激消费、提供社区服务等。

知识点提要

投资者	关心企业的盈利能力和发展能力
债权人	关心企业是否具有偿债能力和财务风险
会计信息的使用者:企业管理者、政府及相关部门和社会公众	

二、会计信息的质量要求

会计信息质量要求是对企业财务会计报告中所提供高质量会计信息的基本规范,是使财务会计报告中所提供会计信息对投资者等使用者决策有用应具备的基本特征,主要包括可靠性、相关性、可理解性、可比性、实质重于形式、重要性、谨慎性和及时性等。

(一)可靠性(真实性)

可靠性要求企业应当以实际发生的交易或者事项为依据进行确认、计量和报告,如实反映符合确认和计量要求的各项会计要素及其他相关信息,保证会计信息真实可靠、内容完整。

可靠性是对会计信息质量的基本要求。

(二)相关性(有用性)

相关性要求企业提供的会计信息应当与财务会计报告使用者的经济决策需要相关,有助于财务会计报告使用者对企业过去和现在的情况作出评价,对未来的情况作出预测。

会计信息的价值在于有助于决策,与决策有关。相关性质量要求首先要求会计信息能够预测未来,并据以作出某种决策,从而具有预测价值;其次,有助于会计信息使用者评价过去的决策,证实或修正某些决策,从而具有反馈价值;最后,要达到相关性质量要求还要求会计信息提供者在使用者作出决策前及时地提供会计信息。所以,预测性、反馈性和及时性是相关性质量要求的构成内容。

(三)可理解性(明晰性)

可理解性要求企业提供的会计信息应当清晰明了,便于财务会计报告使用者理解和使用。

会计信息是一种专业性较强的信息产品,在强调会计信息的可理解性要求的同时,还应假定使用者具有一定的有关企业经营活动和会计方面的知识,并且愿意付出努力去研究这些信息。对于某些复杂的信息,如交易本身较为复杂或者会计处理较为复杂,但其与使用者的经济决策相关,企业就应当在财务会计报告中予以充分披露。

(四)可比性

可比性要求企业提供的会计信息应当相互可比。这主要包括两层含义:

1.同一企业不同时期可比(纵向可比)

会计信息质量的可比性要求同一企业不同时期发生的相同或者相似的交易或者事项,应当采用一致的会计政策,不得随意变更。但是,如果按照规定或者在会计政策变更后可以提供更可靠、更相关的会计信息,可以变更会计政策。有关会计政策变更的情况,应当在附注中予以说明。

2.不同企业相同会计期间可比(横向可比)

会计信息质量的可比性要求不同企业同一会计期间发生的相同或者相似的交易或者事项,应当采用统一规定的会计政策,保证会计信息口径一致,相互可比。

(五)实质重于形式

实质重于形式要求企业应当按照交易或者事项的经济实质进行会计确认、计量和报告,不应仅以交易或者事项的法律形式为依据。

会计信息如果想如实地反映经济业务或会计事项,那就必须根据它们的经济实质而不是仅仅根据它们的法律形式进行核算和反映。因为经济业务或会计事项的实质并非总是和法律的外在形式或人为形式一致,比如,企业通过用文件宣称将某资产的法定所有权过户给某会计主体来处置资产。然而,协议中仍存在保证企业继续享有所转让资产中所包含的未来经济利益的条款。在这种情况下,把这项资产转让作为销售来报告就不能如实地反映这笔交易。

(六)重要性

重要性要求企业提供的会计信息应当反映与企业财务状况、经营成果和现金流量有关的所有重要交易或者事项。

财务会计报告中提供的会计信息的省略或者错报会影响投资者等使用者据此作出决策的,该信息就具有重要性。重要性的应用需要依赖职业判断,企业应当根据其所处环境和实际情况,从项目的性质和金额大小两方面加以判断。

(七)谨慎性

谨慎性要求企业对交易或者事项进行会计确认、计量和报告时保持应有的谨慎,不应高估资产或者收益、低估负债或者费用。

会计信息质量的谨慎性要求,需要企业在面临不确定性因素的情况下作出职业判断时,应当保持应有的谨慎,充分估计到各种风险和损失,既不高估资产或者收益,也不低估负债或者费用。

谨慎性的应用不允许企业设置秘密准备,否则,会损害会计信息质量,扭曲企业实际的财务状况和经营成果,从而对使用者的决策产生误导,这是不符合会计准则要求的。

(八)及时性

及时性要求企业对于已经发生的交易或者事项,应当及时进行确认、计量和报告,不得提前或者延后。

会计信息的价值在于帮助会计信息使用者作出经济决策,应当具有时效性。在会计确认、计量和报告过程中贯彻及时性,一是要求及时收集会计信息;二是要求及时处理会计信息;三是要求及时传递会计信息,便于其及时使用和决策。

知识点提要

可靠性 （真实性）	可靠性要求企业应当以实际发生的交易或者事项为依据进行确认、计量和报告，如实反映符合确认和计量要求的各项会计要素及其他相关信息，保证会计信息真实可靠、内容完整	
相关性	相关性要求企业提供的会计信息应当与财务会计报告使用者的经济决策需要相关，有助于财务会计报告使用者对企业过去和现在的情况作出评价，对未来的情况作出预测。	
可理解性 （明晰性）	可理解性要求企业提供的会计信息应当清晰明了，便于财务会计报告使用者理解和使用。	
可比性	纵向可比	同一企业不同时期发生的相同或相似的交易或事项，应当采用一致的会计政策，不能随意变更
	横向可比	同一时期不同企业发生的相同或相似的交易或事项，应当采用规定的会计政策，确保会计信息口径一致、相互可比
实质重于形式	实质重于形式要求企业按照交易或者事项的经济实质进行会计确认、计量和报告，不应仅以交易或者事项的法律形式为依据	
	（背）例如，融资租赁方式租入固定资产，售后回购	
重要性	重要性的应用依赖于职业判断，从项目的性质（质）和金额大小（量）两方面判断	
谨慎性	企业不应高估资产或者收益，不应低估负债或者费用	
	不允许企业设置秘密准备（不能滥用谨慎性）	
及时性	及时进行确认、计量和报告，不得提前或者延后	

【解释】两石：真实性和及时性，谐音为"石"；两重：重要性和实质重于形式；湘西比景：相关性的"相"、明晰性的"晰"，可比性的"比"，谨慎性的"谨"，相、晰和谨的谐音为"湘、西、景"。

任务五 熟悉会计准则体系

一、会计准则的构成

会计准则是反映经济活动、确认产权关系、规范收益分配的会计技术标准，是生成和提供会计信息的重要依据，也是政府调控经济活动、规范经济秩序和开展国际经济交往等的重要手段。会计准则具有严密和完整的体系。我国已颁布的会计准则有《企业会计准则》《小企业会计准则》《事业单位会计准则》和《政府会计准则——基本准则》。

二、企业会计准则

我国的企业会计准则体系包括基本准则、具体准则、应用指南和解释公告等。2006年2月15日,财政部发布了《企业会计准则》,自2007年1月1日起在上市公司范围内施行,并鼓励其他企业执行。

1. 基本准则

基本准则是企业进行会计核算工作必须遵守的基本要求,是企业会计准则体系的概念基础,是制定具体准则、会计准则应用指南、会计准则解释的依据,也是解决新的会计问题的指南,在企业会计准则体系中具有重要的地位。

基本准则包括以下内容:(1)财务会计报告目标;(2)会计基本假设;(3)会计基础;(4)会计信息质量要求;(5)会计要素分类及其确认、计量原则;(6)财务会计报告。

2. 具体准则

具体准则是根据基本准则的要求,主要就各项具体业务事项的确认、计量和报告作出的规定,分为一般业务准则、特殊业务准则和报告类准则。

3. 会计准则应用指南

会计准则应用指南是根据基本准则、具体准则制定的,用以指导会计实务的操作性指南。

4. 企业会计准则解释

企业会计准则解释,主要针对企业会计准则实施中遇到的问题作出的相关解释。

三、小企业会计准则

《小企业会计准则》适用于在中华人民共和国境内依法设立的、符合《中小企业划型标准规定》所规定的小型企业标准的企业。小企业具有一些共同的特点:一是规模小,投资少,投资与见效的周期相对较短,同样投资使用劳动力更多;二是对市场反应灵敏,具有以新取胜的内在动力和保持市场活力的能力;三是小企业环境适应能力强,对资源获取的要求不高,能广泛地分布于各种环境条件中;四是在获取资本、信息、技术等服务方面处于劣势,管理水平较低。

为了促进小企业发展,财税政策日益丰富完善,形成了以减费减免、资金支持、公共服务等为主要内容的促进中小企业发展的财税政策体系。2011年10月18日,财政部发布《小企业会计准则》,要求符合适用条件的小企业自2013年1月1日起执行,并鼓励提前执行。《小企业会计准则》一般适用于在我国境内依法设立、经济规模较小的企业,具体标准参见《小企业会计准则》和《中小企业划型标准规定》。

四、事业单位会计准则

2012年12月6日,财政部修订发布了《事业单位会计准则》,自2013年1月1日起在各级各类事业单位施行。该准则对我国事业单位的会计工作予以规范,共九章,包括总则、会计信息质量要求、资产、负债、净资产、收入、支出或者费用、财务会计报告和附则等。

与《企业会计准则》相比,《事业单位会计准则》的主要特点有:

(1)要求事业单位采用收付实现制进行会计核算,部分另有规定的经济业务或事项才能采用权责发生制核算;

(2)将事业单位会计要素划分为资产、负债、净资产、收入、支出(或费用)五类;

(3)要求事业单位的会计报表至少包括资产负债表、收入支出表(或收入费用表)和财政补助收入支出表。

五、政府会计准则

2015年10月23日,财政部发布了《政府会计准则——基本准则》,自2017年1月1日起,在各级政府、各部门、各单位施行。

我国的政府会计准则体系由政府会计基本准则、具体准则和应用指南三部分组成。

知识点提要

《企业会计准则》	2006年2月15日,财政部发布,自2007年1月1日起在上市公司范围内施行	包括基本准则、具体准则、应用指南和解释公告
《小企业会计准则》	2011年10月18日,财政部发布,要求符合适用条件的小企业自2013年1月1日起执行	一般适用于在我国境内依法设立、经济规模较小的企业
《事业单位会计准则》	2012年12月6日,财政部修订发布,自2013年1月1日起施行	该准则对我国事业单位的会计工作予以规范
《政府会计准则——基本准则》	2015年10月23日,财政部发布自2017年1月1日起在各级政府、各部门、各单位施行	该准则体系由政府会计基本准则、具体准则和应用指南三部分组成

管理会计应用型人才培养系列课程

会计实战入门
零基础法律入门

会计信息化证考试研究中心 编

厦门大学出版社
国家一级出版社
全国百佳图书出版单位

图书在版编目(CIP)数据

会计实战入门/会计信息化证考试研究中心编. —厦门:厦门大学出版社,2019.12(2021.11重印)

ISBN 978-7-5615-7661-8

Ⅰ.①会… Ⅱ.①会… Ⅲ.①会计学—基本知识 Ⅳ.①F230

中国版本图书馆 CIP 数据核字(2019)第 264662 号

出 版 人	郑文礼
策划编辑	姚五民
责任编辑	陈惠英

出版发行	厦门大学出版社
社 址	厦门市软件园二期望海路 39 号
邮政编码	361008
总 机	0592-2181111　0592-2181406(传真)
营销中心	0592-2184458　0592-2181365
网 址	http://www.xmupress.com
邮 箱	xmup@xmupress.com
印 刷	厦门市明亮彩印有限公司

开本	787 mm×1 092 mm　1/16
印张	16.5
字数	400 千字
版次	2019 年 12 月第 1 版
印次	2021 年 11 月第 4 次印刷
定价	49.00 元(含二册)

本书如有印装质量问题请直接寄承印厂调换

厦门大学出版社
微信二维码

厦门大学出版社
微博二维码

编委会名单

顾　问：郭晓梅（厦门大学会计学教授）
　　　　刘雪清（东北财经大学会计学教授）
主　编：蔡丽煌
副主编（以姓氏笔画为序）：
　　王管谈　刘庆伟　刘晓慧　汤方如　祁　绪　陈　宁
　　徐文斌　高志刚　韩　磊　琚志强　雷　杰　魏　嘉
编委会成员（以姓氏笔画为序）：
　　王　欢　王　红　王　玲　王　悦　王均毅　王建设
　　邓清平　白路青　朱　勇　朱清琼　刘　丽　刘贻栋
　　刘锁才　杜　康　李社宁　李金凤　李静云　杨　芸
　　何金红　张　剑　张风军　张冬梅　陈　瑛　陈冬菊
　　陈永思　陈如飞　陈金妹　陈治坤　陈桃莉　林　芳
　　林凤霞　明　梅　罗文明　周小平　周加波　赵　纯
　　赵亚娜　赵笙壹　钟　慢　信然然　俞传安　施新建
　　祝凤华　贺志辉　校　锐　殷照遇　郭　斌　郭振营
　　郭增杰　黄　晖　黄文斌　黄燕红　曹加斌　崔占霞
　　梁　艳　梁美娟　葛慎庆　董瀚鸿　谢耀海　雷　星
　　蔡　安　廖寿年　熊　芳　冀　玲　魏　闯

目 录

情景一 认识结算法律制度 ·· 1
  任务一 了解现金结算制度 ·· 1
  任务二 了解支付结算制度 ·· 3
  任务三 熟悉银行结算账户制度 ·· 7
  任务四 掌握票据结算方式制度 ··· 17
  任务五 掌握银行卡制度 ·· 34
  任务六 掌握其他结算方式制度 ··· 37
  任务七 熟悉网上支付制度 ·· 43

情景二 掌握税收法律制度 ·· 47
  任务一 了解税收概述 ··· 47
  任务二 掌握主要税种概述 ·· 54
  任务三 熟悉税收征收管理制度 ··· 78

情景一　认识结算法律制度

☆情景导读

情景一以"结算方式"为主线展开,分别介绍了"现金结算"与"支付结算"的相关内容。重点在票据部分,难度稍高,是挡在学生面前的第一座大山,需要学生在理解票据基本原理的基础上适当对时间性知识点进行记忆。

学会画"票据当事人关系图"是掀翻这一大山的不二法宝。

☆任务目标

了　解	支付结算的概念及法律构成;银行结算账户的开立、变更和撤销
熟　悉	各银行结算账户的概念、使用范围和开户要求;各类票据的概念
掌　握	现金管理的基本要求和现金的内部控制;票据和结算凭证填写的基本要求;支票、商业汇票、银行卡、汇兑结算方式的规定

任务一　了解现金结算制度

一、现金结算的概念与特点

(一)现金结算的概念

现金结算是指在商品交易、劳务供应等经济往来中,直接使用现金进行应收应付款结算的一种行为。

(二)现金结算的特点

1.直接便利

现金结算方式中,买卖双方当面钱货两清,无须通过中介,最为直接和便利。同样,在劳务供应、信贷存放和资金调拨方面,现金结算同样直接和便利,因而被社会大众广泛使用。

2.不安全性

现金容易被偷盗、贪污、挪用。在现实经济生活中,绝大多数的经济犯罪活动都和现金有关。

3. 不易宏观控制和管理

由于现金结算大部分不通过银行进行，因而使国家很难对其进行控制。过多的现金结算会使流通中的现钞过多，从而容易造成通货膨胀。

4. 费用较高

各单位使用现金结算虽然可以减少银行的手续费用，但其清点、运送、保管的成本较高。对于国家来说，过多的现金结算会增大整个国家印制、保管、运送现金和回收废旧现钞等工作的成本，浪费人力、物力和财力。

二、现金结算的渠道

1. 付款人直接将现金支付给收款人

该方式不通过银行等中介机构进行。

2. 付款人委托银行、非银行金融机构或者非金融机构将现金支付给收款人

该方式需通过银行等中介机构进行。

三、现金结算的范围

根据《现金管理暂行条例》的有关规定：开户单位之间的经济往来，除按本条例规定的范围可以使用现金外，应当通过开户银行进行转账结算。

开户银行依照本条例和中国人民银行的规定，负责现金管理的具体实施，对开户单位收支、使用现金进行监督管理。

各级人民银行应当严格履行金融主管机关的职责，负责对开户银行的现金管理进行监督和稽核。

开户单位可以在下列范围内使用现金：

1. 职工工资、津贴；
2. 个人劳务报酬；
3. 根据国家规定颁发给个人的科学技术、文化艺术、体育等各种奖金；
4. 各种劳保、福利费用以及国家规定的对个人的其他支出；
5. 向个人收购农副产品和其他物资的价款；
6. 出差人员必须随身携带的差旅费；
7. 结算起点以下的零星支出；
8. 中国人民银行确定需要支付现金的其他支出。

上述款项结算起点为 1000 元。结算起点的调整，由中国人民银行确定，报国务院备案。

除上述第 5、6 两项外，开户单位支付给个人的款项中，超过使用现金限额部分，应当以支票或者银行本票支付；确需全额支付现金的，经开户银行审核后，予以支付现金。

四、现金使用的限额

现金使用的限额是指为保证单位日常零星开支的需要,按规定允许单位留存现金的最高数额。

开户银行应当根据实际需要,核定开户单位3天至5天的日常零星开支所需的库存现金限额。边远地区和交通不便地区的开户单位的库存现金限额,可以多于5天,但不得超过15天的日常零星开支。经核定的库存现金限额,开户单位必须严格遵守。需要增加或者减少库存现金限额的,应当向开户银行提出申请,由开户银行核定。

需要说明的是,对没有在银行单独开立账户的附属单位也要实行现金管理,必须保留的现金,也要核定限额,其限额包括在开户单位的库存现金限额之内。商业和服务行业的找零备用现金也要根据营业额核定定额,但不包括在开户单位的库存现金限额之内。

☞ **知识点提要**

特　点	直接便利、不安全性、不易宏观控制和管理、费用较高
渠　道	直接支付、通过银行等中介支付
使用范围	除向个人收购农副产品和其他物资的价款、出差人员随身携带的差旅费外,开户单位支付给个人的款项中,超过使用现金限额部分,应当以支票或者银行本票支付;确需全额支付现金的,经开户银行审核后,予以支付现金。
限　额	3～5天≤15天 附属单位使用现金→核定→包括在库存现金限额内 找零用备用金→核定→不包括在库存现金限额内

任务二　了解支付结算制度

一、支付结算的概念与特征

(一)支付结算的概念

支付结算是指单位、个人在社会经济活动中使用票据、信用卡和汇兑、托收承付、委托收款等结算方式进行货币给付及其资金清算的行为。

作为社会经济金融活动的重要组成部分,支付结算的主要功能是完成资金从一方当事人向另一方当事人的转移。

银行、城市信用合作社、农村信用合作社以及单位(含个体工商户)和个人是办理支付结算的主体。其中,银行是支付结算和资金清算的中介机构。

(二)支付结算的特征

1.支付结算必须通过中国人民银行批准的金融机构进行

银行是支付结算和资金清算的中介机构。未经中国人民银行批准的非银行金融机构和其他单位不得作为中介机构经营支付结算业务。但法律、行政法规另有规定的除外。

2.支付结算的发生取决于委托人的意志

对单位、个人在银行开立存款账户的存款,除国家法律、行政法规另有规定外,银行不得为任何单位或者个人查询;除国家法律另有规定外,银行不代任何单位或者个人冻结、扣款,不得停止单位、个人存款的正常支付。

银行只要以善意且符合规定的正常操作程序审查,对伪造、变造的票据和结算凭证上的签章及需要交验的个人有效身份证件,未发现异常而支付金额的,对出票人或付款人不再承担受委托付款的责任,对持票人或收款人不再承担付款的责任。

3.支付结算实行统一领导,分级管理

中国人民银行总行负责制定统一的支付结算制度,组织、协调、管理、监督全国的支付结算工作,调解、处理银行之间的支付结算纠纷;中国人民银行省、自治区、直辖市分行根据统一的支付结算制度制定实施细则,报总行备案;根据需要可以制定单项支付结算办法,报经中国人民银行总行批准后执行;中国人民银行分、支行负责组织、协商、管理、监督本辖区的支付结算工作,协调、处理本辖区银行之间的支付结算纠纷;政策性银行、商业银行总行可根据统一的支付结算制度,结合本行情况,制定具体管理实施办法,报经中国人民银行总行批准后执行,并负责组织、管理、协调本行内的支付结算工作,调解、处理本行内分支机构之间的支付结算纠纷。

4.支付结算是一种要式行为

所谓要式行为,是指法律规定必须按照一定形式进行的行为。如果该行为不符合法定的形式要件,即为无效。

单位、个人和银行办理支付结算,必须使用按中国人民银行统一规定印制的票据凭证和统一规定的结算凭证。未使用按中国人民银行统一规定印制的票据,票据无效;未使用中国人民银行统一规定格式的结算凭证,银行不予受理。

5.支付结算必须依法进行

当事人办理支付结算必须遵守国家的法律、行政法规和《支付结算办法》的各项规定,不得损害社会公共利益。

二、支付结算的主要法律依据

支付结算方面的法律、法规和制度主要包括:《票据法》《票据管理实施办法》《支付结算办法》《现金管理暂行条例》《中国人民银行银行卡业务管理办法》《人民币银行结算账户管理办法》《异地托收承付结算办法》《电子支付指引(第一号)》等。

三、支付结算的基本原则

1.恪守信用,履约付款原则

这是办理支付结算应遵守的基本原则。诚实守信有利于促进交易各方之间的相互信赖,便于经济活动的开展,保障经济畅通运行;否则,容易产生纠纷,加大交易成本,降低交易效率。无论银行、单位还是个人,在经济活动中都应按照所签订的合同,履行各项义务,行使各项权利,不得任意毁约。在办理支付结算业务时,诚实守信就是要做到按照合同规定及时付款,不得无故拖延或者拒绝支付。

2.谁的钱进谁的账,由谁支配原则

付款人支付给收款人的资金,应当收入收款人的银行账户;存款人在银行账户里的资金,其所有权归存款人所有,由其自主支配,其他任何一方都无权擅自动用、处理和任意转移,否则就是侵犯了存款人的合法权益,就应当承担相应的法律责任。银行不仅有义务为客户款项保密,而且应严格按客户的委托依法合规办理款项收付。除法律法规另有规定外,银行无权在未经存款人授权或委托的情况下,擅自动用存款人在银行账户里的资金。

3.银行不垫款原则

银行是办理支付结算业务的中介机构,应按照付款人的委托,将资金支付给付款人指定的收款人,或者按照收款人的委托,将归收款人所有的资金转账收入到收款人的账户中。在实际工作中,要将银行资金与存款人资金严格区分开来,二者不能混淆。付款人账户内没有资金或资金不足,或者收款人应收的款项由于付款人的原因不能收回时,银行的中介职责可以不履行,因为银行没有为存款人垫付资金的义务。银行与存款人另有约定的除外。

四、办理支付结算的要求

(一)办理支付结算的基本要求

1.办理支付结算必须使用中国人民银行统一规定印制的票据和结算凭证。未使用中国人民银行统一规定的票据,票据无效;未使用中国人民银行统一规定的结算凭证,银行不予受理。

2.办理支付结算必须按照《人民银行结算账户管理办法》的规定开立和使用账户。

3.填写票据和结算凭证应当全面规范,做到数字正确,要素齐全,不错不漏,字迹清晰,防止涂改。

票据和结算凭证金额以中文大写和阿拉伯数字同时记载,二者必须一致。二者不一致的,票据无效;二者不一致的结算凭证,银行不予受理。

少数民族地区和外国驻华使领馆根据实际需要,金额大写可以使用少数民族文字或者外国文字记载。

4.票据和结算凭证上的签章和记载事项必须真实,不得伪造、变造。

单位、银行在票据上的签章和单位在结算凭证上的签章,为该单位、银行的盖章加其法定代表人或其授权的代理人的签名或盖章。个人在票据和结算凭证上的签章,为个人本人的签名或盖章。

所谓"伪造",是指无权限人假冒他人或虚构他人名义签章的行为。所谓"变造"是指无权更改票据内容的人对票据上签章以外的记载事项加以改变的行为。伪造、变造票据属于欺诈行为,应追究其刑事责任。票据上有伪造、变造的签章的,不影响票据上其他当事人真实签章的效力。

(二)支付结算凭证填写的要求

1.票据的出票日期必须使用中文大写。为防止变造票据的出票日期,在填写月、日时,月为壹、贰和壹拾的,日为壹至玖、壹拾、贰拾和叁拾的,应在其前加"零";日为拾壹至拾玖的,应在其前加"壹"。如1月15日,应写成零壹月壹拾伍日。再如10月20日,应写成零壹拾月零贰拾日。

票据出票日期使用小写填写的,银行不予受理。大写日期未按要求规范填写的,银行可予受理,但由此造成损失的,由出票人自行承担。

2.中文大写金额数字应用正楷或行书填写,不得自造简化字。如果使用繁体字,也应受理。

3.中文大写金额数字前应标明"人民币"字样,大写金额数字应紧接"人民币"字样填写,不得留有空白。大写金额数字前未印"人民币"字样的,应加填"人民币"三字。

4.中文大写金额数字到"元"为止的,在"元"之后应写"整"(或"正")字,到"角"为止的,在"角"之后可以不写"整"(或"正")字。大写金额数字有"分"的,"分"后面不写"整"(或"正")字。

5.阿拉伯小写金额数字前面,均应填写人民币符号"¥"。阿拉伯小写金额数字要认真填写,不得连写分辨不清。

6.阿拉伯小写金额数字中有"0"时,中文大写应按照汉语语言规律、金额数字构成和防止涂改的要求进行书写。如:

(1)阿拉伯数字中间有"0"时,中文大写金额要写"零"字。如¥1308.60,应写成"人民币壹仟叁佰零捌元陆角"。

(2)阿拉伯数字中间连续有几个"0"时,中文大写金额中间可以只写一个"零"字。如¥8006.16,应写成"人民币捌仟零陆元壹角陆分"。

(3)阿拉伯金额数字万位或元位是"0",或者数字中间连续有几个"0",万位、元位也是"0",但千位、角位不是"0"时,中文大写金额中可以只一个零字,也可以不写"零"字。如¥1680.35,应写成"人民币壹仟陆佰捌拾元零叁角伍分",或者写成"人民币壹仟陆佰捌拾元叁角伍分";又如¥107000.63,应写成"人民币壹拾万柒仟元零陆角叁分",或者写成"人民币壹拾万零柒仟元陆角叁分"。

(4)阿拉伯金额数字角位是"0",而分位不是"0"时,中文大写金额"元"后面应写"零"字。如¥16408.02,应写成"人民币壹万陆仟肆佰零捌元零贰分";又如¥329.04,应写成"人民币叁佰贰拾玖元零肆分"。

票据和结算凭证的金额、出票或签发日期、收款人名称不得更改,更改的票据无效;更改的结算凭证,银行不予受理。

知识点提要

概 念	支付结算
特 征	(1)支付结算必须通过中国人民银行批准的金融机构进行 (2)支付结算的发生取决于委托人的意志 (3)支付结算实行统一管理和分级管理相结合的管理体制 (4)支付结算是一种要式行为 (5)支付结算必须依法进行
基本原则	款、谁、垫
办理支付结算的具体要求	大小写必须一致,否则票据无效

	伪造与变造	伪造:无权限人更改签章
		变造:无权限人更改签章以外的记载事项
		【提示】伪造人、被伪造人均不承担票据责任
办理支付结算的具体要求	填写要求	(1)出票日期必须使用中文大写(写法必须掌握) 【提示】小写银行不受理;大写不规范银行可受理但损失自担 (2)中文大写用正楷或行书填写,可以使用繁体字,不得自造简化字 (3)中文大写金额到"元"为止的写"整",到"角"的可以不写"整",到"分"的不写"整" (4)小写金额前应加人民币符号"¥",小写金额中有"0"时的大写金额写法必须掌握(汉语规律,数字构成,防止涂改)
	更正	金额、日期、收款人名称不得更改
		其他记载事项,原记载人可以更改并在更改处签章

任务三 熟悉银行结算账户制度

一、银行结算账户的概念与分类

(一)银行结算账户的概念

银行结算账户是指存款人在经办银行开立的办理资金收付结算的人民币活期存款账户。"银行"是指在中国境内经中国人民银行批准经营支付结算业务的银行业金融机构。包括政策性银行、商业银行(含外资独资银行、中外合资银行、外国银行分行)、城市商业银行、农村商业银行等。"存款人"是指在中国境内开立银行结算账户的机关、团体、部队、企业、事业单位、其他组织(以下统称单位)、个体工商户和自然人。通过银行结算账户可以将资金从一方当事人向另一方当事人转移。单位或个人之间的人民币转账结算离不开银行结算账户。

(二)银行结算账户的分类

银行结算账户分类:按开立主体分为单位银行结算账户和个人银行结算账户;其中,单位银行结算账户按用途分为基本存款账户、一般存款账户、专用存款账户、临时存款账户。按开户地分为本地银行结算账户和异地银行结算账户。

基本存款账户是存款人的主办账户,主要办理存款人日常经营活动的资金收付及其工资、奖金和现金的支取。一般存款账户用于办理存款人借款转存、借款归还和其他结算的资金收付。一般存款账户可以办理现金缴存,但不得办理现金支取。专用存款账户用于办理各项专用资金的收付。临时存款账户是存款人因临时需要并在规定期限内使用而开立的银行结算账户。临时存款账户的有效期最长不得超过2年。个人银行结算账户是自然人因投资、消费、结算等而开立的可办理支付结算业务的存款账户。自然人可根据需要申请开立个人银行结算账户,也可以在已开立的储蓄账户中选择并向开户银行申请确认为个人银行结算账户。

1.基本存款账户

(1)基本存款账户的概念和适用范围

基本存款账户是存款人因办理日常转账结算和现金收付需要开立的银行结算账户。

下列存款人,可以申请开立基本存款账户:企业法人;非法人企业;机关、事业单位;团级(含)以上军队、武警部队及分散执勤的支(分)队;社会团体;民办非企业组织;外地常设机构;外国驻华机构;个体工商户;居民委员会、村民委员会、社区委员会;单位设立的独立核算的附属机构,包括食堂、招待所、幼儿园;其他组织,即按照现行的法律、行政法规规定可以成立的组织,如业主委员会、村民小组等组织。

(2)基本存款账户的开户要求

①企业法人,应出具企业法人营业执照正本。

②非法人企业,应出具企业营业执照正本。

③机关和实行预算管理的事业单位,应出具政府人事部门或编制委员会的批文或登记证书和财政部门同意其开户的证明;非预算管理的事业单位,应出具政府人事部门或编制委员会的批文或登记证书。

④军队、武警团级(含)以上单位以及分散执勤的支(分)队,应出具军队军级以上单位财务部门、武警总队财务部门的开户证明。

⑤社会团体,应出具社会团体登记证书,宗教组织还应出具宗教事务管理部门的批文或证明。

⑥民办非企业组织,应出具民办非企业登记证书。

⑦外地常设机构,应出具其驻在地政府主管部门的批文。

⑧外国驻华机构,应出具国家有关主管部门的批文或证明;外资企业驻华代表处、办事处,应出具国家登记机关颁发的登记证。

⑨个体工商户,应出具个体工商户营业执照正本。

⑩居民委员会、村民委员会、社区委员会,应出具其主管部门的批文或证明。

⑪独立核算的附属机构,应出具其主管部门的基本存款账户开户许可证和批文。

⑫其他组织,应出具政府主管部门的批文或证明。

上述存款人如果为从事生产、经营活动纳税人的,还应出具税务部门颁发的税务登记证。

(3)开立基本存款账户的程序

存款人应填制开户申请书,提供规定的证件。送交盖有存款人印章的印鉴卡片,经银行审核同意并凭中国人民银行当地分支机构核发的开户许可证,即可开立账户。

需要特别说明的是,印鉴卡片上填写的户名必须与单位名称一致,同时要加盖开户单位的公章、单位负责人或财务机构负责人和出纳人员三枚图章。它是单位与银行事先约定的一种具有法律效力的付款依据,银行在为单位办理结算业务时,凭开户单位在印鉴卡片上预留的印鉴审核支付凭证的真伪。如果支付凭证上加盖的印章与预留的印鉴不符,银行可以拒绝办理付款业务,以保障开户单位款项的安全。

2.一般存款账户

(1)一般存款账户的概念

一般存款账户是存款人因借款或其他结算需要,在基本存款账户开户银行以外的银行营业机构开立的银行结算账户。

(2)一般存款账户的开户要求

存款人申请开立一般存款账户,应向银行出具其开立基本存款账户规定的证明文件、基本存款账户开户许可证和下列证明文件:

①存款人因向银行借款需要,应出具借款合同;

②存款人因其他结算需要,应出具有关证明。

(3)一般存款账户的使用规定

一般存款账户用于办理存款人借款转存、借款归还和其他结算的资金收付。一般存款账户可以办理现金缴存,但不得办理现金支取。

3.专用存款账户

(1)专用存款账户的概念和适用范围

专用存款账户是存款人按照法律、行政法规和规章,对其特定用途资金进行专项管理和使用而开立的银行结算账户。

专用存款账户适用于对下列资金的管理和使用:

①基本建设资金;②更新改造资金;③财政预算外资金;④粮、棉、油收购资金;⑤证券交易结算资金;⑥期货交易保证金;⑦信托基金;⑧金融机构存放同业资金;⑨政策性房地产开发资金;⑩单位银行卡备用金;⑪住房基金;⑫社会保障基金;⑬收入汇缴资金和业务支出资金;⑭党、团、工会设在单位的组织机构经费;⑮其他需要专项管理和使用的资金。

(2)专用存款账户的开户要求

存款人申请开立专用存款账户,应向银行出具其开立基本存款账户规定的证明文件、基本存款账户开户许可证和下列证明文件:

①基本建设资金、更新改造资金、政策性房地产开发资金、住房基金、社会保障基金,应出具主管部门批文。

②财政预算外资金,应出具财政部门的证明。

③粮、棉、油收购资金,应出具主管部门批文。

④单位银行卡备用金,应按照中国人民银行批准的银行卡章程的规定出具有关证明和资料。

⑤证券交易结算资金,应出具证券公司或证券管理部门的证明。
⑥期货交易保证金,应出具期货公司或期货管理部门的证明。
⑦金融机构存放同业资金,应出具其证明。
⑧收入汇缴资金和业务支出资金,应出具基本存款账户存款人有关的证明。
⑨党、团、工会设在单位的组织机构经费,应出具该单位或有关部门的批文或证明。
⑩其他按规定需要专项管理和使用的资金,应出具有关法规、规章或政府部门的有关文件。

需要说明的是,对于合格境外机构投资者在境内从事证券投资开立的人民币特殊账户和人民币结算资金账户,均纳入专用存款账户管理。其开立人民币特殊账户时应出具国家外汇管理部门的批复文件;开立人民币结算资金账户时,应出具证券管理部门的证券投资业务许可证。

(3)专用存款账户的使用规定
①单位银行卡账户的资金(备用金)必须由其基本存款账户转账存入。该账户不得办理现金收付业务。
②财政预算外资金、证券交易结算资金、期货交易保证金和信托基金专用存款账户不得支取现金。
③基本建设资金、更新改造资金、政策性房地产开发资金、金融机构存放同业资金账户需要支取现金的,应在开户时报中国人民银行当地分支行批准。
④粮、棉、油收购资金,社会保障基金,住房基金和党、团、工会经费等专用存款账户支取现金应按照国家现金管理的规定办理。银行应按照国家对粮、棉、油收购资金使用管理的规定加强监督,不得办理不符合规定的资金收付和现金支取。
⑤收入汇缴资金和业务支出资金,是指基本存款账户存款人附属的非独立核算单位或派出机构发生的收入和支出的资金。收入汇缴账户除向其基本存款账户或预算外资金财政专用存款户划缴款项外,只收不付,不得支取现金。业务支出账户除从其基本存款账户拨入款项外,只付不收,其现金支取必须按照国家现金管理的规定办理。

4.临时存款账户
(1)临时存款账户的概念和适用范围
临时存款账户是指存款人因临时需要并在规定期限内使用而开立的银行结算账户。
有下列情况之一的,存款人可以申请开立临时存款账户:
①设立临时机构,例如工程指挥部、筹备领导小组、摄制组等;
②异地临时经营活动,例如建筑施工及安装单位等在异地的临时经营活动;
③注册验资、增资。

(2)临时存款账户的开户要求
①临时机构,应出具其驻在地主管部门同意设立临时机构的批文。
②异地建筑施工及安装单位,应出具其营业执照正本或其隶属单位的营业执照正本,以及施工及安装地建设主管部门核发的许可证或建筑施工及安装合同。
③异地从事临时经营活动的单位,应出具其营业执照正本以及临时经营地工商行政管理部门的批文。
④注册验资,应出具工商行政管理部门核发的企业名称预先核准通知书或有关部门的批文。

上述第②、③项还应出具其基本存款账户开户许可证。

（3）临时存款账户的使用规定

①临时存款账户用于办理临时机构以及存款人临时经营活动发生的资金收付。

②临时存款账户应根据有关开户证明文件确定的期限或存款人的需要确定其有效期限，最长不得超过2年。

③临时存款账户支取现金，应按照国家现金管理的规定办理。

④注册验资的临时存款账户在验资期间只收不付。

5.个人银行结算账户

（1）个人银行结算账户的概念和适用范围

个人银行结算账户是指存款人因投资、消费、结算等需要而凭个人身份证件以自然人名称开立的银行结算账户。自然人可根据需要申请开立个人银行结算账户，也可以在已开立的储蓄账户中选择并向开户银行申请确认为个人银行结算账户。储蓄账户仅限于办理现金存取业务，不得办理转账结算。在现有个人银行账户基础上，增加银行账户种类，将个人银行账户分为Ⅰ类银行账户、Ⅱ类银行账户和Ⅲ类银行账户（以下分别简称Ⅰ类户、Ⅱ类户和Ⅲ类户）。银行可通过Ⅰ类户为存款人提供存款、购买投资理财产品等金融产品、转账、消费和缴费支付、支取现金等服务。银行可通过Ⅱ类户为存款人提供存款、购买投资理财产品等金融产品、限定金额的消费和缴费支付等服务。银行可通过Ⅲ类户为存款人提供限定金额的消费和缴费支付服务。银行不得通过Ⅱ类户和Ⅲ类户为存款人提供存取现金服务，不得为Ⅱ类户和Ⅲ类户发放实体介质。

下列款项可以转入个人银行结算账户：

①工资、奖金收入；②稿费、演出费等劳务收入；③债券、期货、信托等投资的本金和收益；④个人债权或产权转让收益；⑤个人贷款转存；⑥证券交易结算资金和期货交易保证金；⑦继承、赠与款项；⑧保险理赔、保费退还等款项；⑨纳税退还；⑩农、副、矿产品销售收入；⑪其他合法款项。

（2）个人银行结算账户的开户证明文件

存款人申请开立个人银行结算账户，应向银行出具下列证明文件：

①中国居民，应出具居民身份证或临时身份证或户口簿或护照。

②中国人民解放军军人，应出具军人身份证件。

③中国人民武装警察，应出具武警身份证件。

④军队（武装警察）离退休干部以及在解放军军事院校学习的现役军人，可出具离休干部荣誉证、军官退休证、文职干部退休证或军事院校学员证。

⑤香港、澳门特别行政区居民，应出具港澳居民往来内地通行证；中国台湾地区居民，应出具台湾居民来往大陆通行证或者其他有效旅行证件。居住在境内或境外的中国籍的华侨，可出具中国护照。

⑥外国公民，应出具护照。获得在中国永久居留资格的外国人，可出具外国人永久居留证。

⑦外国边民在我国边境地区的银行开立个人银行账户，可出具所在国制发的《边民出入境通行证》。

⑧法律、法规和国家有关文件规定的其他有效证件。

（3）个人银行结算账户的使用规定

个人银行结算账户用于办理个人转账收付和现金存取。

单位从其银行结算账户支付给个人银行结算账户的款项,每笔超过5万元(不包含5万元)的,应向开户银行提供下列付款依据:

①代发工资协议和收款人清单;②奖励证明;③新闻出版、演出主办等单位与收款人签订的劳务合同或支付给个人款项的证明;④证券公司、期货公司、信托投资公司、奖券发行或承销部门支付或退还给自然人款项的证明;⑤债权或产权转让协议;⑥借款合同;⑦保险公司的证明;⑧税收征管部门的证明;⑨农、副、矿产品购销合同;⑩其他合法款项的证明。

从单位银行结算账户支付给个人银行结算账户的款项应纳税的,税收代扣单位付款时应向其开户银行提供完税证明。

当个人持出票人为单位的支票向开户银行委托收款,将款项转入其个人银行结算账户的,或个人持申请人为单位的银行汇票和银行本票向开户银行提示付款,将款项转入其个人银行结算账户的,个人应出具上述第①~⑩项中规定的有关收款依据。存款人应对其提供的收款依据或付款依据的真实性、合法性负责。

从单位银行结算账户向个人银行结算账户支付款项单笔超过5万元人民币时,付款单位若在付款用途栏或备注栏注明事由,可不再另行出具付款依据,但付款单位应对支付款项事由的真实性、合法性负责。

6.异地银行结算账户

(1)异地银行结算账户的概念和适用范围

异地银行结算账户,是存款人在其注册地或住所地行政区域之外(跨省、市、县)开立的银行结算账户。

存款人有下列情形之一的,可以在异地开立有关银行结算账户:

①营业执照注册地与经营地不在同一行政区域(跨省、市、县)需要开立基本存款账户的;

②办理异地借款和其他结算需要开立一般存款账户的;

③存款人因附属的非独立核算单位或派出机构发生的收入汇缴或业务支出需要开立专用存款账户的;

④异地临时经营活动需要开立临时存款账户的;

⑤自然人根据需要在异地开立个人银行结算账户的。

(2)异地银行结算账户的开户证明文件

存款人需要在异地开立单位银行结算账户,除出具开立基本存款账户、一般存款账户、专用存款账户和临时存款账户规定的有关证明文件和基本存款账户开户许可证外,还应出具下列相应的证明文件:

①异地借款的存款人在异地开立一般存款账户的,应出具在异地取得贷款的借款合同。

②因经营需要在异地办理收入汇缴和业务支出的存款人在异地开立专用存款账户的,应出具隶属单位的证明。

③存款人需要在异地开立个人银行结算账户,应出具在住所地开立账户所需的证明文件。

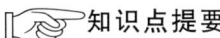知识点提要

概　念	银行结算账户		
分　类	存款人	单位	个体工商户→凭营业执照
		个人	个人→借记卡、信用卡
	用　途	基本存款账户、一般存款账户、专用存款账户、临时存款账户	
	开户地	本地、异地	
基本户	使用范围	日常经营活动的资金收付 工资、奖金和现金的支取	
	开户要求	(1)是单位:个人不能开 (2)够级别:团级(含)以上军队、武警部队及分散执勤的支分队 (3)非临时:外地常设机构 (4)要独立:单位设立的独立核算的附属机构	
一般户	开户银行	基本户开户行以外的银行营业机构	
	使用范围	借款转存、借款归还和其他结算的资金收付	
		现金可存不可取	
		无数量限制	
	开户要求	(1)开立基本户规定的证明文件 (2)基本户开户登记证 (3)因借款,应出具借款合同 (4)因其他结算需要,应出具有关证明	
专用户	使用规定	(1)"单位银行卡账户"的资金必须由基本户转入,该账户不得办理现金收付业务 (2)"财政预算外资金、证券交易结算资金、期货交易保证金和信托基金"专户,不得支取现金	
临时户	使用范围	设立临时机构、异地临时经营活动、注册验资	
	开户要求	"设立临时机构"及"注册验资"开立的临时户不需要基本户开户登记证	
	使用规定	有效期最长不得超过2年	
		可以支取现金	
		注册验资户在验资期间只收不付	

二、银行结算账户管理的基本原则

(一)一个基本账户原则

单位银行结算账户存款人只能在银行开立一个基本存款账户,不能多头开立基本存款账户。

(二)自主选择银行开立银行结算账户原则

存款人可以自主选择银行开立银行结算账户。除国家法律、行政法规和国务院规定外,任何单位和个人不得强令存款人到指定银行开立银行结算账户。

(三)守法合规原则

银行结算账户的开立和使用应当遵守法律、行政法规规定,不得利用银行结算账户进行偷逃税款、逃避债务、套取现金及其他违法犯罪活动。

(四)存款信息保密原则

银行应依法为存款人的银行结算账户信息保密。对单位银行结算账户和个人银行结算账户的存款和有关资料,除国家法律、行政法规另有规定外,银行有权拒绝为任何单位或个人查询。

三、银行结算账户的开立、变更和撤销

(一)银行结算账户的开立

存款人开立的银行结算账户,需要核准的,应及时报送中国人民银行当地分支行核准;不需要核准的,应在开户之后的法定期限内向中国人民银行当地分支行备案。

存款人申请开立银行结算账户时,应填制开立银行结算账户申请书,并提交有关证明文件。银行应对存款人的开户申请书填写的事项和相关证明文件的真实性、完整性、合规性进行认真审查。开户申请书填写的事项齐全,符合开立核准类账户条件的,银行应将存款人的开户申请书、相关的证明文件和银行审核意见等开户资料报送中国人民银行当地分支行,经其核准后办理开户手续。需要中国人民银行核准的账户包括基本存款账户、临时存款账户(因注册验资和增资验资开立的除外)、预算单位专用存款账户和合格境外机构投资者在境内从事证券投资开立的人民币特殊账户和人民币结算资金账户(以下简称QFII专用存款账户)。符合开立一般存款账户、其他专用存款账户和个人银行结算账户条件的,银行应办理开户手续,并于开户之日起5个工作日内向中国人民银行当地分支行备案。

中国人民银行当地分支行应于2个工作日内对开户银行报送的核准类账户的开户资料的合规性予以审核,符合开户条件的,予以核准,颁发基本(或临时或专用)存款账户开户登记证。不符合开户条件的,应在开户申请书上签署意见,连同有关证明文件一并

退回报送银行,由报送银行转送存款人。开户登记证是中国人民银行依法准予申请人在银行开立核准类银行结算账户的行政许可证件,是核准类银行结算账户合法性的有效证明。

开立银行结算账户时,银行应与存款人签订银行结算账户管理协议,明确双方的权利与义务。银行应建立存款人预留签章卡片,并将签章式样和有关证明文件的原件或复印件留存归档。

存款人开立单位银行结算账户,自正式开立之日起3个工作日后,方可使用该账户办理付款业务。但注册验资的临时存款账户转为基本存款账户和因借款转存开立的一般存款账户除外。对于核准类银行结算账户,"正式开立之日"为中国人民银行当地分支行的核准日期;对于非核准类银行结算账户,"正式开立之日"为开户银行为存款人办理开户手续的日期。

(二)银行结算账户的变更

存款人银行结算账户有法定变更事项的,应于5日内书面通知开户银行并提供有关证明;开户银行办理变更手续并于2日内向中国人民银行当地分支行报告。

(三)银行结算账户的撤销

存款人有下列情形之一的,应向开户银行提出撤销银行结算账户的申请:

1. 被撤并、解散、宣告破产或关闭的;
2. 注销、被吊销营业执照的;
3. 因迁址需要变更开户银行的;
4. 其他原因需要撤销银行结算账户的。

存款人有以上第1、2条情形的,应于5个工作日内向开户银行提出撤销银行结算账户的申请。撤销银行结算账户时,应当先撤销一般存款账户、专用存款账户、临时存款账户,将账户资金转入基本存款账户后,方可办理基本存款账户的撤销。

银行得知存款人有第1、2条情形的,存款人超过规定期限未主动办理撤销银行结算账户手续的,银行有权停止其银行结算账户的对外支付。

存款人因以上第3、4条情形撤销基本存款账户后,需要重新开立基本存款账户的,应在撤销其原基本存款账户后10日内申请重新开立基本存款账户。

存款人因未获得工商行政管理部门核准登记的单位,在验资期满后,应向银行申请撤销注册验资临时存款账户,其账户资金应退还给原汇款人账户。注册验资资金以现金方式存入,出资人需提取现金的,应出具缴存现金时的现金缴款单原件及其有效身份证件。

存款人撤销银行结算账户,必须与开户银行核对银行结算账户存款余额,交回各种重要空白票据及结算凭证和开户登记证,银行核对无误后方可办理销户手续。

银行撤销单位银行结算账户时应在其基本存款账户开户登记证上注明销户日期并签章,同时于撤销银行结算账户之日起2个工作日内,向中国人民银行报告。存款人尚未清偿其开户银行债务的,不得申请撤销该账户。

银行对一年未发生收付活动且未欠开户银行债务的单位银行结算账户,应通知单位自发出通知之日起30日内办理销户手续,逾期视同自愿销户,未划转款项列入久悬未取专户管理。

> 知识点提要

开立	核准制:基本户、临时户(验资户除外)和预算单位专用户、QFII专用户 【提示】2核、5备、3通知	
	生效日:存款人开立单位银行结算账户,自正式开立之日起3个工作日后,方可办理付款业务 【提示】排除事项:(1)注册验资的临时户转为基本户 (2)因借款转存开立的一般户	
变更	存款人银行结算账户有法定变更事项的,应于5日内书面通知开户银行并提供有关证明	
	开户银行于2日内向中国人民银行当地分支行报告	
撤销	法定情形	(1)被撤并、解散、宣告破产或关闭 (2)注销、被吊销营业执照 (3)因迁址需要变更开户行(与变更区分)
	顺序	最后办理基本户的撤销
	不得撤销	尚未清偿开户银行债务
	强制撤销	银行对一年未发生收付活动且未欠开户银行债务的单位银行结算账户,应通知单位,自发出通知之日起30日内办理销户手续,逾期视同自愿销户

四、违反银行结算账户管理制度的法律责任

1.存款人在开立、撤销银行结算账户过程中,有下列行为之一的,对于非经营性的存款人,给予警告并处以1000元的罚款;对于经营性的存款人,给予警告并处以1万元以上3万元以下的罚款;构成犯罪的,移交司法机关依法追究刑事责任:

(1)违反规定开立银行结算账户;

(2)伪造、变造证明文件欺骗银行开立银行结算账户;

(3)违反规定不及时撤销银行结算账户。

2.存款人使用银行结算账户时,有违反规定将单位款项转入个人银行结算账户,支取现金,利用开立银行结算账户逃避银行债务、出租、出借银行结算账户,从基本存款账户之外的银行结算账户转账存入,将销货收入存入或现金存入单位信用卡账户等行为时,非经营性的存款人,给予警告并处以1000元罚款;经营性的存款人,给予警告并处以5000元以上3万元以下的罚款。存款人未在法定期限内将变更事项通知银行的,给予警告并处以1000元的罚款。

3.伪造、变造、私自印制开户登记证的存款人,属于非经营性的处以1000元罚款;属于经营性的处以1万元以上3万元以下的罚款;构成犯罪的,移交司法机关依法追究刑事责任。

4.银行在银行结算账户的开立中有法定违法行为时,给予警告,并处以5万元以上

30万元以下的罚款;对该银行直接负责的高级管理人员、其他直接负责的主管人员、直接责任人员按规定给予纪律处分;情节严重的,中国人民银行有权停止对其开立基本存款账户的核准,责令该银行停业整顿或者吊销经营金融业务许可证;构成犯罪的,移交司法机关依法追究刑事责任。

5.银行在银行结算账户的使用中有法定违法行为时,给予警告,并处以5000元以上3万元以下的罚款;对该银行直接负责的高级管理人员、其他直接负责的主管人员、直接责任人员按规定给予纪律处分;情节严重的,中国人民银行有权停止对其开立基本存款账户的核准,构成犯罪的,移交司法机关依法追究刑事责任。

☞ 知识点提要

违法单位	违法事项	处罚金额
非经营性存款人		1000元
经营性存款人	变更	1000元
	伪造、变造、开立、撤销	1万元以上3万元以下
	使用	5000元以上3万元以下
银行	开立过程中	5万元以上30万元以下
	使用过程中	5000元以上3万元以下

任务四 掌握票据结算方式制度

☆实训一:填制银行承兑汇票

准备:银行承兑汇票一张。

资料:2020年10月10日,金陵喜乐贸易有限公司(中国工商银行金陵玄武支行,账号1208873677782123456)出票给金陵钱多多家具有限公司(中国工商银行金陵湖滨支行,账号1208873677783162856)银行承兑汇票一张,出票金额100万元整。

要求:根据上述资料填制银行承兑汇票。

一、票据结算概述

(一)票据的概念和种类

票据的概念有广义和狭义之分。广义的票据包括各种有价证券和凭证,如股票、国库券、企业债券、发票、提单等;狭义的票据即我国《票据法》上规定的票据。根据《票据法》的规定,票据是指由出票人依法签发的、约定自己或者委托付款人在见票时或指定的日期向收款人或持票人无条件支付一定金额的有价证券。在我国,票据主要包括银行汇票、商业汇票、银行本票和支票。

(二)票据的特征与功能

1.票据的特征

(1)票据是债券凭证

持票人可以就票据上所载的金额向特定票据债务人行使其请求权,其性质是债权,所以票据是债权凭证。就债权的标的而言,持票人享有的权利就是请求债务人给付一定的金钱。所以,票据是一种金钱凭证。

(2)票据是设权证券

权利的发生必须首先作成证券。票据上所表示的权利,是由出票这种票据行为而创设的。没有票据,就没有票据上的权利。

(3)票据是文义证券

票据上的一切票据权利义务必须严格依照票据记载的文义而定,文义之外的任何理由、事项均不得作为根据,即使文义记载有错,也不得用票据之外的其他证明方法变更或补充,这样做的目的是为了保护善意持票人和维护交易安全。

(4)票据是无因证券

无因证券是指证券效力与作成证券的原因完全分离,证券权利的存在和行使,不以作成证券的原因为要件。票据的持票人行使票据权利时,不必证明其取得票据的原因,以及票据权利发生的原因。这些原因存在与否、有效与否,与票据权利原则上互不影响。票据的持票人仅依票据上所载文义就可以请求给付一定金额的货币。

(5)票据是要式证券

票据必须具备法定格式才能有效。除票据法另有规定者外,不具备法定格式的,不发生票据的效力。票据格式表现为票据的必须记载的事项、票据用纸(包括纸质、纸色、尺寸)、书写方法、书写用具及墨水颜色等。法定的必须记载的事项不齐备而又被票据法所不容许的,票据无效;票据用纸、书写等不符合规定的,票据无效。

2.票据的功能

(1)支付功能

票据可以充当支付工具,代替现金使用。用票据支付可以消除现金携带不便,克服点钞的麻烦,节省计算现金的时间。

(2)汇兑功能

票据可以代替货币在不同地方之间运送,方便异地之间的支付。如果异地之间使用货币,需要运送或携带,不仅费事费力,而且也不安全。大额货币的运送更是如此。如果只拿着一张票据到异地支付,相对而言既安全又方便。

(3)信用功能

票据当事人可以凭借自己的信誉,将未来才能获得的金钱作为现在的金钱来使用。

(4)结算功能

即债务抵销功能。简单的结算是互有债务的双方当事人各签发一张本票,待两张本票都到到期日可以相互抵销债务。若有差额,由一方以现金支付。

(5)融资功能

票据可以融通或调度资金。票据的融资功能是通过票据的贴现、转贴现和再贴现实现的。

(三)票据行为

票据行为是指票据当事人以发生票据债务为目的、以在票据上签名或盖章为权利与义务成立要件的法律行为,包括出票、背书、承兑和保证四种。其中,出票是指出票人签发票据并将其交付给收款人的行为;背书是指持票人为将票据权利转让给他人或者将一定的票据权利授予他人行使,而在票据背面或者粘单上记载有关事项并签章的行为;承兑是指汇票付款人承诺在汇票到期日支付汇票金额并签章的行为;保证是指票据债务人以外的人,为担保特定债务人履行票据债务而在票据上记载有关事项并签章的行为。

出票人在票据上的签章不符合《票据法》等规定的,票据无效。

承兑人、保证人在票据上的签章不符合《票据法》等规定的,其签章无效,但不影响其前手符合规定签章的效力。

背书人在票据上的签章不符合《票据法》等规定的,其签章无效,但不影响其前手符合规定签章的效力。

(四)票据当事人

票据当事人分为基本当事人和非基本当事人。基本当事人包括出票人、付款人和收款人。非基本当事人包括承兑人、背书人、被背书人、保证人等。

1.基本当事人

票据基本当事人是指在票据作成和交付时就已经存在的当事人,是构成票据法律关系的必要主体,包括出票人、付款人和收款人三种。票据缺少基本当事人其法律关系就不能成立,票据就无效。

(1)出票人

出票人是指依法定方式签发票据并将票据交付给收款人的人。银行汇票的出票人为银行;商业汇票的出票人为银行以外的企业和其他组织;银行本票的出票人为出票银行;支票的出票人,为在银行开立支票存款账户的企业、其他组织和个人。

(2)收款人

收款人是指票据正面记载的到期后有权收取票据所载金额的人,又称票据权利人。

(3)付款人

付款人是指由出票人委托付款或自行承担付款责任的人。商业承兑汇票的付款人是合同中应给付款项的一方当事人,也是该汇票的承兑人;银行承兑汇票的付款人是承兑银行;支票的付款人是出票人的开户银行;本票的付款人是出票人。

因此汇票和支票的基本当事人有出票人、付款人与收款人;本票的基本当事人仅有出票人与收款人。

2.非基本当事人

非基本当事人是指在票据作成并交付后,通过一定的票据行为加入票据关系而享有一定权利、承担一定义务的当事人,包括承兑人、背书人、被背书人、保证人等。

(1)承兑人

承兑人是指接受汇票出票人的付款委托,同意承担支付票款义务的人,是汇票主债务人。

(2)背书人与被背书人

背书人是指在转让票据时,在票据背面或粘单上签字或盖章,并将该票据交付给受让人的票据收款人或持有人。被背书人是指被记名受让票据或接受票据转让的人。

(3)保证人

保证人是指为票据债务提供担保的人,由票据债务人以外的第三人担当。保证人在被保证人不能履行票据付款责任时,以自己的金钱履行票据付款义务,然后取得持票人的权利,向票据债务人追索。

并非所有的票据当事人一定同时出现在某一张票据上,除基本当事人外,非基本当事人是否存在,完全取决于相应票据行为是否发生。

(五)票据权利与责任

1.票据权利

(1)票据权利的概念和分类

票据权利是指票据持票人向票据债务人请求支付票据金额的权利,包括付款请求权和追索权。

付款请求权是指持票人向汇票的承兑人、本票的出票人、支票的付款人出示票据要求付款的权利,是第一顺序权利,又称主要票据权利。行使付款请求权的持票人可以是票据记载的收款人或最后的被背书人,担负付款请求权付款义务的主要是主债务人。

追索权是指票据当事人行使付款请求权遭到拒绝或有其他法定原因存在时,向其前手请求偿还票据金额及其他法定费用的权利,是第二顺序权利,又称偿还请求权。行使追索权的当事人除票据记载收款人和最后被背书人外,还可能是代为清偿票据债务的保证人、背书人。

(2)票据权利的取得

关于取得票据权利应注意以下问题:票据的取得,必须给付对价;因税收、继承、赠与可以依法无偿取得票据的,不受给付对价之限制,但是,所享有的票据权利不得优于其前手的权利;因欺诈、偷盗、胁迫、恶意或重大过失而取得票据的,不得享有票据权利。

票据的取得,必须给付对价,即应当给付票据双方当事人认可的相对应的代价。但也有例外的情形,即如果是因为税收、继承、赠与可以依法无偿取得票据的,则不受给付对价的限制,但是所享有的票据权利不得优于其前手的权利。所谓"不得优于"是指不能超过,而且必须受到前手权利状态的影响,具体来说:(1)如果前手是善意的、已付对价的当事人,享有完整有效的票据权利,无偿取得之人也享有同样的票据权利;(2)如果前手是因欺诈等取得票据的,不享有票据权利,无偿取得之人也不享有票据权利;(3)如果前手因善意取得票据但未付对价或对价不相当,该前手的权利应受其再前手权利的影响,无偿取得之人也受前手的影响。

以欺诈、偷盗或者胁迫等手段取得票据的,或者明知有前列情形出于恶意取得票据的,以及持票人因重大过失取得不符合《票据法》规定的票据的,不享有票据权利。

(3)票据权利的时效

票据权利时效是指票据权利在时效期间内不行使,即引起票据权利丧失:

①持票人对票据的出票人和承兑人的权利,自票据到期日起2年;

②见票即付的汇票、本票,自出票日起2年;

③持票人对支票出票人的权利,自出票日起6个月;

在这里,持票人对出票人和承兑人的权利,包括付款请求权和追索权。之所以规定支票的权利时效短于其他票据,是因为支票主要是一种短期支付工具,其权利的行使以迅速为宜,规定较短的时效,可以督促权利人及时行使票据权利。

④持票人对前手的追索权,自被拒绝承兑或者被拒绝付款之日起6个月;

⑤持票人对前手的再追索权,自清偿或者被提起诉讼之日起3个月。

追索权的行使以获得拒绝付款证明或退票理由书等有关证明为前提。为了督促持票人及时获得这些证明,尽可能地在短期内结清因拒绝承兑或拒绝付款而产生的债务关系,从速实现持票人的票据权利,加快债权债务关系的清偿速度,促进社会经济关系的稳定,追索权的行使应当迅速及时,因此,《票据法》对于追索权规定了较短的时效。

如果持票人因超票据权利时效或者因票据记载事项欠缺而丧失票据权利的,《票据法》为了保护持票人的合法权益,规定其仍享有民事权利,可以请求出票人或者承兑人返还其与未支付的票据款金额相当的利益。

2.票据责任

票据责任是指票据债务人向持票人支付票据金额的责任。它是基于债务人特定的票据行为(如出票、背书、承兑等)而应承担的义务,不具有制裁性质,主要包括付款义务和偿还义务。

票据债务人承担票据义务一般有四种情况:

(1)汇票承兑人因承兑而应承担付款义务;

(2)本票出票人因出票而承担自己付款的义务;

(3)支票付款人在与出票人有资金关系时承担付款义务;

(4)汇票、本票、支票的背书人,汇票、支票的出票人、保证人,在票据不获承兑或不获付款时承担付款清偿义务。

(六)票据记载事项

票据记载事项是指依法在票据上记载票据相关内容。票据记载事项一般分为绝对记载事项、相对记载事项、任意记载事项和记载不产生票据法上的效力的事项等。

1.绝对记载事项

也称必要记载事项或必须记载事项,是指《票据法》明文规定必须记载的,如不记载,票据即为无效的事项。如,出票时表明票据种类的事项,必须记明"汇票""本票""支票",否则票据无效。

2.相对记载事项

是指除了必须记载事项外,《票据法》规定的其他应记载的事项。这些事项如果未记载,由法律另作相应规定予以明确,并不影响票据的效力。如汇票上没有记载付款日期的,为见票即付;汇票上未记载付款地的,付款人的营业场所、住所或经常居住地为付款地等。

3.任意记载事项

是指《票据法》不强制当事人必须记载而允许当事人自行选择,不记载时不影响票据效力,记载时则产生票据效力的事项,如出票人在汇票上记载"不得转让"字样的,汇票不得转让。

4.记载不产生票据法上的效力的事项

是指除了必须记载事项、相对记载事项、任意记载事项外,票据上还可以记载其他一些事项,但这些事项不具有票据效力,银行不负审查责任。

(七)票据丧失的补救

票据丧失是指票据因灭失、遗失、被盗等原因而使票据权利人脱离其对票据的占有。票据一旦丧失,票据的债权人不通过一定的方法就不能阻止债务人向拾获者履行义务,从而造成正当票据权利人经济上的损失。因此,需要进行票据丧失的补救。票据丧失后可以采取挂失止付、公示催告、普通诉讼三种形式进行补救。

1.挂失止付

挂失止付是指失票人将丧失票据的情况通知付款人或代理付款人,由接受通知的付款人或代理付款人审查后暂停支付的一种方式。只有确定付款人或代理付款人的票据丧失时,才可以进行挂失止付,具体包括已承兑的商业汇票、支票、填明"现金"字样和代理付款人的银行汇票以及填明"现金"字样的银行本票四种。挂失止付并不是票据丧失后采取的必经措施,而只是一种暂时的预防措施,最终要通过申请公示催告或提起普通诉讼来补救票据权利。

2.公示催告

公示催告是指在票据丧失后由失票人向人民法院提出申请,请求人民法院以公告方式通知不确定的利害关系人限期申报权利,逾期未申报者,则由法院通过除权判决宣告所丧失的票据无效的一种制度或程序。

失票人应当在通知挂失止付后的3日内,也可以在票据丧失后,依法向人民法院申请公示催告,或者向人民法院提起诉讼。申请公示催告的主体必须是可以背书转让的票据的最后持票人,失票人不知道票据的下落,利害关系人也不明确。

3.普通诉讼

普通诉讼是指丧失票据的人为原告,以承兑人或出票人为被告,请求法院判决其向失票人付款的诉讼活动。如果与票据上的权利有利害关系的人是明确的,无须公示催告,可按一般的票据纠纷向法院提起诉讼。

知识点提要

种 类	汇票(银行+商业)、本票、支票	
当事人	基本当事人:出票人、付款人、收款人	
	非基本当事人:承兑人、背书人、被背书人、保证人	
	【提示】本票的基本当事人只有两个	

续表

票据权利	两大权利	付款请求权是第一顺序权利,又称主要票据权利 行使人:(1)收款人 (2)最后的被背书人
		追索权是第二顺序权利,又称偿还请求权 行使人:(1)收款人 (2)最后的被背书人 (3)代为清偿债务的保证人 (4)代为清偿债务的背书人
	权利取得	一般情况:必须给付对价 特殊情况:因"税收、继承、赠与"可以依法无偿取得票据,但所享有的票据权利"不得优于前手" 不享有票据权利:因"欺诈、偷盗、胁迫、恶意或重大过失"而取得票据
	权利时效	(1)对票据的出票人和承兑人的权利,自票据到期日起2年 (2)见票即付的汇票、本票,自出票日起2年 (3)对支票出票人的权利,自出票日起6个月 (4)追索权,自被拒绝承兑或者被拒绝付款之日起6个月 (5)再追索权,自清偿或者被提起诉讼之日起3个月 【提示】第(4)、(5)种情况,不包括对"出票人"的追索权
票据行为	出票、背书、承兑、保证	
	签章无效	出票人在票据上的签章不符合规定,票据无效
		承兑人、保证人在票据上的签章不符合规定,其签章无效,但不影响其他符合规定签章的效力
		背书人在票据上的签章不符合规定,其签章无效,但不影响其前手符合规定签章的效力
记载事项	绝对记载事项、相对记载事项、任意记载事项、记载不产生法律效力的事项	
补救措施	挂失止付	已承兑的商业汇票、支票、填明"现金"字样和代理付款人的银行汇票、填明"现金"字样的银行本票
	公示催告	找法院
	普通诉讼	

二、支票

(一)支票的概念及适用范围

支票是指由出票人签发的、委托办理支票存款业务的银行在见票时无条件支付确定的金额给收款人或者持票人的票据。

出票人是签发支票的单位或个人;付款人是出票人的开户银行;持票人是票面上填明的收款人,也可以是经背书转让的被背书人。

单位和个人的各种款项结算,均可以使用支票。2007年7月8日,中国人民银行宣布,支票可以实现全国范围内互通使用。

(二)支票的种类

支票按支付票款的方式不同,分为现金支票、转账支票和普通支票。支票上印有"现金"字样的为现金支票,现金支票只能用于支取现金。支票上印有"转账"字样的为转账支票,转账支票只能用于转账。支票上未印有"现金"或"转账"字样的为普通支票,普通支票可以用于支取现金,也可以用于转账。在普通支票左上角划两条平行线的,为划线支票,划线支票只能用于转账,不得支取现金。上述三种支票都没有金额起点和最高限额。

支票可以背书转让,仅用于支取现金的支票不得背书转让。

(三)支票的出票

1.支票的绝对记载事项

签发支票必须记载下列事项,欠缺记载下列事项之一的,支票无效:

(1)表明"支票"的字样;(2)无条件支付的委托;(3)确定的金额;(4)付款人名称;(5)出票日期;(6)出票人签章。

为了发挥支票灵活便利的特点,我国《票据法》规定:支票上的金额和收款人名称可以由出票人授权补记,但未补记前的支票不得背书转让和提示付款。

同时出票人可以在支票上记载自己为收款人。

2.支票的相对记载事项

支票的相对记载事项包括如下内容:

(1)付款地。根据《票据法》的规定,支票上未记载付款地的,付款人的营业场所为付款地。

(2)出票地。根据《票据法》的规定,支票上未记载出票地的,出票人的营业场所、住所或者经常居住地为出票地。

此外,《票据法》还规定,支票上可以记载非法定记载事项,但这些事项并不发生支票上的效力。

3.出票的效力

出票人作成支票并交付之后,对出票人产生相应的法律效力。出票人必须按照签发的支票金额承担保证向该持票人付款的责任。这一责任包括两项:一是出票人必须在付款人处存有足够可处分的资金,以保证支票票款的支付;二是当付款人对支票拒绝付款或者超过支票付款提示期限的,出票人应向持票人承担付款责任。

(四)支票的付款

支票限于见票即付,不得另行记载付款日期。另行记载付款日期的,该记载无效。

1.提示付款期限

支票的持票人应当自出票日起10日内提示付款;异地使用的支票,其提示付款的期限由中国人民银行另行规定。超过提示付款期限的,付款人可以不予付款,但出票人仍应当对持票人承担票据责任。

2.付款

出票人在付款人处的存款足以支付支票金额时,付款人应当在见票当日足额付款。

3.付款责任的解除

付款人依法支付支票金额的,对出票人不再承担受委托付款的责任,对持票人不再承担付款的责任。但是,付款人以恶意或者有重大过失付款的除外。

(五)支票的办理要求

1.签发支票的要求

(1)签发支票应使用碳素墨水或墨汁填写,中国人民银行另有规定的除外。

(2)签发现金支票和用于支取现金的普通支票,必须符合国家现金管理的规定。

(3)支票的出票人签发支票的金额不得超过付款时在付款人处实有的存款金额,禁止签发空头支票。

(4)支票的出票人预留银行签章是银行审核支票付款的依据;银行也可以与出票人约定使用支付密码,作为银行审核支付支票金额的条件。

(5)出票人不得签发与其预留银行签章不符的支票;使用支付密码的,出票人不得签发支付密码错误的支票。

(6)出票人签发空头支票、签章与预留银行签章不符的支票,不以骗取财物为目的的,由中国人民银行处以票面金额5%但不低于1000元的罚款;持票人有权要求出票人赔偿支票金额2%的赔偿金。对屡次签发的,银行应停止其签发支票。

2.兑付支票的要求

(1)持票人可以委托开户银行收款或直接向付款人提示付款。用于支取现金的支票仅限于收款人向付款人提示付款。

(2)持票人委托开户银行收款时,应作委托收款背书。

知识点提要

种类	现金支票	支取现金,不得背书转让
	转账支票	转账,可以背书转让
	普通支票	支取现金与转账
		划线支票:只能用于转账不能用于支取现金
出票	绝对记载事项:表明"支票"的字样,无条件支付的委托,确定的金额,付款人名称,出票日期,出票人签章(六项)	
	相对记载事项:(1)付款地 (2)出票地 【提示】无付款日期	
	授权补记事项:金额、收款人名称 【提示】未补记前不得背书转让和提示付款	
提示付款	期限:自出票日起10日 超期:持票人开户银行不予受理,付款人不予付款,出票人要承担责任	

续表

办理要求	"预留银行签章"→审核付款的"依据" "支付密码"→审核付款的"条件"	
	支票的出票人签发支票的金额不得超过付款时在付款人处实有的金额,禁止签发空头支票	
罚则	空头支票、签章不符,银行:退票＋罚款(票面金额5%但不低于1000元) 持票人:赔偿金(支票金额2%) 屡次签发:停止签发支票	

三、商业汇票

(一)商业汇票的概念和种类

商业汇票是出票人签发的,委托付款人在指定日期无条件支付确定的金额给收款人或者持票人的票据。商业汇票的付款期限,最长不得超过6个月。

商业汇票按照承兑人的不同分为商业承兑汇票和银行承兑汇票。商业承兑汇票由银行以外的付款人承兑,银行承兑汇票由银行承兑。商业汇票的付款人为承兑人。

(二)商业汇票的出票

1.出票人的确定

商业汇票的出票人,为在银行开立存款账户的法人以及其他组织,与付款人具有真实的委托付款关系,具有支付汇票金额的可靠资金来源。

商业汇票的签发必须以商品交易为基础,出票人不得签发无对价的商业汇票用以骗取银行或者其他票据当事人的资金。银行承兑汇票的出票人必须具备下列条件:(1)在承兑银行开立存款账户的法人以及其他组织;(2)与承兑银行具有真实的委托付款关系;(3)资信状况良好,具有支付汇票金额的可靠资金来源。

2.商业汇票的必须记载事项

签发商业汇票必须记载下列事项:

(1)表明"商业承兑汇票"或"银行承兑汇票"的字样;(2)无条件支付的委托;(3)确定的金额;(4)付款人名称;(5)收款人名称;(6)出票日期;(7)出票人签章。

欠缺记载上述事项之一的,商业汇票无效。

3.商业汇票的相对记载事项

(1)付款日期

汇票上未记载付款日期的,视为见票即付。

(2)付款地

汇票上未记载付款地的,付款人的营业场所、住所或者经常居住地为付款地。

(3)出票地

汇票上未记载出票地的,出票人的营业场所、住所或者经常居住地为出票地。

此外,汇票上还可以记载非法定记载事项,但是这些事项不具有汇票上的效力。

4.商业汇票出票的效力

出票人依照《票据法》的规定完成出票行为之后,即产生票据上的效力。

(1)对收款人的效力

收款人取得出票人发出的汇票后,即取得票据权利,一方面,就票据金额享有付款请求权;另一方面,在该请求权不能满足时,即享有追索权。同时,收款人享有依法转让票据的权利。

(2)对付款人的效力

出票行为是单方行为,付款人并不因此而有付款义务,只是基于出票人的付款委托使其具有承兑人的地位,在其对汇票进行承兑后,即成为汇票上的主债务人。

(3)对出票人的效力

出票人签发汇票后,即承担保证该汇票承兑和付款的责任。出票人在汇票得不到承兑或者付款时,应当向持票人清偿法律规定的金额和费用。这就是指,收款人在向付款人行使票据权利而得不到满足时,出票人必须就此承担票据责任。从法律上讲,该责任是一种担保责任,即担保汇票的承兑和付款。

(三)商业汇票的承兑

承兑是指汇票付款人承诺在汇票到期日支付汇票金额的票据行为。承兑是汇票特有的制度,本票和支票都没有承兑。商业承兑汇票可以由付款人签发并承兑,也可以由收款人签发交由付款人承兑。银行承兑汇票应由在承兑银行开立存款账户的存款人签发。

1.承兑的程序

(1)提示承兑

提示承兑是指持票人向付款人出示汇票,并要求付款人承诺付款的行为。

见票即付的汇票无须提示承兑。定日付款或者出票后定期付款的汇票,持票人应当在汇票到期日前向付款人提示承兑。见票后定期付款的汇票,持票人应当自出票日起1个月内向付款人提示承兑。汇票未按照规定期限提示承兑的,持票人丧失对其前手的追索权。

(2)承兑成立

①承兑时间

付款人对向其提示承兑的汇票,应当自收到提示承兑的汇票之日起3日内承兑或者拒绝承兑。一般来说,如果付款人在3日内不作承兑与否表示的,则应视为拒绝承兑。持票人可以请求其作出拒绝承兑证明,向其前手行使追索权。

②接受承兑

付款人收到持票人提示承兑的汇票时,应当向持票人签发收到汇票的回单。回单上应当记明汇票提示承兑日期并签章。这里所指的回单实际是指持票人收到的付款人向其出具的已收到请求承兑汇票的证明。

③承兑的格式

付款人承兑汇票的,应当在汇票正面记载"承兑"字样和承兑日期并签章;见票后定期付款的汇票,应当在承兑时记载付款日期。汇票上未记载承兑日期的,应当以收到提示承兑的汇票之日起3日内的最后一日为承兑日期。上列应记载事项必须记载于汇票的正面,而不能记载于汇票的背面或粘单上。

④退回已承兑的汇票

付款人依承兑格式填写完毕应记载事项后,并不意味着承兑生效,只有在其将已承兑的汇票退回持票人后才产生承兑的效力。

2.承兑的效力

(1)承兑人于汇票到期日必须向持票人无条件地支付汇票上的金额,否则其必须承担迟延付款责任;

(2)承兑人必须对汇票上一切权利人承担责任,该等权利人包括付款请求权人和追索权人;

(3)承兑人不得以其与出票人之间的资金关系来对抗持票人,拒绝支付汇票金额;

(4)承兑人的票据责任不因持票人未在法定期限提示付款而解除。

3.承兑不得附有条件

付款人承兑商业汇票,不得附有条件;承兑附有条件的,视为拒绝承兑。银行承兑汇票的承兑银行,应当按照票面金额向出票人收取万分之五的手续费。

(四)商业汇票的付款

商业汇票的付款是指付款人依据票据文义支付票据金额以消灭票据关系的行为。商业汇票的付款期限,最长不得超过6个月。定日付款的汇票付款期限自出票日起计算,并在汇票上记载具体的到期日。出票后定期付款的汇票付款期限自出票日起按月计算,并在汇票上记载。见票后定期付款的汇票付款期限自承兑或拒绝承兑日起按月计算,并在汇票上记载。

1.提示付款

商业汇票的提示付款期限,自汇票到期日起10日。持票人应在提示付款期限内通过开户银行委托收款或直接向付款人提示付款。

持票人超过提示付款期限提示付款的,持票人开户银行不予受理,但在作出说明后,承兑人或者付款人仍应当继续对持票人承担付款责任。

2.支付票款

持票人提示付款后,付款人依法审查无误后必须无条件地在当日按票据金额足额支付给持票人。否则,应承担迟延付款的责任。

3.付款的效力

付款人依照票据文义支付票据金额之后,票据关系随之消灭,全体汇票债务人的责任解除。

(五)商业汇票的背书

商业汇票的背书,是指以转让商业汇票权利或者将一定的商业汇票权利授予他人行使为目的,按照法定的事项和方式在商业汇票背面或者粘单上记载有关事项并签章的票据行为。汇票转让只能采取背书方式。出票人在汇票上记载"不得转让"字样,该汇票不得转让。

1.背书的形式

(1)背书签章和背书日期的记载。背书由背书人签章并记载背书日期。背书未记载日期的,视为在汇票到期日前背书。背书人背书时,必须在票据上签章。

(2)被背书人名称的记载。汇票以背书转让或者以背书将一定的汇票权利授予他人行使时,必须记载被背书人名称。背书人未记载被背书人名称即将票据交付他人的,持票人在票据的被背书人栏内记载自己的名称与背书人记载具有同等效力。

(3)禁止背书的记载。背书人在汇票上记载"不得转让"字样,其后手再背书转让的,原背书人对后手的被背书人不承担保证责任。

(4)粘单的使用。第一位使用粘单的背书人必须将粘单粘接在票据上,并且在汇票和粘单的粘接处签章。

(5)背书不得记载的内容。背书不得附有条件,背书时附有条件的,所附条件不具有汇票上的效力。

将汇票金额的一部分转让的背书或将汇票金额分别转让给两人以上的背书是无效背书。

2.背书连续

背书连续是指在票据转让中,转让票据的背书人与受让票据的被背书人在票据上的签章依次前后衔接。如果背书不连续,付款人可以拒绝向持票人付款,否则付款人应自行承担票据责任。

3.法定禁止背书

被拒绝承兑、被拒绝付款或者超过付款提示期限的汇票,不得背书转让;背书转让的,背书人应当承担汇票责任。

(六)商业汇票的保证

1.保证的当事人

保证是指票据债务人以外的第三人,为担保特定债务人履行票据债务而在票据上记载有关事项并签章的行为。保证的当事人为保证人与被保证人。

2.保证的格式

保证人必须在汇票或者粘单上记载下列事项:

(1)表明"保证"的字样;

(2)保证人名称和住所;

(3)被保证人的名称;

(4)保证日期；

(5)保证人签章。

保证人在票据或者粘单上未记载"被保证人名称"的,已承兑的票据,承兑人为被保证人；未承兑的票据,出票人为被保证人。保证人在票据或者粘单上未记载"保证日期"的,出票日期为保证日期。保证人在票据或者粘单上未记载"保证人名称和住所"的,以保证人的营业场所、住所或经常居住地为保证人住所。

保证人未在票据或者粘单上记载"保证"字样而另行签订保证合同或者保证条款的,不属于票据保证,而由《担保法》进行规范。

3.保证的效力

(1)保证人的责任

保证人对合法取得票据的持票人所享有的票据权利,承担保证责任。但是,被保证人的债务因票据记载事项欠缺而无效的除外。被保证的汇票,保证人应当与被保证人对持票人承担连带责任。汇票到期后不获付款的,持票人有权向保证人追索,保证人应当足额付款。

(2)共同保证人的责任

保证人为两人以上的,保证人之间承担连带责任。在共同保证的情况下,持票人可以不分先后向保证人中的一人、数人或者全体就全部票据金额及有关费用行使追索权,共同保证人不得拒绝。

(3)保证人的追索权

保证人清偿汇票债务后,可以行使持票人对被保证人及其前手的追索权。

> 知识点提要

种 类	商业承兑汇票	由银行以外的付款人承兑
	银行承兑汇票	由银行承兑
必须记载事项	表明"商业承兑汇票"或"银行承兑汇票"的字样；无条件支付的委托；确定的金额；付款人名称；收款人名称；出票日期；出票人签章(七项)	
相对记载事项	付款日期(见票即付)、付款地(3选1)、出票地(3选1)	
承 兑	提示承兑	定日付款、出票后定期付款——汇票到期日前 见票后定期付款——自出票日起1个月内 未按照规定期限提示承兑,丧失对前手的追索权
		承兑不得附有条件,承兑附有条件的,视为拒绝承兑
	效力	承兑人不得以其与出票人之间资金关系来对抗持票人
	收费	承兑银行按票面金额 0.5‰ 向出票人收取

续表

付 款	付款期限	最长不得超过6个月
	提示付款	期限自汇票到期日起10日 未按照规定期限提示付款,作出说明后出票人或承兑人仍应承担付款责任
背 书	记载事项	必须记载事项:背书人签章和被背书人名称 【提示】背书人未记载被背书人名称即交付的,被背书人自己记载与背书人记载具有同等效力 相对记载事项:背书日期(未记载视为到期前)
	粘单	粘单上的"第一记载人"(背书人),应在粘接处签章
	基本要求	背书必须连续
	附条件	所附条件不具有汇票上的效力
	部分背书	将汇票金额的一部分或将汇票金额分别转让给两人以上的背书无效
	禁止背书	(1)出票人在汇票上记载"不得转让"字样的,汇票不得转让 (2)背书人在汇票上记载"不得转让"字样,其后手再背书转让的,原背书人对后手的被背书人不承担保证责任,其只对直接的被背书人承担责任
	期后背书	"被拒绝承兑、被拒绝付款或者超过付款提示期限",不得背书转让
保 证	必须记载事项	保证字样,保证人签章
	相对记载事项	保证人住所(3选1) 被保证人(未承兑→出票人;已承兑→承兑人) 保证日期(出票日)
	【提示】法条原文:"保证人必须在汇票或者粘单上记载下列事项(绝对+相对均包括)"考试中按法条原文提问的题目请按原文回答	
	附条件	保证附有条件的不影响对汇票的保证责任
	保证责任	保证人与被保证人,保证人与保证人之间均为连带责任

四、银行汇票

(一)银行汇票的概念和适用范围

银行汇票是出票银行签发的,在见票时按照实际结算金额无条件支付给收款人或者持票人的票据。出票银行为银行汇票的付款人。单位和个人在异地、同城或同一票据交换区域的各种款项结算,均可使用银行汇票。

银行汇票一式四联,第一联为卡片,为承兑行支付票款时作付出传票;第二联为银行汇票,与第三联解讫通知一并由汇款人自带,在兑付行兑付汇票后此联做银行往来账付出传票;第三联解讫通知,在兑付行兑付后随报单寄签发行,由签发行作余款收入传票;第四联是多余款通知,在签发行结清后交汇款人。

(二)银行汇票的记载事项

银行汇票必须记载下列事项:(1)表明"银行汇票"的字样;(2)无条件支付的承诺;(3)确定的金额;(4)付款人名称;(5)收款人名称;(6)出票日期;(7)出票人签章。

(三)银行汇票的基本规定

1.银行汇票可以用于转账,标明"现金"字样的银行汇票也可以提取现金。签发现金银行汇票,申请人和收款人必须均为个人,单位不得签发现金银行汇票。

2.银行汇票的付款人为银行汇票的出票银行,银行汇票的付款地为代理付款人或出票人所在地。

3.银行汇票的出票人在票据上的签章,应为经中国人民银行批准使用的该银行汇票专用章加其法定代表人或其授权经办人的签名或者盖章。

4.银行汇票的提示付款期限为自出票日起一个月内。持票人超过付款期限提示付款的,代理付款人(银行)不予受理。

5.银行汇票可以背书转让,但填明"现金"字样的银行汇票不得背书转让。银行汇票的背书转让以不超过出票金额的实际结算金额为准。未填写实际结算金额或实际结算金额超过出票金额的银行汇票不得背书转让。

6.填明"现金"字样和代理付款人的银行汇票丧失,可以由失票人通知付款人或者代理付款人挂失止付。

7.银行汇票丧失的,失票人可以凭人民法院出具的其享有票据权利的证明,向出票银行请求付款或退款。

(四)银行汇票申办和兑付的基本规定

收款人受理银行汇票依法审查无误后,应在出票金额以内,根据实际需要的款项办理结算,并将实际结算金额和多余金额填入银行汇票和解讫通知的有关栏内。未填明实际结算金额和多余金额或实际结算金额超过出票金额的,银行不予受理。银行汇票的实际结算金额不得更改,更改实际结算金额的银行汇票无效。

持票人向银行提示付款时,必须同时提交银行汇票和解讫通知,缺少任何一联,银行不予受理。

持票人超过提示付款期限向代理付款银行提示付款不获付款的,必须在票据权利时效内向出票银行作出说明,并提供本人身份证件或单位证明,持银行汇票和解讫通知向出票银行请求付款。

知识点提要

出 票	申请人或收款人一方为单位,不得申请"现金"银行汇票 填明"现金"字样的银行汇票不得背书转让
	必须记载事项:七项

续表

实际结算金额	(1)未填明实际结算金额和多余金额或者实际结算金额超过出票金额的,银行不予受理且不得背书转让 (2)实际结算金额不得更改,更改的银行汇票无效
提示付款	提交:银行汇票+解讫通知
	期限:自出票日起1个月
	超期:"代理付款人"不予受理,作出说明后"出票行"仍应承担付款责任

五、银行本票

(一)银行本票的概念

本票是指出票人签发的,承诺自己在见票时无条件支付确定的金额给收款人或者持票人的票据。在我国,本票仅限于银行本票,即银行出票,银行付款。

(二)银行本票的适用范围

银行本票可以用于转账,注明"现金"字样的银行本票可以用于支取现金。申请人或收款人为单位的,不得申请签发现金银行本票。单位和个人在同一票据交换区域需要支付各种款项,均可以使用银行本票。

(三)银行本票的记载事项

签发银行本票必须记载下列事项:(1)表明"银行本票"的字样;(2)无条件支付的承诺;(3)确定的金额;(4)收款人名称;(5)出票日期;(6)出票人签章。欠缺记载上列事项之一的,银行本票无效。

(四)银行本票的提示付款期限

银行本票的提示付款期限自出票日起最长不得超过2个月。持票人超过付款期限提示付款的,代理付款人不予受理。持票人超过提示付款期限不获付款的,在票据权利时效内向出票银行作出说明,并提供本人身份证件或单位证明,可持银行本票向出票银行请求付款。持票人未按照规定期限提示见票的,丧失对出票人以外的前手的追索权。

☞ 知识点提要

基本当事人	出票人+收款人
使用范围	可以用于转账,填明"现金"字样的也可以用于支取现金,但申请人或收款人一方为单位,不得申请现金银行本票
出票	必须记载事项:六项(无付款人名称)
提示付款	自出票日起2个月 未按规定期限提示付款,丧失对出票人以外的前手的追索权

任务五　掌握银行卡制度

一、银行卡的概念与分类

(一)银行卡的概念

银行卡是指经批准由商业银行(含邮政金融机构)向社会发行的具有消费信用、转账结算、存取现金等全部或部分功能的信用支付工具。

(二)银行卡的分类

1.按照发行主体是否在境内,银行卡可分为境内卡和境外卡

境内卡是指由境内商业银行发行的,既可以在境内使用,也可以在境外使用的银行卡。境内卡按照发行对象不同分为个人卡和单位卡。个人卡是指发卡银行向个人发行的银行卡;单位卡是指发卡银行向企业、机关、事业单位和社会团体法人签发的,并由法人授权特定人使用的银行卡。

境外卡是指由境外设立的外资金融机构或外资非金融机构发行的,可以在境内使用的银行卡。

2.按照是否给予持卡人授信额度,银行卡可分为信用卡和借记卡

信用卡是指发卡银行向持卡人签发的,给予存款人一定信用额度,持卡人可在信用额度内先消费、后还款的银行卡;信用卡按是否向发卡银行交存备用金分为贷记卡和准贷记卡两类。贷记卡是指发卡银行给予持卡人一定的信用额度,持卡人可在信用额度内先消费、后还款的信用卡,它具有透支消费、期限内还款可免息等特点。准贷记卡是指持卡人须先按发卡银行要求交存一定金额的备用金,当备用金账户余额不足支付时,可在发卡银行规定的信用额度内透支的信用卡。

借记卡是指发卡银行向持卡人签发的,没有信用额度,持卡人先存款、后使用的银行卡。借记卡不能透支。

3.按照账户币种的不同,银行卡可分为人民币卡、外币卡和双币种卡

人民币卡是指存款、信用额度均为人民币,并且应当以人民币偿还的银行卡。

外币卡是指存款、信用额度均为外币,并且应当以外币偿还的银行卡。

双币种卡是指存款、信用额度同时有人民币和外币两个账户的银行卡。

4.按照信息载体的不同,银行卡可分为磁条卡和芯片卡

磁条卡是以液体磁性材料或磁条为信息载体,将液体磁性材料涂覆在卡片上(如存折)或将宽约614mm的磁条压贴在卡片上(如常见的银联卡)。

芯片卡容量大,其工作原理类似于微型计算机,能够同时具备多种功能。芯片卡又分为纯芯片卡和磁条芯片复合卡,现在正以其高安全性和多功能应用成为全球银行卡的发展趋势。

二、银行卡账户与交易

(一)银行卡交易的基本规定

1.单位人民币卡可办理商品交易和劳务供应款项的结算,但不得透支。单位卡不得支取现金。

2.信用卡持卡人通过自动柜员机(ATM 机)等自助机具办理现金提取业务,每卡每日累计不得超过人民币 1 万元;持卡人通过柜面办理现金提取业务、通过各类渠道办理现金转账业务的每卡每日限额,由发卡机构与持卡人通过协议约定;发卡机构可自主确定是否提供现金充值服务,并与持卡人协议约定每卡每日限额。发卡机构不得将持卡人信用卡预借现金额度内资金划转至其他信用卡,以及非持卡人的银行结算账户或支付账户。发卡银行应当对借记卡持卡人在 ATM 取款设定交易上限,每卡每日累计提款不得超过 2 万元人民币。储值卡的面值或卡内币值不得超过 1000 元人民币。

3.持卡人透支消费享受免息还款期和最低还款额待遇的条件和标准等,由发卡机构自主确定。

4.发卡银行通过下列途径追偿透支款项和诈骗款项:扣减持卡人保证金、依法处理抵押物和质押物;向保证人追索透支款项;通过司法机关的诉讼程序进行追偿。

(二)银行卡的资金来源

单位卡账户的资金,一律从其基本存款账户转账存入,不得交存现金,不得将销货收入的款项存入单位卡账户。

个人卡在使用过程中,需要向其账户续存资金的,只限于其持有的现金存入和工资性款项及属于个人的劳务报酬、投资回报等收入转账存入。严禁将单位的款项转账存入个人卡账户。

(三)银行卡的计息和收费

1.计息

(1)发卡银行对借记卡(不含储值卡)账户内的存款,按照中国人民银行规定的同期同档次存款利率及计息办法计付利息。

(2)发卡银行对储值卡(含 IC 卡的电子钱包)内的币值不计付利息。

(3)免息还款期和最低还款额待遇。

贷记卡持卡人非现金交易享受如下优惠条件:

第一,免息还款期待遇。银行记账日至发卡银行规定的到期还款日之间为免息还款期。第二,最低还款额待遇。持卡人在到期还款日前偿还所使用全部银行款项有困难的,可按照发卡银行规定的最低还款额还款。

(4)利率标准

对信用卡透支利率实行上限和下限管理,透支利率上限为日利率万分之五,透支利率下限为日利率万分之五的 0.7 倍。信用卡透支的计结息方式,以及对信用卡溢缴款是否计付利息及其利率标准,由发卡机构自主确定。发卡机构应在信用卡协议中以显著方式提示信用卡利率标准和计结息方式。

2.收费

收费是指商业银行办理银行卡收单业务向商户收取结算手续费。银行卡收单业务是指签约商业银行向商户提供的本外币资金结算服务。

3.违约金和服务费用

对信用卡持卡人违约逾期未还款的行为,发卡机构应与持卡人通过协议约定是否收取违约金,以及相关收取方式和标准。发卡机构对向持卡人收取的违约金和年费、取现手续费、货币兑换费等服务费用不得计收利息。

4.信用卡预借现金业务

信用卡预借现金业务包括现金提取、现金转账和现金充值。

5.非本人授权交易的处理

持卡人提出伪卡交易和账户盗用等非本人授权交易时,发卡机构应及时引导持卡人留存证据,按照相关规则进行差错争议处理,并定期向持卡人反馈处理进度。

(四)银行卡的申领、注销、挂失

1.银行卡的申领

凡在中国境内金融机构开立基本存款账户的单位,可凭中国人民银行核发的开户许可证申领单位卡。单位卡可申领若干张,持卡人资格由申领单位法定代表人或其委托的代理人书面指定和注销。

凡具有完全民事行为能力的公民,可凭本人有效身份证件及发卡银行规定的相关证明文件申领个人卡。个人卡的主卡持卡人,可为其配偶及年满18周岁的亲属申领附属卡,附属卡最多不得超过两张,主卡持卡人有权要求注销其附属卡。

2.银行卡的注销

持卡人在还清全部交易款项、透支本息和有关费用后,有下列情形之一的,可申请办理销户:

(1)信用卡有效期满45天后,持卡人不更换新卡的;
(2)信用卡挂失满45天后,没有附属卡又不更换新卡的;
(3)信誉不佳,被列入止付名单,发卡银行已收回其信用卡45天的;
(4)持卡人因故死亡,发卡银行已回收其信用卡45天的;
(5)持卡人要求销户或担保人撤销担保,并已交回全部信用卡45天的;
(6)信用卡账户两年(含)以上未发生交易的;
(7)持卡人违反其他规定,发卡银行认为应该取消资格的。

发卡银行办理销户,应当收回信用卡。有效卡无法收回的,应当将其止付。

3.销户时,账户余额的处理

销户时,单位卡账户金额转入其基本存款账户,不得提取现金;个人卡账户可以转账结清,也可以提取现金。

4.银行卡的挂失

持卡人丢失银行卡,应立即持本人身份证件或其他有效证明,并按规定提供有关情况,向发卡银行或代办银行申请挂失。

知识点提要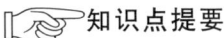

分类	发行主体是否在境内	境内卡、境外卡	
	是否给予授信额度	信用卡：贷记卡、准贷记卡	
		借记卡	
	币种	人民币卡、外币卡、双币种卡	
	信息载体	磁条卡、芯片卡	
申领	凡在我国境内金融机构开立基本存款账户的单位可申领单位卡，单位卡可申领若干张		
	具有完全民事行为能力的公民可以申请个人卡，申领的附属卡最多不得超过2张		
注销	自×××发生之日起45天后 【提示】信用卡账户"两年"及"两年以上"以上未发生交易的		
销户	销户时，单位卡账户余额转入其基本存款账户，不得提取现金；个人卡账户可以转账结清，也可以提取现金		
挂失	持卡人丢失银行卡，应立即持本人身份证件或其他有效证明，并按规定提供有关情况，向发卡银行或代办银行申请挂失		

任务六 掌握其他结算方式制度

一、汇兑

（一）汇兑的概念和分类

汇兑是汇款人委托银行将其款项支付给收款人的结算方式。汇兑结算适用于各种经济内容的异地提现和结算。

汇兑分为信汇、电汇两种。信汇是以邮寄方式将汇款凭证转给外地收款人指定的汇入行，而电汇是以电报方式将汇款凭证转发给收款人指定的汇入行。前者的费用较低，但速度相对较慢，后者的汇款速度比前者快捷，但汇款人要负担较高的电报、电传费用。此外，为了确保电报的真实性，汇出行在电报上加注双方约定的密码，而信汇则无须加注密码，签字即可，汇款人可根据实际需要选择。单位和个人的各种款项的结算，均可使用汇兑结算方式。

（二）办理汇兑的程序

1.签发汇兑凭证

汇款人签发汇兑凭证时，必须记载下列事项：(1)表明"信汇"或"电汇"的字样；(2)无条件支付的委托；(3)确定的金额；(4)收款人名称；(5)汇款人名称；(6)汇入地点、汇入行名称;(7)汇出地点、汇出行名称;(8)委托日期;(9)汇款人签章。此外汇兑凭证记载的汇款人、收款人在银行开立存款账户的,必须记载其账号。欠缺上述记载事项之一,银行不予受理。

汇款人和收款人均为个人,需要在汇入银行支取现金的,应在信汇、电汇凭证的"汇款金额"大写栏,先填写"现金"字样,后填写汇款金额。

2.银行受理

汇出银行受理汇款人签发的汇兑凭证,经审查无误后,应及时向汇入银行办理汇款,并向汇款人签发汇款回单。汇款回单只能作为汇出银行受理汇款的依据,不能作为该笔汇款已转入收款人账户的证明。

3.汇入处理

汇入银行对开立存款账户的收款人,应将汇入的款项直接转入收款人账户,并向其发出收账通知。收账通知是银行将款项确已收入收款人账户的凭据。

支取现金的,信汇、电汇凭证上必须有按规定填明的"现金"字样,才能办理。未填明"现金"字样需要支取现金的,由汇入银行按照国家现金管理规定审查支付。

收款人需要委托他人向汇入银行支取款项的,应在取款通知上签章,注明本人身份证件的名称、号码、发证机关和"代理"字样以及代理人姓名。代理人代理取款时,也应在取款通知上签章,注明其身份证件的名称、号码及发证机关,并同时交验代理人和被代理人的身份证件。

转账支付的,应由原收款人填制支款凭证,并由本人向银行交验其身份证件办理支付款项。该账户的款项只能转入单位或个体工商户的存款账户,严禁转入储蓄卡和信用卡账户。

转汇的,应由原收款人向银行填制信、电汇凭证,并由本人交验其身份证件。转汇的收款人必须是原收款人。原汇入银行必须在信、电汇凭证上加盖"转汇"戳记。

(三)汇兑的撤销和退汇

1.汇兑的撤销

汇款人对汇出银行尚未汇出的款项可以申请撤销。申请撤销时,应出具正式函件或本人身份证件及原信、电汇回单。汇出银行只有在查明确未汇出款项,并收回原信、电汇回单时,方可办理撤销手续。

2.汇兑的退汇

汇款人对汇出银行已经汇出的款项可以申请退汇。转汇银行不得受理汇款人或汇出银行对汇款的撤销或退汇。

对在汇入银行开立存款账户的收款人,由汇款人与收款人自行联系退汇。若汇款人与收款人不能达成一致退汇的意见,则不能办理退汇。

对在汇入银行未开立存款账户的收款人,汇款人应出具正式函件或本人身份证件以及原信、电汇回单,由汇出银行通知汇入银行,经汇入银行核实汇款确未支付,并将款项退回汇出银行,方可办理退汇。

汇入银行对于收款人拒绝接受的汇款,应即办理退汇。

汇入银行对于向收款人发出取款通知,经过2个月无法交付的汇款,应主动办理退汇。

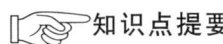知识点提要

分类	信汇、电汇	
适用范围	单位、个人、同城、异地 【提示】提现,双方必须均为个人	
汇款回单	汇出银行"受理"汇款的依据	
收账通知	银行将款项"确已收入"收款人账户的凭据	
撤汇	汇出银行"尚未汇出"	转汇行不得办理
退汇	汇出银行"已经汇出" (1)收款人拒收,银行"立即"办理退汇(明确表示) (2)经过"2个月"无法交付的汇款,银行应主动办理退汇(未明确表示)	

二、委托收款

(一)委托收款的概念

委托收款是收款人委托银行向付款人收取款项的结算方式。单位和个人凭已承兑商业汇票、债券、存单等付款人债务证明办理款项的结算,均可以使用委托收款结算方式,委托收款在同城、异地均可以使用,其结算款项的划回方式分为邮寄和电报两种,由收款人选用。

(二)委托收款的记载事项

签发托收凭证必须记载下列事项:(1)表明"委托收款"的字样;(2)确定的金额;(3)付款人名称;(4)收款人名称;(5)委托收款凭据名称及附寄单证张数;(6)委托日期;(7)收款人签章。

委托收款以银行以外的单位为付款人的,委托收款凭证必须记载付款人开户银行名称;以银行以外的单位或在银行开立存款账户的个人为收款人的,委托收款凭证必须记载收款人开户银行名称;未在银行开立存款账户的个人为收款人的,委托收款凭证必须记载被委托银行名称。

(三)委托收款的结算规定

1.委托收款办理方法

收款人办理委托收款应向银行提交委托收款凭证和有关的债务证明。银行接到寄来的委托收款凭证及债务证明,审查无误后办理付款。

(1)以银行为付款人的,银行应在当日将款项主动支付给收款人。

(2)以单位为付款人的,银行通知付款人后,付款人应于接到通知当日书面通知银行付款。

银行在办理划款时,付款人存款账户不能足额支付的,应通过被委托银行向收款人发出未付款项通知书。

2.委托收款的注意事项

(1)付款人审查有关债务证明后,对收款人委托收取的款项需要拒绝付款的,有权提出拒绝付款。

(2)收款人收取公用事业费,必须具有收付双方事先签订的经济合同,由付款人向开户银行授权,并经开户银行同意,报经中国人民银行当地分支行批准,可以使用同城特约委托收款。

三、托收承付

(一)托收承付的概念

托收承付是指根据购销合同由收款人发货后委托银行向异地付款人收取款项,由付款人向银行承付的结算方式。

使用托收承付结算方式的收款单位和付款单位,必须是国有企业、供销合作社以及经营管理较好并经开户银行审查同意的城乡集体所有制工业企业。

办理托收承付结算的款项,必须是商品交易以及因商品交易而产生的劳务供应的款项。代销、寄销、赊销商品的款项不得办理托收承付结算。

托收承付结算每笔的金额起点为1万元,新华书店系统每笔的金额起点为1000元。

(二)托收承付的结算规定

托收凭证必须记载下列事项:(1)表明"托收承付"的字样;(2)确定的金额;(3)付款人的名称和账号;(4)收款人的名称和账号;(5)付款人的开户银行名称;(6)收款人的开户银行名称;(7)托收附寄单证张数或册数;(8)合同名称、号码;(9)委托日期;(10)收款人签章。欠缺上述记载事项之一的,银行不予受理。

(三)托收承付的办理方法

1.托收

收款人按照签订的购销合同发货后,应将托收凭证并附发运凭证或其他符合托收承付结算的有关证明和交易单证送交银行。

收款人开户银行接到托收凭证及其附件后,应当按照托收的范围、条件和托收凭证记载的要求认真进行审查,必要时还应查验收付款人签订的购销合同。电划比邮划速度快,托收方可以根据缓急程度选用。

2.承付

付款人开户银行收到托收凭证及其附件后,应当及时通知付款。付款人应在承付期内审查核对,安排资金。购货单位承付货款有验单承付和验货承付两种方式。

验单承付期为3天,从购货单位开户银行发出承付通知的次日算起(承付期内遇法定休假日顺延);验货付款的承付期为10天,从运输部门向付款人发出提货通知的次日算起,付款人在承付期内,未向银行表示拒绝付款,银行即视作承付,并在承付期满的次日(遇法定休假日顺延)上午将款项划给收款人。

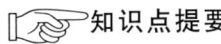知识点提要

适用范围	主体限制	必须国有企业、供销合作社以及经营管理较好，并经开户银行审查同意的城乡集体所有制工业企业
	内容限制	必须商品交易或因商品交易而产生的劳务供应款项。代销、寄销、赊销商品的款项，不得办理托收承付结算
	金额限制	每笔金额起点为1万元（新华书店为1000元）
	合同限制	双方在购销合同上订明使用托收承付结算方式
	凭证限制	收款人办理托收，必须具有商品确已发运的证件
使用规定	承付	(1)验单付款：承付期3天（承付期内遇法定休假日顺延），从付款人开户银行发出承付通知的次日算起 (2)验货付款：承付期10天，从运输部门向付款人发出提货通知的次日算起 【提示】付款人在承付期内，未表示拒付，银行即视作承付，并在"承付期满的次日"（遇法定休假日顺延）将款项主动划给收款人

四、国内信用证

(一)国内信用证的概念

国内信用证（简称信用证）是适用于国内贸易的一种支付结算方式，是开证银行依照申请人（购货方）的申请向受益人（销货方）开出的有一定金额、在一定期限内凭信用证规定的单据支付款项的书面承诺。

我国信用证为不可撤销、不可转让的跟单信用证。不可撤销信用证是指信用证开具后在有效期内，非经信用证各有关当事人（即开证银行、开证申请人和受益人）的同意，开证银行不得修改或者撤销的信用证；不可转让信用证是指受益人不能将信用证的权利转让给他人的信用证。

(二)国内信用证的结算方式

国内信用证结算方式只适用于国内企业之间商品交易产生的货款结算，并且只能用于转账结算，不得支取现金。

(三)国内信用证办理的基本程序

1.开证

(1)开证申请

开证银行与申请人在开证前应签订明确双方权利义务的协议。开证行可要求申请人交存一定数额的保证金，并可根据申请人资信情况要求其提供抵押、质押、保证等合法有效的担保。开证申请人申请开立信用证，须提交其与受益人签订的贸易合同。

(2)受理开证

开证行应根据贸易合同及开证申请书等文件，合理、审慎设置信用证付款期限、有效

期、交单期、有效地点。

信用证的基本条款包括：表明"国内信用证"的字样；开证申请人名称及地址；开证行名称及地址；受益人名称及地址；通知行名称；开证日期，开证日期格式应按年、月、日依次书写；信用证编号；不可撤销信用证；信用证有效期及有效地点；是否可转让，可转让信用证须记载"可转让"字样并指定一家转让行；是否可保兑，保兑信用证须记载"可保兑"字样并指定一家保兑行；是否可议付，议付信用证须记载"议付"字样并指定一家或任意银行作为议付行；信用证金额，金额须以大、小写同时记载；付款期限；货物或服务描述；溢短装条款（如有）；货物贸易项下的运输交货或服务贸易项下的服务提供条款。

2.保兑

保兑是指保兑行根据开证行的授权或要求，在开证行承诺之外作出的对相符交单付款、确认到期付款或议付的确定承诺。

3.修改

开证申请人需对已开立的信用证内容修改的，应向开证行提出修改申请，明确修改的内容；增额修改的，开证行可要求申请人追加增额担保；付款期限修改的，不得超过本办法规定的信用证付款期限的最长期限；开证行发出的信用证修改书中应注明本次修改的次数；信用证受益人同意或拒绝接受修改的，应提供接受或拒绝修改的通知。如果受益人未能给予通知，当交单与信用证以及尚未接受的修改的要求一致时，即视为受益人已作出接受修改的通知，并且该信用证修改自此对受益人形成约束；对同一修改的内容不允许部分接受，部分接受将被视作拒绝接受修改；开证行自开出信用证修改书之时起，即不可撤销地受修改内容的约束。

4.通知

通知行可由开证申请人指定，如开证申请人没有指定，开证行有权指定通知行。通知行可自行决定是否通知。通知行同意通知的，应于收到信用证次日起3个营业日内通知受益人；拒绝通知的，应于收到信用证次日起3个营业日内告知开证行。开证行发出的信用证修改书，应通过原信用证通知行办理通知。

5.转让

转让是指由转让行应第一受益人的要求，将可转让信用证的部分或者全部转为可由第二受益人兑用。

可转让信用证指特别标注"可转让"字样的信用证。

6.议付

议付指可议付信用证项下单证相符或在开证行或保兑行已确认到期付款的情况下，议付行在收到开证行或保兑行付款前购买单据、取得信用证项下索款权利，向受益人预付或同意预付资金的行为。议付行审核并转递单据而没有预付或没有同意预付资金不构成议付。

7.寄单索款

受益人委托交单行交单，应在信用证交单期和有效期内填制信用证交单委托书，并提交单据和信用证正本及信用证通知书、信用证修改书正本及信用证修改通知书（如有）。交单行应在收单次日起5个营业日内对其审核相符的单据寄单。

8.付款

开证行或保兑行在收到交单行寄交的单据及交单面函（寄单通知书）或受益人直接递交的单据的次日起5个营业日内，及时核对是否为相符交单。单证相符或单证不符但开证行或保兑行接受不符点的,对即期信用证,应于收到单据次日起 5 个营业日内支付相应款项给交单行或受益人(受益人直接交单时,本节下同);对远期信用证,应于收到单据次日起 5 个营业日内发出到期付款确认书,并于到期日支付款项给交单行或受益人。

9.注销

信用证注销是指开证行对信用证未支用的金额解除付款责任的行为。开证行、保兑行、议付行未在信用证有效期内收到单据的,开证行可在信用证逾有效期一个月后予以注销。具体处理办法由各银行自定。其他情况下,须经开证行、已办理过保兑的保兑行、已办理过议付的议付行、已办理过转让的转让行与受益人协商同意,或受益人、上述保兑行(议付行、转让行)声明同意注销信用证,并与开证行就全套正本信用证收回达成一致后,信用证方可注销。

知识点提要

特 点	"不可撤销""不可转让""国内企业使用""不得提现"
有效期	最长不超过 6 个月
程 序	(1)受理时,应根据贸易合同及开证申请书等文件,合理、审慎设置信用证付款期限、有效期、交单期、有效地点 (2)开证行或保兑行在收到交单行寄交的单据及交单面函(寄单通知书)或受益人直接递交的单据的次日起 5 个营业日内,及时核对是否为相符交单 (3)议付行在受理议付申请的次日起 5 个营业日内审核信用证规定的单据并决定议付的 【注意】议付行议付信用证后,对开证行具有索偿权;对受益人具有追索权

任务七　熟悉网上支付制度

网上支付是电子支付的一种形式,它是指电子交易的当事人,包括消费者、商户、银行或者支付机构,使用电子支付手段通过信息网络进行的货币支付或资金流转。网上支付的主要方式有网上银行和第三方支付两种。

一、网上银行

(一)网上银行的概念

网上银行,也称网络银行,简称网银,就是银行在互联网上设立虚拟银行柜台,使传统银行服务不再通过物理的银行分支机构来实现,而是借助于网络与信息技术手段在互联网上实现。

(二)网上银行的分类

1.按经营模式分为单纯网上银行和分支型网上银行

单纯网上银行是完全依赖于互联网的虚拟的电子银行,它没有实际的物理柜台,一般只有一个办公地址,没有分支机构,也没有营业网点,采用互联网等高科技服务手段与客户建立密切的联系,为客户提供全方位的金融服务。

分支型网上银行是指现有的传统银行利用互联网开展传统的银行业务,即传统银行利用互联网作为新的服务手段为客户提供在线服务,实际上是传统银行服务在互联网上的延伸。

2.按主要服务对象分为企业网上银行和个人网上银行

企业网上银行主要服务于企事业单位,企事业单位可以通过企业网络银行实时了解财务状况,及时调度资金,轻松处理工资发放和大批量的网络支付业务。

个人网上银行主要服务于个人,个人可以通过个人网络银行实时查询、转账,进行网络支付和汇款。

(三)网上银行的主要功能

1.企业网上银行的功能

(1)账户信息查询。

(2)支付指令。

(3)B2B 网上支付。B2B,即企业之间进行的电子商务活动。

(4)批量支付。

2.个人网上银行的功能

(1)账户信息查询。

(2)人民币转账业务。

(3)银证转账业务。

(4)外汇买卖业务。

(5)账户管理业务。

(6)B2C 网上支付。B2C,商业机构对消费者的电子商务,指的是企业与消费者之间进行的在线式零售商业活动(包括网上购物和网上拍卖等)。

(四)网上银行业务流程及交易时的身份认证

1.客户开户流程

开户时,必须出具身份证或有关证件,并遵守有关实名制规定。

2.网上交易

网上银行的具体交易流程如下:

(1)客户使用浏览器通过互联网连接到网银中心,发出网上交易请求。

(2)网银中心接收并审核客户的交易请求,并将交易请求转发给相应成员行的业务主机。

(3)成员行业务主机完成交易处理,并将处理结果返回给网银中心。

(4)网银中心对交易结果进行再处理后,返回相应信息给客户。

3.交易时的身份认证

(1)密码。

(2)文件数字证书。

(3)动态口令卡。

(4)动态手机口令。

(5)移动口令牌。

(6)移动数字证书。

二、第三方支付

(一)第三方支付的概念

第三方支付是指经过中国人民银行批准从事第三方支付业务的非银行支付机构,借助通信、计算机和信息安全技术,采用与各大银行签约的方式,在用户与银行支付结算系统间建立连接的电子支付模式(其中通过手机端进行的,称为移动支付),本质上是一种新型的支付手段,是互联网技术与传统金融支付的有机结合。

非金融机构提供支付服务,应当取得《支付业务许可证》,成为支付机构。未经中国人民银行批准,任何非金融机构和个人不得从事或变相从事支付业务。

(二)第三方支付方式种类

1.线上支付

线上支付是指通过互联网实现的用户和商户之间、商户和商户之间的在线货币支付、资金清算等行为。

2.线下支付

线下支付是指通过非线上支付方式进行的支付行为,包括POS机刷卡支付、拉卡拉等自助终端支付、电话支付、手机近端支付等方式。

(三)第三方支付交易流程及其身份验证

1.开户

支付机构为客户开立支付账户的,应当对客户实行实名制管理,登记并采取有效措施验证客户身份基本信息,按规定核对有效身份证件并留存有效身份证件复印件或者影印件,建立客户唯一识别编码,并在与客户业务关系存续期间采取持续的身份识别措施,确保有效核实客户身份及其真实意愿,不得开立匿名、假名支付账户。支付账户不得透支,不得出借、出租、出售,不得利用支付账户从事或者协助他人从事非法活动。

2.账户充值

客户开户后,将银行卡和支付账户绑定。付款前,将银行卡中的资金转入支付账户。

3.收、付款

客户下单后,付款时,通过支付平台将自己支付账户中的虚拟资金划转到支付平台暂存,待客户收到商品并确认后,支付平台会将款项划转到商家的支付账户中,支付行为完成。

4.交易时的身份认证

支付机构可以组合选用下列三类要素,对客户使用支付账户付款进行身份验证:

(1)仅客户本人知悉的要素;

(2)仅客户本人持有并特有的,不可复制或者不可重复利用的要素;

(3)客户本人生理特征要素。

支付机构应当确保采用的要素相互独立,部分要素的损坏或者泄露不应导致其他要素损坏或者泄露。

(四)第三方支付机构及支付账户管理规定

1.支付机构应根据客户身份对同一客户在本机构开立的所有支付账户进行关联管理,并按照要求对个人支付账户进行分类管理。

(1)Ⅰ类支付账户,账户余额仅可用于消费和转账,余额付款交易自账户开立起累计不超过1000元(包括支付账户向客户本人同名银行账户转账);

(2)Ⅱ类支付账户,账户余额仅可用于消费和转账,其所有支付账户的余额付款交易年累计不超过10万元(不包括支付账户向客户本人同名银行账户转账);

(3)Ⅲ类支付账户,账户余额可以用于消费、转账以及购买投资理财等金融类产品,其所有支付账户的余额付款交易年累计不超过20万元(不包括支付账户向客户本人同名银行账户转账)。

2.支付机构办理银行账户与支付账户之间转账业务的,相关银行账户与支付账户应属于同一客户。

3.因交易取消(撤销)、退货、交易不成功或者投资理财等金融类产品赎回等原因需划回资金的,相应款项应当划回原扣款账户。

4.支付机构应根据交易验证方式的安全级别,对个人客户使用支付账户余额付款的交易进行限额管理:

(1)支付机构采用包括数字证书或电子签名在内的两类(含)以上有效要素进行验证的交易,单日累计限额由支付机构与客户通过协议自主约定;

(2)支付机构采用不包括数字证书、电子签名在内的两类(含)以上有效要素进行验证的交易,单个客户所有支付账户单日累计金额应不超过5000元(不包括支付账户向客户本人同名银行账户转账);

(3)支付机构采用不足两类有效要素进行验证的交易,单个客户所有支付账户单日累计金额应不超过1000元(不包括支付账户向客户本人同名银行账户转账),且支付机构应当承诺无条件全额承担此类交易的风险损失赔付责任。

知识点提要

网上支付		
网上银行的分类	经营模式	单纯网上银行和分支型网上银行
	主要服务对象	企业网上银行和个人网上银行
网上银行主要功能	账户信息查询,网上支付,转账等功能	
第三方支付种类	线上支付和线下支付	

配套练习 扫一扫 码上做
名师授课 | 课后练习

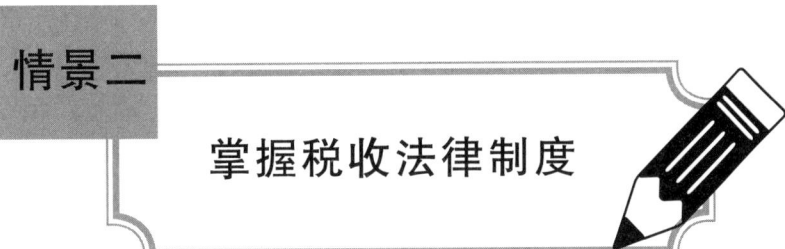

☆情景导读

情景二内容与今后的会计工作联系紧密。对有志于从事会计工作的人来说,学好税法受益终身!

☆任务目标

了 解	税收的概念及其分类、税法及其构成要素
熟 悉	熟悉税收征管的具体规定,包括税务登记管理、发票的要求、纳税申报及方式、税款征收方式、税务代理、税务检查、税收法律制度、税务行政复议等规定
掌 握	掌握增值税、消费税、企业所得税和个人所得税的相关原理及应纳税额的计算

任务一 了解税收概述

一、税收的概念与分类

(一)税收的概念与作用

1.税收的概念

税收是国家为了满足一般的社会共同需要,凭借政治权力,按照国家法律规定的标准,强制地、无偿地取得财政收入的一种特定的分配形式。

2.税收的作用

(1)税收是国家组织财政收入的主要形式和工具;

税收在保证和实现财政收入方面具有重要的作用。

(2)税收是国家调控经济运行的重要手段;

国家通过税种设置、税目与税率的调整以及加成征收或减免等手段有效调节生产、交换、分配和消费,从而达到调控经济运行的目的,促进社会经济健康发展。

(3)税收具有维护国家政权的作用;

国家政权是税收产生和存在的必要条件,而国家政权的存在又有赖于税收的存在。没有税收,国家机器就不可能有效运转。

(4)税收是国际经济交往中维护国家利益的可靠保证。

在国际经济交往中,任何国家对在本国境内从事生产经营的外国企业或个人都拥有税收管辖权,这是国家权益的具体体现。

(二)税收的特征

税收作为政府筹集财政收入的一种规范形式,具有区别于其他财政收入形式的特点。税收特征可以概括为强制性、无偿性和固定性。

1.税收的强制性

税收的强制性是指国家凭借其公共权力以法律、法令形式对税收征纳双方的权利(权力)与义务进行制约,既不是由纳税主体按照个人意志自愿缴纳,也不是按照征税主体随意征税,而是依据法律进行征税。我国宪法明确规定我国公民有依照法律纳税的义务,纳税人必须依法纳税,否则就要受到法律的制裁。税收的强制性主要体现在征税过程中。

2.税收的无偿性

税收的无偿性是指国家取得税收收入既不需偿还,也不需对纳税人付出任何对价。税收的无偿性特征,是与税收是国家凭借政治权力进行收入分配的本质相关联的,它既不是凭借财产所有权取得的收入,也不像商品交换那样需要用使用价值的转换或提供特定服务取得收入。税收的无偿性是税收的关键特征,体现了财政分配的本质,它使税收区别于其他财政收入形式,是税收"三性"的核心。

3.税收的固定性

税收的固定性是指国家征税必须通过法律形式,事先规定课税对象和课征额度,也可以理解为规范性。税收的固定性既包括时间上的连续性,又包括征收比例的固定性。课税对象、征收比例或数额等制定公布后,在一定时期内保持稳定不变,未经严格的立法程序,任何单位和个人都不得随意变更或修改征税标准。

(三)税收的分类

1.按征税对象分类

(1)流转税类

流转税是指以货物或劳务的流转额为课税对象的税种。我国现行的流转税主要包括增值税、消费税、关税等。

(2)所得税类

所得税也称收益税,是指以纳税人的各种所得额为课税对象的税种。我国现行的所得税主要包括企业所得税、个人所得税。

(3)财产税类

财产税是以纳税人所拥有或支配的特定财产数量或财产价值为征税对象的税种。

我国现行的财产税主要包括房产税、契税、车船税等。

(4)资源税类

资源税是以自然资源和某些社会资源为征税对象的税种。我国现行的资源税主要包括资源税、土地增值税、城镇土地使用税等。

(5)行为税类

行为税也称特定行为目的税，它是国家为了实现某种特定的目的，以纳税人的某些特定行为为征税对象的税收。我国现行的行为税主要包括城市维护建设税、车辆购置税等。

2.按征收管理的分工体系分类

(1)工商税类

工商税类由税务机关负责征收管理，是我国现行税制的主体部分。

(2)关税类

关税类是国家授权海关以出入关境的货物和物品为征税对象的税种。

3.按税收征收权限和收入支配权限分类

(1)中央税

中央税是指由中央政府征收和管理使用或者地方政府征税后全部划解中央，由中央所有和支配的税种。中央税主要包括消费税(含进口环节由海关代征的部分)、车辆购置税、关税、海关代征的进口环节增值税等。

(2)地方税

地方税是由地方政府征收、管理和支配的税种。地方税主要包括城镇土地使用税、耕地占用税、土地增值税、房产税、车船税、契税等。

(3)中央与地方共享税

中央与地方共享税是指税收收入由中央和地方政府按比例分享的税收。中央与地方共享税主要包括增值税、企业所得税、个人所得税等。

4.按计税标准分类

(1)从价税

从价税是以课税对象的价格作为计税依据征收的一种税，一般实行比例税率和累进税率，其应纳税额随商品价格的变化而变化，税收负担比较合理。如我国现行的增值税、企业所得税、个人所得税等税种。

(2)从量税

从量税是以课税对象的实物量作为计税依据征收的一种税，其课税数额与征税对象数量相关而与价格无关，不受征税对象价格变动的影响，一般采用定额税率，计算简便。如我国现行的车船税、城镇土地使用税、消费税中的啤酒和黄酒等。

(3)复合税

复合税是指对征税对象采用从价和从量相结合的计税方法征收的一种税，如我国现行的消费税中的卷烟、白酒等。

知识点提要

特征	强制性、无偿性(核心)、固定性		
分类	征税对象	流转税	增值税、消费税和关税
		所得税	企业所得税、个人所得税
		财产税	房产税、车船税、契税
		资源税	资源税、土地增值税、城镇土地使用税
		行为税	城市维护建设税、车辆购置税
	征收管理分工体系	工商税类	绝大多数
		关税类	进出口关税、进口环节增值税和消费税
	征收和收入支配权限	中央税	海关负责征收的税种、消费税和车辆购置税
		地方税	城镇土地使用税、耕地占用税、土地增值税、房产税、车船使用税、契税
		中央与地方共享税	增值税、企业所得税、个人所得税
	计税标准	从价税	增值税、企业所得税、个人所得税
		从量税	车船税、城镇土地使用税、消费税中的啤酒和黄酒
		复合税	消费税中的卷烟和白酒

二、税法及其构成要素

(一)税法的概念

税法是国家权力机关和行政机关制定的用以调整国家与纳税人之间在税收征纳方面的权利与义务关系的法律规范的总称。

(二)税法的分类

1.按照税法功能作用的不同,可分为税收实体法和税收程序法

(1)税收实体法

税收实体法是规定税收法律关系主体的实体权利、义务的法律规范总称。它具体规定各税种的征收对象、征收范围、税目、税率、纳税地点等。如《中华人民共和国企业所得税法》《中华人民共和国个人所得税法》都属于税收实体法。

(2)税收程序法

税收程序法是税务管理方面的法律规范。税收程序法主要包括税收管理法、纳税程序法、发票管理法、税务机关组织法、税务争议处理法等。如《中华人民共和国税收征收管理法》《中华人民共和国海关法》《进出口关税条例》都属于税收程序法。

2.按照主权国家行使税收管辖权的不同,可分为国内税法、国际税法和外国税法

(1)国内税法是指一国在其税收管辖权范围内,调整国家与纳税人之间权利义务关系的法律规范的总称,是由国家立法机关和经由授权或依法律规定的国家行政机关制定的法律、法规和规范性文件。

(2)国际税法是指两个或两个以上的课税权主体对跨国纳税人的跨国所得或财产征税形成的分配关系,并由此形成国与国之间的税收分配形式,主要包括双边或多边国家间的税收协定、条约和国际惯例等。

(3)外国税法是指外国各个国家制定的税收法律制度。

3.按照税法法律级次不同,可分为税收法律、税收行政法规、税收行政规章和税收规范性文件

(1)税收法律(狭义的税法),是由全国人民代表大会及其常务委员会制定的。税收法律的法律效力低于宪法。我国的税收法律主要包括《中华人民共和国个人所得税法》《中华人民共和国企业所得税法》和《中华人民共和国税收征收管理法》等。

(2)税收行政法规是国务院依据宪法和法律的授权所制定的有关税收方面的行政法规和规范性文件。

(3)税收规章和税收规范性文件——由国务院财税主管部门(财政部、国家税务总局、海关总署和国务院关税税则委员会)根据法律和国务院行政法规或者规范性文件的要求,在本部门权限范围内发布的有关税收事项的规章和规范性文件,包括命令、通知、公告、通告、批复、意见、函等文件形式。

(三)税法的构成要素

税法的构成要素一般由征税人、纳税人、征税对象、税目、税率、计税依据、纳税环节、纳税期限、纳税地点、减免税和法律责任等项目构成,其中,纳税义务人、征税对象、税率是构成税法的三个最基本要素。

1.征税人

征税人是指代表国家行使征税职权的各级税务机关和其他征收机关。因税种的不同,征税人也可能不同。如增值税的征税人是税务机关,关税的征税人是海关。

2.纳税义务人

纳税义务人简称纳税人,是指依法直接负有纳税义务的自然人、法人和其他组织。

纳税人有别于负税人,负税人是最终负担税款的单位和个人。在实际生活中,有的税收由纳税人自己负担,纳税人本身就是负税人,如个人所得税、企业所得税等,这一类税种我们称之为直接税;有的税收虽然由纳税人缴纳,但实际上是由别人负担的,纳税人和负税人不一致。如增值税,纳税人是商品生产和流转的各个环节中,销售商品取得增值的一方,而消费者才是税收最终的实际负担者。

纳税人有别于扣缴义务人,扣缴义务人是指法律、行政法规规定负有代扣代缴、代收代缴税款义务的单位和个人。如个人所得税的工资薪金所得,纳税人是取得工资的个人,而支付工资的单位是扣缴义务人,税款由单位在向个人支付工资时代扣代缴。

由于不是所有实体税种都有负税人和扣缴义务人的存在,因此负税人和扣缴义务人不属于税收实体法的构成要素。

3.征税对象

征税对象也称课税对象,即对什么征税。它是纳税的客体,即税收法律关系中权利

义务所指向的对象。征税对象是区别不同税种的主要标志。

4.税目

税目是税法中具体规定应当征税的项目,是征税对象的具体化。规定税目的主要目的是为了明确征税的具体范围并对不同的征税项目加以区分,从而制定高低不同的税率。

税目的制定一般采用两种方法:

(1)列举法。列举法是具体列举征税对象来确定对什么征税、对什么不征税的方式。

(2)概括法。概括法是按照商品大类或行业设计税目。概括法适用于品种类别繁杂、界限不宜划清的征税对象。

5.税率

税率是指应纳税额与征税对象的比例或征收额度,它是计算税额的尺度,也是衡量税负轻重与否的重要标志。税率的高低直接体现了国家的政策要求,直接关系到国家财政收入的多少和纳税人的负担程度,是税收法律制度中的核心要素。

我国现行税率包括比例税率、定额税率和累进税率:

(1)比例税率

比例税率是指对同一征税对象,不论其数量多少、数额大小,均按同一个比例征税的税率。我国的增值税、城市维护建设税、企业所得税等采用的是比例税率。

(2)定额税率

定额税率又称固定税额,是指按征税对象的一定单位直接规定固定的税额,而不采取百分比的形式。目前采用定额税率的有城镇土地使用税、车船税,以及消费税中的啤酒、黄酒等。

(3)累进税率

累进税率是根据征税对象数额的大小,规定不同等级的税率,即征税对象数额越大,税率越高;数额越小,税率越低,一般多在收益课税中使用。我国目前执行的累进税率形式包括超额累进税率、超率累进税率。

超额累进税率是指将应税所得额按照税法规定分解为若干段,每一段按其对应的税率计算出该段应交的税额,然后再将计算出来的各段税额相加,即为应交纳的税款。目前我国工资薪金所得应缴纳的个人所得税执行3%至45%的七级超额累进税率。

超率累进税率是指以征税对象数额的相对率划分若干级距,分别规定相应的差别税率,相对率每超过一个级距的,对超过的部分就按高一级的税率计算征税。目前我国对土地增值税执行超率累进税率。

6.计税依据

计税依据也称给税标准、课税依据、课税基数、征税基数或简称税基,是计算应纳税额的依据或标准。计税依据分为从价计征、从量计征、复合计征三种类型。

(1)从价计征

从价计征的税收是以征税对象的价值量作为计税依据。主要包括收入额、收益额、财产额、资金额等。计算公式为:

$$计税金额=征税对象的数量\times 计税价格$$
$$应纳税额=计税金额\times 适用税率$$

(2)从量计征

从量计征的税收是以征税对象自然实物量作为计税依据。主要包括重量、体积、数量、面积等。计算公式为：

$$应纳税额＝计税数量\times 单位适用税额$$

（3）复合计征

复合计征既包括从量计征又包括从价计征，即应纳税额等于应税销售数量乘以定额税率再加上应税销售额乘以比例税率。消费税中的卷烟、白酒实行复合计税办法，其计税依据为销售额和销售数量。计算公式为：

$$应纳税额＝计税金额\times 适用税率＋计税数量\times 单位适用税额$$

7.纳税环节

纳税环节主要指税法规定的征税对象在从生产到消费的流转过程中应当缴纳税款的环节。如流转税在生产和流通环节纳税，所得税在分配环节纳税等。

8.纳税期限

纳税期限是税法规定的纳税主体向税务机关缴纳税款的时间期限，包括按期纳税、按次纳税、按期预缴年终汇算清缴。纳税人必须在规定的纳税期限内缴纳税款。

9.纳税地点

纳税地点是指纳税人（包括扣缴义务人、纳税担保人）按照税法的规定向税务机关申报纳税的具体地点。

10.减免税

减免税是国家对某些纳税人和征税对象给予鼓励和照顾的一种特殊规定。

（1）减税和免税

减税是指对应征税款减征一部分；免税是对按规定应征收的税款全部免除。减税和免税具体又分为两种情况：一种是税法直接规定的长期减免项目；另一种是依法给予的一定期限内的减免税优惠，期满之后仍应按规定纳税。制定这种特殊规定，是对按税制规定的税率征税时不能解决的具体问题而采取的一种补充措施，同时体现国家鼓励和支持某些行业或项目发展的税收政策，发挥税收调节经济的作用。我国现行的税收减免权限集中于国务院，任何地区、部门不得规定减免税项目。

（2）起征点

起征点又称"征税起点"或"起税点"，是指税法规定对征税对象开始征税的起点数额。征税对象的数额达到起征点的就其全部数额征税，未达到起征点的不征税。

（3）免征额

免征额是税法规定的课税对象全部数额中免予征税的数额，是对所有纳税人的照顾。当课税对象小于起征点和免征额时，都不予征税；当课税对象大于起征点和免征额时，起征点制度要对课税对象的全部数额征税，免征额制度仅对课税对象超过免征额部分征税。

11.法律责任

税收法律责任是税收法律关系的主体因违反税法所应承担的法律后果。主要包括以下两种：一是纳税主体（纳税人和扣缴义务人）因违反税法而应承担的法律责任；二是作为征税主体的国家机关，主要是实际履行税收征收管理职能的税务机关等，因违反税法而应承担的法律责任。税收法律责任包括行政责任和刑事责任，纳税人和税务人员违反税法规定，都将依法承担法律责任。

> 知识点提要

分类			
	功能作用	实体法	《企业所得税法》等
		程序法	《税收征收管理法》《海关法》《进出口关税条例》等
	主权国家行使税收管辖权	国内税法	
		国际税法	
		外国税法	
	级次	法律	××法
		行政法规	××条例,××暂行条例
		规章和规范性文件	××办法,××暂行条例实施细则
构成要素	征税人、纳税人(★)、征税对象(★)、税目、税率(★★)、计税依据、纳税环节、纳税期限、纳税地点、减免税、法律责任		
	征税人	税务机关、海关	
	纳税人	直接负有纳税义务的自然人(包括个体经营者)、法人和其他组织	
	征税对象	区别不同税种的重要标志	
	税目	征税对象的具体化(列举法、概括法)	
	税率	计算税额的尺度,是衡量税负轻重与否的重要标志	
		形式:比例税率、定额税率、累进税率	
		累进税率:超额累进税率(个人所得税中的工资薪金所得)、超率累进税率(土地增值税)	
	计税依据	(1)从价计征:应纳税额=销售额×比例税率 (2)从量计征:应纳税额=销售数量×定额税率 (3)复合计征:应纳税额=从价+从量(卷烟、白酒)	
	减免税	区分减税和免税	
		起征点(不到不征,一到全征)、免征额(不到不征,到了也不征,只有超过了才只对超过的部分征)	

任务二 掌握主要税种概述

一、增值税

增值税是对销售货物或者提供劳务过程中实现的增值额征收的一种税。自1954年在法国率先推行以来,截至2011年3月,世界上约有171个国家和地区实行了增值税。在有的国家和地区,增值税被称为货物劳务税(如澳大利亚)或消费税(如日本),在我国台湾,被称为加值型营业税。我国于1979年引进增值税并开始进行试点。1984年9月18日,国务院发布了《中华人民共和国增值税条例(草案)》,标志着增值税作为一个法定的独立税种在我国正式建立。增值税是我国现阶段税收收入规模最大的税种。

(一)增值税的概念与分类

增值税是以销售货物、应税服务、无形资产以及不动产过程中产生的增值额作为计税依据而征收的一种流转税。增值税可以分为生产型增值税、收入型增值税和消费型增值税。我国现行增值税属于消费型增值税。

(二)增值税的征税范围

1.征税范围的基本规定

(1)销售或者进口的货物

销售货物是指有偿转让货物的所有权。货物是指有形动产,包括电力、热力、气体在内。有偿,是指从购买方取得货币、货物或者其他经济利益。

(2)提供的加工、修理修配劳务

提供加工、修理修配劳务是指有偿提供加工、修理修配劳务,但单位或个体经营者聘用的员工为本单位或雇主提供加工、修理修配劳务,不包括在内。

(3)销售服务、无形资产或者不动产

销售服务、无形资产或者不动产,是指有偿提供服务、有偿转上无形资产或者不动产,但属于下列非经营活动的情形除外:

①行政单位收取的同时满足以下条件的政府性基金或者行政事业性收费:由国务院或者财政部批准设立的政府性基金,由国务院或者省级人民政府及其财政、价格主管部门批准设立的行政事业性收费;收取时开具省级以上(含省级)财政部门监(印)制的财政票据;所收款项全额上缴财政。

②单位或者个体工商户聘用的员工为本单位或雇主提供取得工资的服务。

③单位或者个体工商户为聘用的员工提供服务。

④财政部和国家税务总局规定的其他情形。

2.销售服务、无形资产、不动产的具体内容

销售服务,是指提供交通运输服务、邮政服务、电信服务、建筑服务、金融服务、现代服务、生活服务。销售无形资产,是指转让无形资产所有权或者使用权的业务活动,无形资产包括技术、商标、著作权、商誉、自然资源使用权和其他权益性无形资产;销售不动产,是指转让不动产所有权的业务活动,不动产包括建筑物、构筑物等。

3.征收范围的特殊规定

(1)视同销售货物

单位或个体经营者的下列行为,视同销售货物:

①将货物交付其他单位或者个人代销;

②销售代销货物;

③设有两个以上机构并实行统一核算的纳税人,将货物从一个机构移送其他机构用于销售,但相关机构设在同一县(市)的除外;

④将自产、委托加工的货物用于非增值税应税项目;

⑤将自产、委托加工的货物用于集体福利或个人消费；

⑥将自产、委托加工或购进的货物作为投资，提供给其他单位或个体工商户；

⑦将自产、委托加工或购进的货物分配给股东或投资者；

⑧将自产、委托加工或购进的货物无偿赠送其他单位或个人。

（2）视同销售服务、无形资产或者不动产

下列情形视同销售服务、无形资产或者不动产：

①单位或者个体工商户向其他单位或者个人无偿提供服务，但用于公益事业或者以社会公众为对象的除外。

②单位或者个人向其他单位或者个人无偿转让无形资产或者不动产，但用于公益事业或者以社会公众为对象的除外。

③财政部和国家税务总局规定的其他情形。

（3）混合销售

一项销售行为如果既涉及货物又涉及服务，为混合销售。从事货物的生产、批发或者零售的单位和个体工商户的混合销售行为，按照销售货物缴纳增值税；其他单位和个体工商户的混合销售行为，按照销售服务缴纳增值税。上述从事货物的生产、批发或者零售的单位和个体工商户，包括以从事货物的生产、批发或者零售为主，并兼营销售服务的单位和个体工商户在内。

（4）兼营

兼营是指纳税人的经营范围既包括销售货物和应税劳务，又包括销售服务、无形资产或者不动产。与混合销售不同的是，兼营是指销售货物、应税劳务、服务、无形资产或者不动产不同时发生在同一购买者身上，也不发生在同一项销售行为中。纳税人销售货物、加工修理修配劳务、服务、无形资产或者不动产适用不同税率或者征收率的，应当分别核算适用不同税率或者征收率的销售额，未分别核算销售额的，按照以下方法适用税率或者征收率：

①兼有不同税率的销售货物、加工修理修配劳务、服务、无形资产或者不动产，从高适用税率。

②兼有不同征收率的销售货物、加工修理修配劳务、服务、无形资产或者不动产，从高适用征收率。

③兼有不同税率和征收率的销售货物、加工修理修配劳务、服务、无形资产或者不动产，从高适用税率。

知识点提要

一般范围	销售或进口货物	货物指"有形动产"，包括电力、热力、气体
	提供的加工、修理修配劳务	有偿提供加工、修理修配劳务
	销售服务、无形资产或者不动产	有偿提供服务、有偿转让无形资产或者不动产

续表

视同销售	（1）委托代销；（2）销售代销货物；（3）异地（非同一县市）移送 （4）"自产、委托加工"的货物无论"对内、对外"均视同销售 （5）"购进"的货物只有"对外"才视同销售 对内行为：非增值税应税项目、集体福利、个人消费 对外行为：投资、分配股利、无偿赠送 【理解要点】税收公平原则；纳税链条的完整；内外有别	
混合销售	"一项"销售行为	从事货物的生产、批发或者零售的单位和个体工商户的混合销售行为，按照销售货物缴纳增值税 其他单位和个体工商户的混合销售行为，按照销售服务缴纳增值税
兼营	兼营是指纳税人的经营范围既包括销售货物和应税劳务，又包括销售服务、无形资产或者不动产。与混合销售不同的是，兼营是指销售货物、应税劳务、服务、无形资产或者不动产不同时发生在同一购买者身上，也不发生在同一项销售行为中	

（三）增值税的纳税人

在我国境内销售货物、应税服务、无形资产以及不动产的单位和个人，为增值税纳税人。按照经营规模的大小和会计核算健全与否等标准，增值税纳税人可分为一般纳税人和小规模纳税人。

1.增值税一般纳税人

增值税一般纳税人是指年应征增值税销售额（以下简称"年应税销售额"，包括一个公历年度内的全部应税销售额）超过法律规定的小规模纳税人标准的企业和企业性单位。一般纳税人的特点是增值税进项税额可以抵扣销项税额。

下列纳税人不属于一般纳税人：①年应税销售额未超过小规模纳税人标准的企业；②除个体经营者以外的其他个人；③非企业性单位；④不经常发生增值税应税行为的企业。

2.增值税小规模纳税人

小规模纳税人是指年应征增值税销售额500万元及以下的增值税纳税人。

按照《中华人民共和国增值税暂行条例实施细则》第二十八条规定已登记为增值税一般纳税人的单位和个人，在2018年12月21日前，可转登记为小规模纳税人，其未抵扣的进项税额作转出处理。

知识点提要

分类	标准	计税规定
小规模纳税人	年应征增值税销售额≤500万元	简易征税 可以自愿使用增值税发票管理系统自行开具增值税专用发票（也可以到税务机关代开）
一般纳税人	超过小规模纳税人认定标准	执行税款抵扣制

续表

【提示】按照《中华人民共和国增值税暂行条例实施细则》第二十八条规定已登记为增值税一般纳税人的单位和个人,在 2018 年 12 月 31 日前,可转登记为小规模纳税人,其未抵扣的进项税额作为转出处理。

(四)增值税税率和征收率

我国增值税采用比例税率,分为基本税率、低税率和零税率三档,适用于一般纳税人。小规模纳税人和采用简易办法征税的一般纳税人适用征收率。

1. 基本税率

基本税率为 13%,适用于纳税人销售或者进口货物(适用 9% 的低税率的除外),提供加工、修理修配劳务,以及有形动产租赁服务。

2. 低税率

低税率分以下两档:

(1) 9%

提供交通运输、邮政、基础电信、建筑、不动产租赁服务,销售不动产,转让土地使用权;粮食、食用植物油、自来水、暖气、冷气、热水、煤气、石油液化气、天然气、沼气、居民用煤炭制品;图书、报纸、杂志;饲料、化肥、农药、农机(不包括农机零部件)、农膜;国务院规定的其他货物,税率为 9%。

(2) 6%

纳税人销售增值电信服务、金融服务、现代服务和生活服务,销售土地使用权以外的无形资产,税率为 6%。

3. 零税率

纳税人出口货物,税率为零,国务院另有规定的除外。跨境销售服务、无形资产或者不动产行为,税率为零,具体范围由财政部和国家税务总局另行规定。

4. 征收率

增值税征收率为 3%,财政部和国家税务总局另有规定的除外。

知识点提要

13%	(1) 一般纳税人,除低税率适用范围和销售旧货适用征收率外 (2) 加工修理修配劳务 (3) 有形动产租赁服务
9%	四大类:基本温饱、精神文明、农业生产、生活能源 (1) 交通运输、邮政、基础电信、建筑、不动产租赁服务,销售不动产,转让土地使用权 (2) 低税率中的农产品是指"一般纳税人"销售或进口农产品 (3) 农产品指初级农产品,不包括再加工产品 (4) 食用植物油、居民用煤炭、农机(易错点)
6%	增值电信服务、金融服务、现代服务和生活服务,销售土地使用权以外的无形资产
0	"出口"货物(国务院另有规定的除外)
3%	小规模纳税人适用

(五)增值税一般纳税人应纳税额的计算

我国增值税实行扣税法。一般纳税人凭增值税专用发票及其他合法扣税凭证注明的税款进行抵扣,应纳增值税额的计算公式为:

应纳增值税＝当期销项税额－当期进项税额＝当期销售额×适用税率－当期进项税额

当期销项税额小于进项税额时,其不足抵扣的部分可以结转到下期继续抵扣。

1. 销售额

销售额包括纳税人向购买方收取的全部价款和价外费用。纳税人采用销售额和销项税额合并定价的,按下列公式计算销售额:

不含税销售额＝含税销售额÷(1＋增值税税率)

2. 销项税额

销项税额＝销售额×适用税率

3. 进项税额

(1)准予抵扣的进项税额

①从销售方取得的增值税专用发票(含税控机动车销售统一发票)上注明的增值税额。

②从海关取得的海关进口增值税专用缴款书上注明的增值税额。

③购进农产品,除取得增值税专用发票或者海关进口增值税专用缴款书外,按照农产品收购发票或者销售发票上注明的农产品买价和9%的扣除率计算进项税额。计算公式为:

进项税额＝买价×扣除率

④从境外单位或者个人购进服务、无形资产或不动产,自税务机关或者扣缴义务人取得的解缴税款的完税凭证上注明的增值税额。

(2)不得抵扣的进项税额

①用于简易计税方法计税项目免征增值税项目、集体福利或者个人消费的购进货物、加工修理修配劳务、服务、无形资产和不动产。

②非正常损失的购进货物以及相关的加工修理修配劳务和交通运输服务。

③非正常损失的在产品、产成品所耗用的购进货物(不包括固定资产)、加工修理修配劳务和交通运输服务。

④非正常损失的不动产,以及该不动产所耗用的购进货物、设计服务和建筑服务。

⑤非正常损失的不动产在建工程所耗用的购进货物、设计服务和建筑服务。纳税人新建、改建、扩建、修缮、装饰不动产,均属于不动产在建工程。

⑥购进的旅客运输服务、贷款服务、餐饮服务、居民日常服务和娱乐服务。

⑦财政部和国家税务总局规定的其他情形。

(六)增值税小规模纳税人应纳税额的计算

小规模纳税人实行简易办法征收增值税,并不得抵扣进项税额。其应纳税额计算公式为:

应纳税额＝销售额×征收率

小规模纳税人采用销售额和应纳税额合并定价方法的,应其换算为不含税销售额,其计算公式为

不含税销售额＝含税销售额÷(1＋征收率)

知识点提要

销项税额	销售额	全部价款＋价外费用
	不属于价外费用	销项税额＋凡合理的代收款项,确非企业收入,则不作为价外费用 【提示】价外费用为含增值税的销售额
	价税分离	不含税销售额＝含税销售额÷(1＋13%)或(1＋9%) 【注意】默认含税销售额:(1)零售价;(2)价外费用;(3)普通发票
进项税额	凭票抵扣	增值税"专用"发票(机动车销售统一发票)、进口增值税"专用"缴款书 【特别注意】购入自用的"两车一艇进项税额准予抵扣"
	计算抵扣	购进免税农产品,扣除率9% 凭"农产品收购发票""农产品销售发票"计算
	不得抵扣	(1)外购货物对内 (2)因"管理不善"导致的"非正常损失"的购进货物及相关的应税劳务 (3)接受的"旅客"运输服务
小规模纳税人		执行简易征收办法
		应纳税额＝含税销售额÷(1＋征收率)×征收率

(七)增值税的征收管理

1.纳税义务发生时间

(1)采用直接收款方式销售货物,不论货物是否发出,均为收到销售款或者取得索取销售款项凭证的当天;先开具发票的,为开具发票的当天。

(2)纳税人发生销售服务、无形资产或者不动产行为的,为收讫销售款或者取得索取销售款项凭据的当天;先开具发票的,为开具发票的当天。

(3)采取托收承付和委托银行收款方式销售货物,为发出货物并办妥托收手续的当天。

(4)采取赊销和分期收款方式销售货物,为书面合同约定的收款当天,无书面合同或者书面合同没有约定收款日期的,为货物发出的当天。

(5)采取预收货款方式销售货物,为货物发出的当天;但生产销售生产工期超过12个月的大型机械设备、船舶、飞机等货物,为收到预收款或者书面合同约定的收款日期的当天。

纳税人提供有形动产租赁服务采取预收款方式的,其纳税义务发生时间为收到预收款的当天。

纳税人提供建筑服务、租赁服务采取预收款方式的,其纳税义务发生时间为收到预

收款的当天。

(6)委托其他纳税人代销货物,为收到代销单位的代销清单或者收到全部或者部分货款的当天;未收到代销清单及货款的,为发出代销货物满180天的当天。

(7)纳税人从事金融商品转让的,为金融商品所有权转移的当天。

(8)纳税人发生视同销售货物行为,为货物移送的当天。纳税人发生视同销售服务、无形资产或者不动产行为的,其纳税义务发生时间为销售服务、无形资产转让完成的当天或者不动产权属变更的当天。

(9)纳税人进口货物,纳税义务发生时间为报关进口的当天。

(10)增值税扣缴义务发生时间为纳税人增值税纳税义务发生的当天。

2.纳税期限

增值税的纳税期限分别为1日、3日、5日、10日、15日、1个月或者1个季度。纳税人的具体纳税期限,由主管税务机关根据纳税人应纳税额的大小分别核定。以1个季度为纳税期限的规定适用于小规模纳税人、银行、财务公司、信托投资公司、信用社,以及财政部和国家税务总局规定的其他纳税人;不能按照固定期限纳税的,可以按次纳税。

纳税人以1个月或者1个季度为一个纳税期的,自期满之日起15日内申报纳税;以1日、3日、5日、10日或者15日为一个纳税期的,自期满之日起5日内预缴税款,于次月1日起15日内申报纳税并结清上月应纳税款。

3.纳税地点

纳税人进口货物,应当向报关地海关申报纳税。纳税人销售货物、应税服务、无形资产以及不动产,均应按照法律规定的地点申报纳税。

☞ **知识点提要**

纳税义务发生时间	直接收款		收到销售款或取得索取销售款凭据的当天
	托收承付和委托收款		"发出货物"并办妥托收手续的当天
	赊销和分期收款		合同约定的收款日期的当天
	预收	货款	货物发出的当天
		有形动产租赁	收到预收款的当天
	委托代销		收到代销清单或者收到全部或部分货款的当天
	视同销售		货物移送的当天
	进口货物		报关进口的当天
	先开发票		开具发票的当天
纳税地点	纳税人进口货物,应当向报关地海关申报纳税。纳税人销售货物、应税服务、无形资产以及不动产,均应按照法律规定的地点申报纳税		
纳税期限	1日、3日、5日、10日、15日、1个月或1个季度+按次 申报、纳税时间:以一个月或一个季度为纳税期间,自期满之日起15日内 【提示】增值税、消费税纳税期限相同		

二、消费税

消费税是国际上普遍采用的对特定的某些消费品和消费行为征收的一种间接税。1950年1月,我国曾在全国范围内统一征收了特种消费税,当时的征收范围只限于电影戏剧及娱乐、舞厅、筵席、冷食、旅馆等消费行为。1953年修订税制时,将其取消。1989年针对当时流通领域出现的彩色电视机、小轿车等商品供不应求的矛盾,为了调节消费,从2月1日起在全国范围内对彩色电视机和小轿车开征了特别消费税,后来由于彩电市场供求状况有了改善,1992年4月24日取消了对彩电征收的特别消费税。在总结以往经验和参照国际做法的基础上,顺应社会和经济发展的需要,1993年12月13日,国务院颁布了《中华人民共和国消费税暂行条例》,同年12月25日,财政部发布了《中华人民共和国消费税暂行条例实施细则》,自1994年1月1日起,对当时11种需要限制或调节的消费品开征了消费税。

根据国家产业政策和消费政策的要求,对消费品有选择地征收消费税,可以合理地调节消费行为,正确引导消费需求,间接调节收入分配和引导投资流向。消费税与增值税、关税等相配合,构成我国流转税新体系。

(一)消费税的概念

消费税是对在我国境内从事生产、委托加工和进口应税消费品的单位和个人征收的一种流转税,是对特定的消费品和消费行为在特定的环节征收的一种流转税。

(二)消费税的征税范围

1.生产应税消费品

生产应税消费品在生产销售环节征税。纳税人将生产的应税消费品换取生产资料、消费资料、投资入股、偿还债务,以及用于继续生产应税消费品以外的其他方面都应缴纳消费税。

2.委托加工应税消费品

委托加工应税消费品是指委托方提供原料和主要材料,受托方只收取加工费和代垫部分辅助材料加工的应税消费品。

委托加工的应税消费品,除受托方为个人外,由受托方向委托方交货时代收代缴税款;委托个人加工的应税消费品,由委托方收回后缴纳消费税。

委托加工的应税消费品,委托方用于连续生产应税消费品的,所纳税款准予按规定抵扣;直接出售的,不再缴纳消费税。

3.进口应税消费品

单位和个人进口应税消费品,于报关进口时由海关代征消费税。

4.批发、零售应税消费品

零售环节征收消费税的金银首饰仅限于金基、银基合金首饰以及金、银和金基、银基合金的镶嵌首饰。

对既销售金银首饰,又销售非金银首饰的生产、经营单位,应将两类商品划分清楚,分别核算销售额。

金银首饰连同包装物一起销售的,无论包装物是否单独计价,也无论会计上如何核算,均应并入金银首饰的销售额,计征消费税。

纳税人采用以旧换新(含翻新改制)方式销售的金银首饰,应按实际收取的不含增值税的全部价款确定计税依据征收消费税。

☞ 知识点提要

生产	生产	"销售时"纳税
	自产自用	用于"连续生产应税消费品"的不纳税 用于其他方面的于移送使用时纳税
委托加工	委托方为纳税人	受托方为单位,由"受托方"向委托方"交货时"代收代缴
		受托方为个人,由"委托方""收回后"自行缴纳
	【提示】委托方收回应税消费品后用于连续生产应税消费品的,所纳消费税准予抵扣;若用于直接出售,不再缴纳消费税	
进口	报关进口时缴纳消费税	
零售	金银首饰、铂金首饰、钻石及钻石饰品于"零售"环节纳税,税率为5% 【提示】不包括镀金和包金首饰	
批发	烟草批发企业将卷烟销售给"零售单位"(单一环节纳税的例外)	

(三)消费税纳税人

在中华人民共和国境内生产、委托加工和进口《消费税暂行条例》规定的消费品的单位和个人,以及国务院确定的销售《消费税暂行条例》规定的消费品的其他单位和个人,为消费税纳税人。

(四)消费税税目与税率

1.消费税税目

根据《消费税暂行条例》的规定,我国消费税共有15个税目,分别为烟,酒,高档化妆品,贵重首饰及珠宝玉石,鞭炮、焰火,成品油,摩托车,小汽车,高尔夫球及球具,高档手表,游艇,木制一次性筷子,实木地板,电池,涂料。其中,有些还包括若干子目。

2.消费税税率

消费税采用比例税率和定额税率两种形式,以适应不同应税消费品的实际情况。

根据现行的《消费税暂行条例》及《消费税暂行条例实施细则》,我国消费税税目税率表如下:

消费税税目税率表

税 目	税 率
一、烟	
1.卷烟	
(1)甲类卷烟(生产或进口环节)	56%加0.003元/支
(2)乙类卷烟(生产或进口环节)	36%加0.003元/支
(3)批发环节	11%加0.005元/支
2.雪茄烟	36%
3.烟丝	30%

续表

税　目	税　率
二、酒	
1.白酒	20%加 0.5 元/500 克（或者 500 毫升）
2.黄酒	240 元/吨
3.啤酒	
(1)甲类啤酒	250 元/吨
(2)乙类啤酒	220 元/吨
4.其他酒	10%
三、高档化妆品	15%
四、贵重首饰及珠宝玉石	
1.金银首饰、铂金首饰和钻石及钻石饰品	5%
2.其他贵重首饰和珠宝玉石	10%
五、鞭炮、焰火	15%
六、成品油	
1.汽油	1.52 元/升
2.柴油	1.2 元/升
3.航空煤油	1.2 元/升
4.石脑油	1.52 元/升
5.溶剂油	1.52 元/升
6.润滑油	1.52 元/升
7.燃料油	1.2 元/升
七、摩托车	
1.气缸容量（排气量，下同）为 250 毫升的	3%
2.气缸容量在 250 毫升以上（不含 250 毫升）的	10%
八、小汽车	
1.乘用车	
气缸容量在 1.0 升（含 1.0 升）以下的	1%
气缸容量在 1.0 升以上至 1.5 升（含 1.5 升）的	3%
气缸容量在 1.5 升以上至 2.0 升（含 2.0 升）的	5%
气缸容量在 2.0 升以上至 2.5 升（含 2.5 升）的	9%
气缸容量在 2.5 升以上至 3.0 升（含 3.0 升）的	12%
气缸容量在 3.0 升以上至 4.0 升（含 4.0 升）的	25%
气缸容量在 4.0 升以上的	40%
2.中轻型商用客车	5%
3.超豪华小汽车	10%
九、高尔夫球及球具	10%
十、高档手表	20%
十一、游艇	10%
十二、木制一次性筷子	5%
十三、实木地板	5%

续表

税　目	税　率
十四、电池	4%
十五、涂料	4%

对无汞原电池、金属氢化物镍蓄电池、锂原电池、锂离子蓄电池、太阳能电池、燃料电池和全钒液流电池免征消费税。

☞ 知识点提要

税目 （15个）	烟、酒、高档化妆品、贵重首饰及珠宝玉石、鞭炮焰火、成品油、摩托车、小汽车、高尔夫球及球具、高档手表、游艇、木制一次性筷子、实木地板、电池、涂料	
税率	比例税率	绝大多数
	定额税率	啤酒、黄酒、成品油
	【提示】卷烟、白酒执行复合计征，但无复合税率一说	

（五）消费税应纳税额

根据《消费税暂行条例》的规定，消费税应纳税额的计算分为从价计征、从量计征和从价从量复合计征三种方法。

1. 从价定率计征

从价定率征收根据不同的应税消费品确定不同的比例税率，以应税消费品的销售额为基数乘以比例税率计算应纳税额。其计算公式为：

$$应纳税额＝应税消费品的销售额\times 比例税率$$

2. 从量定额计征

从量定额征收根据不同的应税消费品确定不同的单位税额，以应税消费品的数量为基数乘以单位税额计算应纳税额。其计算公式为：

$$应纳税额＝应税消费品的销售数量\times 单位税额$$

3. 从价定率和从量定额复合计征

从价定率和从量定额复合征收是对同一应税消费品同时采用两种计税方法计算税额，以两种方法计算的应纳税额之和为该应税消费品的应纳税额。其计算公式为：

$$应纳税额＝应税消费品的销售额\times 比例税率＋应税消费品的销售数量\times 单位税额$$

我国目前只对卷烟和白酒采用复合征收方法，其计税依据分别是销售应税消费品向购买方收取的全部价款、价外费用和实际销售数量。

4. 应税消费品已纳税款的扣除

用外购或委托加工收回已缴纳消费税的应税消费品连续生产应税消费品，在对这些连续生产出来的应税消费品征税时，按当期生产领用数量计算准予扣除外购或委托加工收回应税消费品已缴纳的消费税税款。

5. 自产自用应税消费品应纳税额

纳税人自产自用应税消费品用于连续生产应税消费品的，不纳税；凡用于其他方面的，应按照纳税人生产的同类消费品的销售价格计算纳税；没有同类消费品销售价格的，按照组成计税价格计算纳税。

实行从价定率办法计算纳税的组成计税价格计算公式：

$$组成计税价格=(成本+利润)\div(1-比例税率)$$

实行复合计税办法计算纳税的组成计税价格计算公式：

$$组成计税价格=(成本+利润+自产自用数量\times 定额税率)\div(1-比例税率)$$

6.委托加工应税消费品应纳税额

委托加工的应税消费品，按照受托方的同类消费品的销售价格计算纳税；没有同类消费品销售价格的，按照组成计税价格计算纳税。

实行从价定率办法计算纳税的组成计税价格计算公式：

$$组成计税价格=(材料成本+加工费)\div(1-比例税率)$$

实行复合计税办法计算纳税的组成计税价格计算公式：

$$组成计税价格=(材料成本+加工费+委托加工数量\times 定额税率)\div(1-比例税率)$$

☞ 知识点提要

计税方法	从价定率	应纳税额＝销售额×比例税率
		销售额为销售应税消费品向购买方收取的不含增值税的全部价款和价外费用
	从量定额	应纳税额＝销售数量×定额税率
	复合计税	应纳税额＝销售额×比例税率＋销售数量×定额税率
组成计税价格	自产自用	(1)按照纳税人"同类"消费品的销售价格计算纳税 (2)没有同类消费品销售价格的： 组成计税价格＝(成本＋利润)÷(1－比例税率)
	委托加工	(1)按照"受托方"的同类消费品的销售价格计算纳税 (2)没有同类消费品销售价格的： 组成计税价格＝(材料成本＋加工费)÷(1－比例税率)
应税消费品已纳税款的扣除		用外购和委托加工收回的应税消费品连续生产应税消费品的，可以将外购应税消费品已缴纳的消费税扣除
		应按当期生产领用数量计算

(六)消费税的征收管理

1.纳税义务发生时间

(1)纳税人销售应税消费品的，按不同的销售结算方式分别为：

①采取赊销和分期收款结算方式的，为书面合同约定的收款日期的当天，书面合同没有约定收款日期或者无书面合同的，为发出应税消费品的当天；

②采取预收货款结算方式的，为发出应税消费品的当天；

③采取托收承付和委托银行收款方式的，为发出应税消费品并办妥托收手续的当天；

④采取其他结算方式的，为收讫销售款或者取得索取销售款项凭据的当天。

(2)纳税人自产自用应税消费品的,为移送使用的当天。
(3)纳税人委托加工应税消费品的,为纳税人提货的当天。
(4)纳税人进口应税消费品的,为报关进口的当天。

2.消费税纳税期限

消费税的纳税期限分别为1日、3日、5日、10日、15日、1个月或者1个季度。纳税人的具体纳税期限,由主管税务机关根据纳税人应纳税额的大小分别核定;不能按照固定期限纳税的,可以按次纳税。

纳税人以1个月或者1个季度为一个纳税期的,自期满之日起15日内申报纳税;纳税人以1日、3日、5日、10日或者15日为一个纳税期的,自期满之日起5日内预缴税款,于次月1日起15日内申报纳税并结清上月应纳税款。进口货物自海关填发税收专用缴款书之日起15日内缴纳。

3.消费税纳税地点

国内消费税由税务机关征收,进口的应税消费品的消费税由海关代征。具体规定如下:

(1)纳税人销售的应税消费品,以及自产自用的应税消费品,除国务院财政、税务主管部门另有规定外,应当向纳税人机构所在地或者居住地的主管税务机关申报纳税。

(2)委托加工的应税消费品,除受托方为个人外,由受托方向机构所在地或居住地主管税务机关解缴消费税税款;委托个人加工的应税消费品,由委托方向其机构所在地或者居住地主管税务机关申报纳税。

(3)进口的应税消费品,由进口人或其代理人向报关地海关申报纳税。

(4)纳税人到外县(市)销售或者委托外县(市)代销自产应税消费品的,于应税消费品销售后,向机构所在地或居住地主管税务机关申报纳税。

(5)纳税人销售的应税消费品,如因质量等原因,由购买者退回时,经由机构所在地主管税务机关审核批准后,可退还已征收的消费税税款,但不能自行直接抵减应纳税款。

☞ 知识点提要

时间	委托加工	纳税人提货的当天
期限	同增值税	
地点	销售应税消费品	机构所在地或居住地主管税务机关
	自产自用应税消费品	
	委托单位加工应税消费品	受托方所在地主管税务机关
	委托个人加工应税消费品	由委托方收回后在其机构所在地缴纳
	进口应税消费品	报关地海关

三、企业所得税

企业所得税是国家对企业生产经营所得和其他所得征收的一种所得税。

1950年1月,中央人民政府政务院公布的《工商业税暂行条例》中规定,凡在我国境内从事以营利为目的的工商事业,应分别按营业额和所得额计缴工商业税。这是我国所得税法律制度的雏形。1980年9月10日,第五届全国人大第三次会议通过,公布实施了新中国成立以来的第一部企业所得税法《中华人民共和国中外合资经营企业所得税法》。1993年12月13日,国务院发布《中华人民共和国企业所得税暂行条例》。

我国现行企业所得税是以2007年3月16日,第十届全国人大第五次会议审议通过,2008年1月1日起施行的《中华人民共和国企业所得税法》(以下简称《企业所得税法》),以及国务院2007年11月28日通过的《中华人民共和国企业所得税法实施条例》(以下简称《实施条例》)为法律依据。随后国家财政、税务主管部门又制定了一系列部门规章和规范性文件,这些法律法规、部门规章及规范性文件构成了我国的企业所得税法律制度。

(一)企业所得税的概念

企业所得税是对我国企业和其他组织的生产经营所得和其他所得为计税依据而征收的一种所得税。

企业所得税采取收入来源地管辖权和居民管辖权相结合的双重管辖权,把企业分为居民企业和非居民企业,分别确定不同的纳税义务。

1.居民企业是指依法在中国境内成立,或者依照外国(地区)法律成立但实际管理机构在中国境内的企业,包括国有企业、集体企业、私营企业、联营企业、股份制企业、外商投资企业、外国企业及有生产、经营所得和其他所得的其他组织。

2.非居民企业是指依照外国(地区)法律成立且实际管理机构不在中国境内,但在中国境内设立机构、场所的,或在中国境内未设立机构、场所,但有来源于中国境内所得的企业。

(二)企业所得税的征税对象

企业所得税的征税对象,是纳税人(包括居民企业和非居民企业)所取得的生产经营所得、其他所得和清算所得。

1.居民企业应当就其来源于中国境内、境外的所得作为征税对象。

2.非居民企业在中国境内设立机构、场所的,应当就其所设机构、场所取得的来源于中国境内的所得,以及发生在中国境外但与其所设机构、场所有实际联系的所得,缴纳企业所得税。

非居民企业在中国境内未设立机构、场所的,或者虽设立机构、场所但取得的所得与其所设机构、场所没有实际联系的,应当就其来源于中国境内的所得缴纳企业所得税。

(三)企业所得税税率

1.基本税率为25%

基本税率适用于居民企业和在中国境内设有机构、场所且所得与机构、场所有关联的非居民企业。

2.优惠税率

对符合条件的小型微利企业,无论采取查账征收方式还是核定征收方式,其年应纳税所得额低于100万元的部分(含100万元,下同),自2021年1月1日至2022年12月31日所得额减按12.5%计入应纳税所得额,减按20%的税率缴纳企业所得税;对年应纳税所得额超过 100 万元但不超过 300 万元的部分,减按 50% 计入应纳税所得额,按 20% 的税率缴纳企业所得税;对国家需要重点扶持的高新技术企业,减按 15% 的税率征收企业所得税。在中国境内未设立机构、场所的,或者虽设机构、场所但取得的所得与其所设机构、场所没有实际联系的非居民企业,减按 20% 的税率征收企业所得税。

知识点提要

纳税人	包括企业和其他取得收入的组织
	【提示】不包括个体工商户、个人独资企业和合伙企业
征税对象	生产经营所得、其他所得、清算所得

纳税义务	居民		无限纳税义务
	非居民	设立机构场所	就其所设机构、场所取得的来源于中国境内的所得;以及发生在中国境外但与其所设机构、场所有实际联系的所得纳税
		未设立机构场所或取得所得与所设立机构场所无关	仅就来源于中国境内所得纳税

税率	基本税率	25%
	优惠税率	小型微利企业应纳税所得额低于 100 万元的部分(含 100 万元,下同),所得额减按 12.5% 计入应纳税所得额,按 20% 的税率征收;对年应纳税所得额超过 100 万元但不超过 300 万元的部分,减按 50% 计入应纳税所得额,按 20% 的税率缴纳企业所得税
		高新技术企业减按 15% 的税率征收
		减按 20% 税率的非居民企业实际执行为 10%

(四)企业所得税应纳税所得额

企业所得税的计税依据是应纳税所得额,即指企业每一个纳税年度的收入总额,减除不征税收入、免税收入、各项扣除以及允许弥补的以前年度亏损后的余额。

应纳税所得额的计算有两种方法。

直接计算法下的计算公式为:

应纳税所得额=收入总额-不征税收入额-免税收入额-各项扣除额-准予弥补的以前年度亏损额

间接计算法下的计算公式为:

$$应纳税所得额=利润总额+纳税调整项目金额$$

企业所得税应纳税所得额的计算,以权责发生制为原则,属于当期的收入和费用,不论款项是否收付,均作为当期的收入和费用;不属于当期的收入和费用,即使款项已经在当期收付,也不作为当期的收入和费用。在计算应纳税所得额时,企业财务、会计处理办法与税收法律法规的规定不一致的,应当依照税收法律法规的规定计算。

1. 收入总额

企业以货币形式和非货币形式从各种来源取得的收入为收入总额。包括销售货物收入,提供劳务收入,转让财产收入,股息、红利等权益性投资收益,利息收入,租金收入,特许权使用费收入,接受捐赠收入以及其他收入。

2.不征税收入

不征税收入是指从性质和根源上不属于企业营利性活动带来的经济利益、不负有纳税义务并不作为应纳税所得额组成部分的收入,理论上不应列为征收范围的收入范畴。下列收入为不征税收入:

(1)财政拨款

财政拨款,是指各级人民政府对纳入预算管理的事业单位、社会团体等组织拨付的财政资金,但国务院和国务院财政、税务主管部门另有规定的除外。

(2)依法收取并纳入财政管理的行政事业性收费、政府性基金以及其他不征税收入等。

行政事业性收费,是指依照法律法规等有关规定,按照国务院规定程序批准,在实施社会公共管理,以及在向公民、法人或者其他组织提供特定公共服务过程中,向特定对象收取并纳入财政管理的费用。

政府性基金,是指企业依照法律、行政法规等有关规定,代政府收取的具有专项用途的财政资金。

3.免税收入

免税收入是指属于企业的应税所得但按照税法规定免予征收企业所得税的收入。下列收入为免税收入:

(1)国债利息收入;

(2)符合条件的居民企业之间的股息、红利收入;

(3)在中国境内设立机构、场所的非居民企业从居民企业取得与该机构、场所有实际联系的股息、红利收入;

(4)符合条件的非营利组织的收入。

4.准予扣除的项目

根据《企业所得税法》的规定,企业实际发生的与取得收入有关的、合理的支出,包括成本、费用、税金、损失和其他支出等,准予在计算应纳税所得额时扣除。

(1)成本是指在生产经营活动中发生的销售成本、销货成本、业务支出以及其他耗费。

(2)费用是指企业在生产经营活动中发生的销售费用、管理费用和财务费用。

(3)税金是指企业发生的除企业所得税和允许抵扣的增值税以外的各项税金及其附加。

(4)损失是指企业在生产经营活动中发生的固定资产和存货的盘亏、毁损、报废损失、转让财产损失、呆账损失、坏账损失、自然灾害等不可抗力因素造成的损失以及其他损失。

5.不得扣除的项目

在计算应纳税所得额时,下列支出不得扣除:

(1)向投资者支付的股息、红利等权益性投资收益款项;

(2)企业所得税税款;

(3)税收滞纳金;

(4)罚金、罚款和被没收财物的损失;

(5)企业发生的公益性捐赠支出以外的捐赠支出。企业发生的公益性捐赠支出,在年度利润总额12%内的部分,准予在计算应纳税所得额时扣除;

(6)赞助支出,是指企业发生的与生产经营活动无关的各种非广告性质支出;

(7)企业之间支付的管理费、企业内营业机构之间支付的租金和特许权使用费,以及非银行企业内营业机构之间支付的利息,不得扣除;

(8)与取得收入无关的其他支出。

6.职工福利费、工会经费和职工教育经费支出的税前扣除

(1)企业发生的职工福利费支出,不超过工资薪金总额14%的部分,准予扣除;

(2)企业拨缴的工会经费,不超过工资薪金总额2%的部分,准予扣除;

(3)除国务院财政、税务主管部门另有规定外,企业发生的职工教育经费支出,不超过工资薪金总额8%的部分,准予扣除;超过部分,准予在以后纳税年度结转扣除。

7.业务招待费、广告费和业务宣传费的税前扣除

(1)企业发生的与生产经营活动有关的业务招待费支出,按照发生额的60%扣除,但最高不得超过当年销售(营业)收入的5‰。

(2)企业发生的符合条件的广告费和业务宣传费支出,除国务院财政、税务主管部门另有规定外,不超过当年销售(营业)收入15%的部分,准予扣除;超过部分,准予在以后纳税年度结转扣除。

8.亏损弥补

纳税人发生年度亏损的,可以用下一纳税年度的所得弥补;下一纳税年度的所得不足以弥补的,可以逐年延续弥补,但是延续弥补期最长不得超过5年,具备高新技术企业或科技型中小企业资格的企业不得超过10年。5年内不论是盈利或亏损,都作为实际弥补期限计算。这里所指的亏损不是企业财务报表中反映的亏损额,而是企业财务报表中的亏损额经主管税务机关按税法规定核实调整后的金额。

知识点提要

应纳税所得额=收入总额-不征税收入-免税收入-各项扣除-以前年度亏损

收入	货币形式收入
	非货币形式收入
不征税收入	(1)财政拨款 (2)依法应纳入财政管理的行政事业性收费、政府性基金 【提示】不征税收入不属于企业营利性活动带来的收益
免税收入	(1)国债利息收入 (2)符合条件股息、红利收入 (3)符合条件的非营利组织的收入

续表

准予扣除项目	成本			
	费用	三项经费	福利费	≤工资薪金总额14%
			工会经费	≤工资薪金总额2%
			职工教育经费	≤工资薪金总额8% 超过部分,准予在以后年度结转扣除
		招待费	按照发生额的60%扣除,但最高不得超过当年销售(营业)收入的5‰	
		广告和业务宣传费	不超过当年销售(营业)收入15%的部分准予扣除 【提示】超过部分,准予结转以后年度扣除	
		捐赠	必须为"公益性"的,不超过"年度利润总额"12%的部分准予扣除	
	税金	无增值税		
	损失	不包括各种行政性罚款等		
不得扣除的项目	共九项内容,须理解因何原因不得扣除 【提示1】纳税人逾期归还银行贷款,银行按规定加收的罚息,不属于行政性罚款,允许在税前扣除 【提示2】纳税人签发空头支票,银行按规定处以罚款,属于行政性罚款,不允许在税前扣除			
亏损弥补	延续弥补期——"5年(10年)" 【提示】5年内不论盈利或亏损,都作为实际弥补期限计算			

(五)企业所得税的征收管理

1.纳税地点

(1)居民企业

除税收法律、行政法规另有规定外,居民企业以企业登记注册地为纳税地点;但登记注册地在境外的,以实际管理机构所在地为纳税地点。

居民企业在中国境内设立不具有法人资格的分支或营业机构,由该居民企业汇总计算并缴纳企业所得税。

(2)非居民企业

非居民企业在中国境内设立机构、场所的,应当就其所设机构、场所取得的来源于中国境内的所得,以及发生在中国境外但与其所设机构、场所有实际联系的所得,以机构、场所所在地为纳税地点。

非居民企业在中国境内设立两个或者两个以上机构、场所的,经税务机关审核批准,可以选择由其主要机构、场所汇总缴纳企业所得税。

在中国境内未设立机构、场所的,或者虽设立机构、场所但取得的所得与其所设机构、场所没有实际联系的非居民企业,以扣缴义务人所在地为纳税地点。

2.纳税期限

企业所得税按年计征,分月或者分季预缴,年终汇算清缴,多退少补。企业所得税的纳税年度,自公历1月1日起至12月31日止。企业在一个纳税年度的中间开业,或者由于合并、关闭等原因终止经营活动,使该纳税年度实际经营期不足12个月的,应当以其实际经营期为一个纳税年度。

3.纳税申报

企业所得税分月或者分季预缴的,企业应当自月份或者季度终了之日起15日内,向税务机关报送预缴企业所得税纳税申报表,预缴税款。

企业应当自年度终了之日起5个月内,向税务机关报送年度企业所得税纳税申报表,并汇算清缴,结清应缴应退税款。企业在报送企业所得税纳税申报表时,应当按照规定附送财务会计报告和其他有关资料。

四、个人所得税

从1980年起,我国相继制定了《中华人民共和国个人所得税法》《中华人民共和国城乡个体工商业户所得税暂行条例》以及《中华人民共和国个人收入调节税暂行条例》。1993年10月31日,第八届全国人大常委会第四次会议对《中华人民共和国个人所得税法》进行了修正,自1994年1月1日起施行。2011年6月30日第十一届全国人民代表大会常务委员会第二十一次会议通过了《关于修改〈中华人民共和国个人所得税法〉的决定》,对《个人所得税法》进行了第六次修正,从2011年9月1日起施行。2018年6月19日,个人所得税法修正案草案提请十三届全国人大常委会第三次会议审议,这是个税法自1980年出台以来第七次大修,从2019年1月1日起施行。国务院也相应地对《个人所得税实施条例》进行了修订。随后国家财政、税务主管部门又制定了一系列部门规章和规范性文件。这些法律法规、部门规章及规范性文件构成了我国的个人所得税法律制度。

(一)个人所得税的概念

个人所得税是以个人(自然人)取得的各项应税所得为征税对象的一种税。

(二)个人所得税的纳税义务人

我国的个人所得税制在纳税人的界定上既行使来源地税收管辖权,又行使居民管辖权,即把个人所得税的纳税义务人划分为居民和非居民两类,并以此来区分纳税的无限责任(即来源于境内外的全部所得都应纳税)和有限责任(即只限来源于境内的所得纳税)。居民纳税义务人承担无限纳税义务,非居民纳税义务人承担有限纳税义务。

1.居民纳税人

居民纳税人是指在中国境内有住所,或者无住所但在境内居住满一年的个人。

居民纳税人负有无限纳税义务,应就其来源于中国境内和境外取得的所得缴纳个人所得税。

2.非居民纳税人

非居民纳税人是指在中国境内无住所又不居住,或者无住所而在境内居住不满一年的个人。

非居民纳税人承担有限纳税义务,仅就其来源于中国境内取得的所得缴纳个人所得税。

在境内居住满一年是指在一个纳税年度中在中国境内居住满183日。临时离境的，不扣减日数。临时离境是指在一个纳税年度中一次不超过30日或者多次累计不超过90日的离境。

> 知识点提要

纳税人			
	自然人、个体工商户、个人独资企业、合伙企业		
	分类	居民	有住所 无住所但居住满一年	无限纳税义务
		非居民	无住所又不居住 无住所居住不满一年	只就来源于境内的所得纳税
	居住满一年是指在一个纳税年度中在中国境内居住满183日 在一个纳税年度中一次离境不超过30日或者多次离境累计不超过90日的不扣减在华天数		

(三)个人所得税的应税项目和税率

1.个人所得税应税项目

(1)工资、薪金所得

个人因任职或者受雇而取得的工资、薪金、奖金、年终加薪、劳动分红、津贴、补贴以及与任职或者受雇有关的其他所得。

(2)劳务报酬所得

个人独立从事非雇用的各种劳务所取得的所得。包括：设计、装潢、安装、制图、化验、测试、医疗、法律、会计、咨询、讲学、新闻、广播、翻译、审稿、书画、雕刻、影视、录音、录像、演出、表演、广告、展览、技术服务、介绍服务、经纪服务、代办服务及其他劳务。

(3)稿酬所得

个人因其作品以图书、报刊形式出版、发表而取得的所得。

(4)特许权使用费所得

个人提供专利权、商标权、著作权、非专利技术以及其他特许权的使用权取得的所得。

(5)经营所得

经营所得包括：个人通过在中国境内注册登记的个体工商户、个人独资企业、合伙企业从事生产、经营活动取得的所得；个人依法取得执照，从事办学、医疗、咨询以及其他有偿服务活动取得的所得；个人承包、承租、转包、转租取得的所得；个人从事其他生产、经营活动取得的所得。

(6)利息、股息、红利所得

个人拥有债权、股权而取得的利息、股息、红利所得。

(7)财产租赁所得

个人出租建筑物、土地使用权、机器设备、车船以及其他财产取得的所得。

(8)财产转让所得

个人转让有价证券、股权、合伙企业中的财产份额、不动产、土地使用权、机器设备、车船以及其他财产取得的所得。

(9)偶然所得

偶然所得,是指个人得奖、中奖、中彩以及其他偶然性质的所得。

2.税率

(1)综合所得,适用3%~45%的超额累进税率。

综合所得,包括工资薪金所得、劳务报酬所得、稿酬所得、特许权使用费所得四项。劳务报酬所得、稿酬所得、特许权使用费所得以收入减除20%的费用后的余额为收入额。稿酬所得的收入额减按70%计算。

个人所得税税率表(综合所得适用)

级数	全年应纳税所得额	税率	速算扣除数
1	不超过36000元的部分	3%	0
2	超过36000元至144000元的部分	10%	2520
3	超过144000元至300000元的部分	20%	16920
4	超过300000元至420000元的部分	25%	31920
5	超过420000元至660000元的部分	30%	52920
6	超过660000元至960000元的部分	35%	85920
7	超过960000元的部分	45%	181920

注:居民个人综合所得的应纳税所得额,是指工资薪金、劳务报酬、稿酬、特许权使用费四项收入额减除费用6万元(每年)以及专项扣除、专项附加扣除和依法确定的其他扣除后的余额。

(2)经营所得,适用5%~35%的超额累进税率。

个人所得税税率表(经营所得适用)

级数	全年应纳税所得额	税率	速算扣除数
1	不超过30000元的部分	5%	0
2	超过30000元至90000元的部分	10%	1500
3	超过90000元至300000元的部分	20%	10500
4	超过300000元至500000元的部分	30%	40500
5	超过500000元的部分	35%	65500

(3)利息、股息、红利所得、财产租赁所得、财产转让所得和偶然所得,适用20%的比例税率。

3.应纳税额的计算

(1)综合所得

应纳税额=应纳税所得额×适用税率-速算扣除数

=(每一纳税年度的收入额-费用6万元-专项扣除-专项附加扣除-依法确定的其他扣除)×适用税率-速算扣除数

注:从2019年1月1日起,新的个人所得税法将正式实施。纳税人在每月5000元"起征点"基础上,还将享受到6项专项附加扣除政策带来的减税利好。附专项附加扣

除表：

扣除项目	扣除说明	扣除方式	扣除分配	注意
子女教育	从3岁到博士研究生教育	定额扣除 每年 12000 元 每月 1000 元	父母双方可分别按每孩每月500元扣除，也可由一方按每孩每月1000元扣除。	——
继续教育	学历继续教育	定额扣除 每年 4800 元 每月 400 元	——	——
	专业技术人员职业资格继续教育	定额扣除 每年 3600 元	——	证书
大病医疗	个人负担超过15000元的医药费用支出部分	限额扣除每年80000元,限额据实扣除	——	留存医疗服务收费相关票据原件（或复印件）
住房贷款利息	首套住房贷款利息支出	定额扣除 每年 12000 元 每月 1000 元	可以选择由夫妻其中一方扣除。	留存住房贷款合同、贷款还款支出
住房租金	直辖市、省会城市、计划单列市以及国务院确定的其他城市	定额扣除 每年 18000 元 每月 1500 元	本人及配偶在纳税人的主要工作城市没有住房。夫妻双方主要工作城市相同的,只能由一方扣除住房租金支出。	留存住房租赁合同
	市辖区户籍人口超过100万的其他城市	定额扣除 每年 13200 元 每月 1100 元		
	市辖区户籍人口小于100万的其他城市	定额扣除 每年 9600 元 每月 800 元		
赡养老人	独生子女	定额扣除 每年 24000 元 每月 2000 元	——	——
	非独生子女	定额扣除每人最高每年12000元每月1000元	与兄弟姐妹可平均分摊、被赡养人指定分摊或者赡养人约定分摊	指定分摊或约定分摊需要签订书面分摊协议

(2) 经营所得

个体工商户的生产、经营所得的应纳税额的计算公式为：

应纳税额＝应纳税所得额×适用税率－速算扣除数

＝(全年收入总额－成本/费用/税金/损失/其他支出/以前年度亏损)×适用税率－速算扣除数

对企事业单位的承包经营、承租经营所得应纳税额的计算公式为：

应纳税额＝应纳税所得额×适用税率－速算扣除数
　　　　＝(纳税年度收入总额－必要费用)×适用税率－速算扣除数

(3)利息、股息、红利所得

利息、股息、红利所得，以每次收入额为应纳税所得额。

应纳税额＝应纳税所得额×适用税率
　　　　＝每次收入额×适用税率

(4)财产租赁所得

财产租赁所得，以一个月内取得的收入为一次。

财产租赁所得每次收入不超过4000元的，减除费用800元，4000元以上的，减除20%的费用，其余额为应纳税所得额。

每次(月)收入不足4000元的：

应纳税额＝[每次(月)收入额－财产租赁过程中缴纳的税费－由纳税人负担的租赁财产实际开支的修缮费用(800元为限)－800]×20%

每次(月)收入在4000元以上的：

应纳税额＝[每次(月)收入额－财产租赁过程中缴纳的税费－由纳税人负担的租赁财产实际开支的修缮费用(800元为限)]×(1－20%)×20%

(5)财产转让所得

财产转让所得，以转让财产的收入额减除财产原值和合理费用后的余额，为应纳税所得额。

应纳税额＝应纳税所得额×适用税率
　　　　＝(收入总额－财产原值－合理费用)×20%

(6)偶然所得

偶然所得适用比例税率，其税率为20%。

应纳税额＝每次收入额×20%

知识点提要

征税项目		计税依据和费用扣除	税率	计税方法
综合所得	工资薪金所得	应纳税所得额＝每一纳税年度的收入额－费用6万元－专项扣除－专项附加扣除－依法确定的其他扣除 【提示】劳务报酬所得、稿酬所得、特许权使用费所得以收入减除20%的费用后的余额为收入额。稿酬所得的收入额减按70%计算	七级超额累进税率	按月预缴，年度汇算清缴
	劳务报酬所得			
	稿酬所得			
	特许权使用费所得			
经营所得			五级超额累进税率	按年计算

续表

财产转让所得	收入－原值－合理费用	20%比例税率	按次纳税
财产租赁所得	收入－税费－修缮费用－800		
利息、股息、红利所得	按收入总额计税,不扣费用		
偶然所得			

(四)个人所得税的征收管理

个人所得税执行的是以代扣代缴为主,自行申报为辅的税款征收方式。

1.自行申报

纳税义务人有下列情形之一的,应当按照规定到主管税务机关办理纳税申报:

(1)非居民个人在中国境内从两处以上取得工资、薪金所得;

(2)从中国境外取得所得的;

(3)取得应税所得,没有扣缴义务人的;

(4)取得综合所得需要办理汇算清缴;取得应税所得,扣缴义务人未扣缴税款;因移居境外注销中国户籍;

(5)国务院规定的其他情形。

2.代扣代缴

凡支付个人应纳税所得的企业(公司)、事业单位、机关、社团组织、军队、驻华机构(不含依法享有外交特权和豁免的驻华使领馆、联合国及其国际组织驻华机构)、个体户等单位或者个人,为个人所得税的扣缴义务人。

任务三　熟悉税收征收管理制度

☆实训二:开具增值税专用发票

准备:增值税专用发票一张。

资料:2020年10月10日,金陵钱多多家具有限公司(纳税人识别号:91516850689258158N,中国工商银行金陵湖滨支行,账号1208873677783162856,公司地址:金陵市玄武区中山路88号,电话:0688－86615898)向金陵喜乐贸易有限公司(纳税人识别号:91510005539512502N,中国工商银行金陵玄武支行,账号1208873677782123456,公司地址:金陵市海淀区中山路10号,电话:0688－2672520)销售办公桌50张,不含税单价400元,共20000元,开具增值税专用发票,增值税税率为13%。

要求:根据上述资料开具增值税专用发票。

税收征收管理法,是指调整税收征收与管理过程中所发生的社会关系的法律规范的总称。包括国家权力机关制定的税收征管法律、国家权力机关授权行政机关制定的税收征管行政法规和有关税收征管的规章制度等。税收征收管理法属于税收程序法,它是以规定税收实体法中所确定的权利义务的履行程序为主要内容的法律规范,是税法的有机组成部分,税收征收管理法不仅是纳税人全面履行纳税义务必须遵守的法律准则,也是税务机关履行征税职责的法律依据。

税收征管包括税务登记、发票开具与管理、纳税申报、税款征收、税务检查和法律责任等环节。

一、税务登记

税务登记是税务机关依据税法规定，对纳税人的生产、经营活动进行登记管理的一项法定制度，也是纳税人依法履行纳税义务的法定手续。

税务登记种类包括：开业登记，变更登记，停业、复业登记，注销登记，外出经营报验登记，纳税人税种登记，扣缴义务人扣缴税款登记。

(一)开业登记

企业在外地设立的分支机构和从事生产、经营的场所，个体工商户和从事生产、经营的事业单位(以下统称从事生产、经营的纳税人)自领取营业执照之日起30日内，持有关证件，向税务机关申报办理税务登记。税务机关应当于收到申报的当日办理登记并发给税务登记证件。工商行政管理机关应当将办理登记注册、核发营业执照的情况，定期向税务机关通报。

从事生产、经营的纳税人应当按照国家有关规定，持税务登记证件，在银行或者其他金融机构开立基本存款账户和其他存款账户，并将其全部账号向税务机关报告。银行和其他金融机构应当在从事生产、经营的纳税人的账户中登录税务登记证件号码，并在税务登记证件中登录从事生产、经营的纳税人的账户账号。税务机关依法查询从事生产、经营的纳税人开立账户的情况时，有关银行和其他金融机构应当予以协助。

纳税人按照国务院税务主管部门的规定使用税务登记证件。税务登记证件不得转借、涂改、损毁、买卖或者伪造。

(二)变更登记

从事生产、经营的纳税人，税务登记内容发生变化的，自工商行政管理机关办理变更登记之日起30日内或者在向工商行政管理机关申请办理注销登记之前，持有关证件向税务机关申报办理变更或者注销税务登记。

二、账簿、凭证管理

纳税人、扣缴义务人按照有关法律、行政法规和国务院财政、税务主管部门的规定设置账簿，根据合法、有效凭证记账，进行核算。

(一)发票的种类

发票的种类通常按照行业特点和纳税人的生产经营项目划分为增值税专用发票、普通发票和专业发票。

1.增值税专用发票

增值税专用发票由国家税务总局指定的企业印制。增值税专用发票只限于增值税

一般纳税人使用,增值税小规模纳税人不得领购使用。一般纳税人如有以下法定情形的也不得领购使用:

(1)会计核算不健全。

(2)不能向税务机关准确提供有关增值税计税资料者。

(3)有以下行为经税务机关责令限期改正而仍未改者:

①私自印制专用发票;

②向个人或税务机关以外的单位取得专用发票;

③借用他人专用发票;

④为他人代开专用发票;

⑤未按规定的要求开具专用发票;

⑥未按规定保管专用发票;

⑦未按规定申报专用发票的购、用、存情况;

⑧未按规定接受税务机关的检查。

(4)销售的货物全部属于免税项目者。

增值税专用发票的基本联次为三联:

第一联为记账联,作为销售方核算销售收入和增值税销项税额的会计凭证;

第二联为抵扣联,作为购买方报送主管税务机关认证和留存备查的凭证;

第三联为发票联,作为购买方核算采购成本和增值税进项税额的会计凭证。

2.普通发票

普通发票由小规模纳税人使用,增值税一般纳税人在不能开具专用发票的情况下也可以使用普通发票。普通发票由行业发票和专用发票组成。前者适用于某个行业的经营业务,如商业零售统一发票、商业批发统一发票。后者仅适用于某一经营项目,如广告费用结算发票、商品房销售发票等。

普通发票一般为两联:

第一联为记账联,开票方作为记账原始凭证;

第二联为发票联,收执方作为付款或收款原始凭证,填开后的发票联加盖财务印章或发票专用章。

增值税普通发票,是将除商业零售以外的增值税一般纳税人纳入增值税防伪税控系统开具和管理,也就是说一般纳税人可以使用同一套增值税防伪税控系统开具增值税专用发票、增值税普通发票等,俗称"一机多票"。

3.专业发票

专业发票可由政府和主管部门自行管理,不套印税务机关统一发票监制章,也可根据税务征管的需要纳入统一发票管理。主要使用的发票包括:

国有金融、保险企业的存贷、汇兑、转账凭证、保险凭证;

国有邮政、电信企业的邮票、邮单、话务、电报收据;

国有铁路、国有航空企业和交通部门、国有公路、水上运输企业的客票、货票等。

(二)发票的开具要求

1.单位和个人应在发生经营业务、确认营业收入时,才开具发票。

2.单位和个人开具发票时应按号码顺序填开,填写项目齐全、内容真实、字迹清楚、全部联次一次性复写或打印,内容完全一致,并在发票联和抵扣联加盖发票专用章。

3.填写发票应当使用中文。民族自治地区可以同时使用当地通用的一种民族文字。

4.使用电子计算机开具发票必须报主管税务机关批准,并使用税务机关统一监制的机打发票。开具后的存根联应当按照顺序号装订成册,以备税务机关检查。

5.开具发票时限和地点应符合规定。

6.任何单位和个人不得转借、转让、代开发票;不得拆本使用发票;不得自行扩大专业发票的使用范围。禁止倒卖发票等违法行为。已开具的发票存根联和发票登记簿应当保存5年。

> 知识点提要

分类			
	增值税专用发票	由国家税务总局统一管理	
		只限于增值税一般纳税人领购使用,小规模纳税人和非增值税纳税人不得领购使用,一般纳税人如有法定情形的,不得领购使用	
		基本联次:记账联、抵扣联、发票联(三联)	
	普通发票	主由小规模纳税人使用,增值税一般纳税人在不能开具专用发票的情况下也可使用	
		行业发票	适用于某个行业的经营业务
		专用发票	适用于某一经营项目
	专业发票	国有金融保险、邮政电信、交通运输方面的发票、凭证	
发票开具要求	(1)单位和个人应在发生经营业务、确认营业收入时,才开具发票 (2)单位和个人开具发票时应按号码顺序填开 (3)填写发票应当使用中文 (4)使用电子计算机开具发票必须报主管税务机关批准,并使用税务机关统一监制的机打发票 (5)开具发票时限和地点应符合规定 (6)任何单位和个人不得转借、转让、代开发票;不得拆本使用发票;不得自行扩大专业发票的使用范围		

三、纳税申报

纳税申报的方式主要包括直接申报、邮寄申报、数据电文申报、简易申报以及其他申报方式。

(一)直接申报

直接申报是指纳税人、扣缴义务人自行到税务机关办理纳税申报或者报送代扣代缴、代收代缴报告表。这是一种传统的申报方式。

直接申报可分为直接到办税服务厅申报、到巡回征收点申报和到代征点申报三种。

(二)邮寄申报

邮寄申报是指经税务机关批准的纳税人、扣缴义务人使用统一规定的纳税申报特快专递专用信封,通过邮政部门办理交寄手续,并向邮政部门索取收据作为申报凭据的方式。

凡实行查账征收方式的纳税人,经主管税务机关批准,可以采用邮寄申报的办法。

邮寄申报以寄出的邮戳日期为实际申报日期。

(三)数据电文申报

数据电文申报是指经税务机关批准的纳税人、扣缴义务人经由电话语音、电子数据交换或网络传输等电子形式办理纳税申报的方式。这种方式运用了新的电子信息技术,代表着纳税申报方式的发展方向,使用范围逐渐扩大。

纳税人、扣缴义务人采取数据电文方式办理纳税申报的,其申报日期以税务机关计算机网络系统收到该数据电文的时间为准,与数据电文相对应的纸质申报资料的报送期限由税务机关确定。税务机关收到的纳税人数据电文与报送的书面资料不一致时,应以书面数据为准。

(四)简易申报

简易申报是指实行定期定额缴纳税款的纳税人,经税务机关批准,通过以缴纳税款凭证代替申报或简并征期的一种申报方式。这种申报方式是以纳税人便利纳税为原则设置的。

☞ **知识点提要**

直接申报	传统的申报方式
邮寄申报	以寄出的邮戳日期为实际申报日期
数据电文申报	电话语音、电子数据交换、网络传输 以税务机关计算机网络收到的时间为申报日期 须报送书面材料,不一致时以书面为准
其他(简易申报、简并征期)	实行定期定额征收的纳税人

四、税款征收

(一)税款征收方式

1. 查账征收

查账征收是指税务机关对账务健全的纳税人,依据其报送的纳税申报表、财务会计报表和其他有关纳税资料,计算应纳税款,填写缴款书或完税证,由纳税人到银行划解税款的征收方式。这种税款征收方式适用于经营规模较大、财务制度健全、能够认真履行纳税义务的单位和个人。

2.查定征收

查定征收是指对账务资料不全,但能控制其材料、产量或进销货物的纳税单位或个人,由税务机关依据正常条件下的生产能力对其生产的应税产品查定产量、销售额,然后依照税法规定的税率计算应纳税款的一种征收方式。

这种税款征收方式主要适用于生产经营规模较小、产品零星、税源分散、会计账册不健全的小型厂矿和作坊。

3.查验征收

查验征收是指税务机关对纳税人的应税商品、产品,通过查验数量,按市场一般销售单价计算其销售收入,并据以计算应纳税款的一种征收方式。

这种征收方式适用于经营品种比较单一,经营地点、时间和商品来源不固定的纳税单位。

4.核定征收

核定征收是税务机关对不能完整、准确提供纳税资料的纳税人采用特定方式确定其应纳税收入或应纳税额,纳税人据以缴纳税款的一种方式。

5.定期定额征收

定期定额征收是指对小型个体工商户在一定经营地点、一定经营时期、一定经营范围内的应纳税经营额(包括经营数量)或所得额(简称定额)进行核定,并以此为计税依据,确定其应纳税额的一种征收方式。

这种征收方式适用于经主管税务机关认定和县级以上(含县级)税务机关批准的生产经营规模小,达不到《个体工商户建账管理暂行办法》规定的设置账簿标准,难以查账征收,不能准确计算计税依据的个体工商户(包括个人独资企业,简称定期定额户)。

6.代扣代缴

代扣代缴是指按照税法规定,负有扣缴税款义务的法定义务人,负责对纳税人应纳的税款进行代扣代缴的一种方式。即由支付人在向纳税人支付款项时,从所支付的款项中依法直接口收税款并代为缴纳。其目的是对零星分散、不易控制的税源实行源泉控制。

7.代收代缴

代收代缴是指按照税法规定,负有收缴税款义务的单位和个人,负责对纳税人应纳的税款进行代收代缴的一种方式。即由与纳税人有经济业务往来的单位和个人在向纳税人收取依法收取税款。这种方式一般适用于税收网络覆盖不到或很难控制的领域。如受托加工应缴消费税的消费品(除受托个人加工),由受托方代收代缴的消费税。

8.委托代征税款

委托代征税款是指受托单位按照税务机关核发的代征证书的要求,以税务机关的名义向纳税人征收一些零散税款的一种税款征收方式。这种方式一般适用于小额、零散税源的征收。

9.其他方式

如采取网络申报纳税、IC卡纳税、邮寄申报纳税方式等。

> 知识点提要

查账征收	适用范围:账册健全	
查定征收	适用范围:有账但账册不健全的小型生产型企业	
查验征收	适用范围:有账但账册不健全的小型非生产型纳税人	
定期定额征收	适应范围:没账的个体工商户	
代扣代缴	资金流向	→外
代收代缴		内←
委托代征	受托单位按照税务机关核发的代征证书的要求,以税务机关的名义向纳税人征收一些零散税款的征收方式	
其他方式	网络申报纳税、IC卡纳税、邮寄申报纳税	

(二)税收保全措施

为了保证税款征收的顺利进行,《征管法》及其实施细则赋予了税务机关在税款征收过程中针对不同情况可以采取相应征收措施的职权,税款征收措施包括:责令缴纳、责令提供纳税担保、税收保全措施、税收强制执行措施和阻止出境。本考试大纲只要求掌握税收保全措施和税收强制执行措施。

1.税收保全措施适用情形

税务机关有根据认为从事生产、经营的纳税人有逃避纳税义务行为的,可以在规定的纳税期之前,责令限期缴纳税款;在限期内发现纳税人有明显的转移、隐匿其应纳税的商品、货物以及其他财产或者应纳税收入迹象的,税务机关可以责令其提供纳税担保。纳税人拒绝提供纳税担保或无力提供纳税担保的,经县以上税务局(分局)局长批准,税务机关可以采取税收保全措施。

2.税收保全措施的执行

(1)书面通知纳税人开户银行或者其他金融机构冻结纳税人的金额相当于应纳税款的存款。

(2)扣押、查封纳税人的价值相当于应纳税款的商品、货物或者其他财产。"其他财产"是指纳税人房地产、现金、有价证券等不动产和动产。

3.税收保全措施的解除

纳税人在税务机关采取税收保全措施后,按照税务机关规定的期限内缴纳税款的,税务机关应当自收到税款或者银行转回的完税凭证之日起1日内解除税收保全。

4.不适用税收保全措施的财产

个人及其所扶养的家属维持生活必需的住房和用品,不在税收保全措施的范围之内。

(三)税收强制执行

1.税收强制执行的适用情形

从事生产、经营的纳税人未按照规定的期限缴纳或者解缴税款,纳税担保人未按照规定的期限缴纳所担保的税款,由税务机关责令限期缴纳,逾期仍未缴纳的,经县以上税务局(分局)局长批准,税务机关可以采取强制措施。

2.税收强制执行措施的形式

(1)书面通知其开户银行或者其他金融机构从其存款中扣缴税款。

(2)查封、扣押、依法拍卖或者变卖其价值相当于应纳税款的商品、货物或者其他财产,以拍卖或者变卖所得抵缴税款。

税务机关采取强制执行措施时,对纳税人、扣缴义务人、纳税担保人未缴纳的滞纳金同时强制执行。个人及其所扶养家属维持生活必需的住房和用品,不在强制执行措施的范围之内。

(四)税款的退还与追征

1.税款的退还

纳税人多缴纳的税款,税务机关发现后应当立即退还;纳税人自结算缴纳税款之日起 3 年内发现的,可以向税务机关要求退还多缴的税款并加算银行同期存款利息,税务机关及时查实后应立即退还。纳税人在结清缴纳税款之日起 3 年后向税务机关提出退还多缴税款要求的,税务机关不予受理。

2.税款的追征

(1)因税务机关的责任,致使纳税人、扣缴义务人未缴或者少缴款的,税务机关在 3 年内可以要求纳税人、扣缴义务人补缴税款,但是不得加收滞纳金。

(2)因纳税人、扣缴义务人计算错误等失误,未缴或者少缴款的,税务机关在 3 年内可以追征税款,并加收滞纳金;有特殊情况的(即数额在 10 万元以上的),追征期可以延长到 5 年。

(3)对因纳税人、扣缴义务人和其他当事人偷税、抗税、骗税等原因而造成未缴或者少缴的税款,或骗取的退税款,税务机关可以无限期追征。

知识点提要

税收保全措施	前提	税务机关责令具有税法规定情形的纳税人提供纳税担保而纳税人拒绝或无力提供担保	【提示】均不适用的财产:个人及其所扶养家属维持生活必需的住房和用品
	具体措施	(1)书面通知银行冻结相当于应纳税款的存款(陷阱:冻结全部资金) (2)扣押、查封相当于应纳税款的商品、货物或者其他财产(陷阱:全部财产)	
税收强制执行	前提	从事生产经营的纳税人、扣缴义务人未按照规定的期限缴纳税款,纳税担保人未按照规定的期限缴纳所担保的税款,由税务机关责令限期缴纳,逾期仍未缴纳	
	具体措施	(1)书面通知银行从存款中扣缴税款 (2)扣押、查封、依法拍卖或者变卖相当于应纳税款的商品、货物或者其他财产,以拍卖或者变卖所得抵缴税款 【注意】滞纳金同时强制执行	

五、税务代理

(一)税务代理的概念

税务代理是指税务代理人在国家法律规定的代理范围内,接受纳税人、扣缴义务人的委托,代为办理税务事宜的各项行为的总称。

(二)税务代理的特点

1. 公正性

税务代理机构不是税务行政机关,而是征纳双方的中介机构,因而只能站在公正的立场上,客观地评价被代理人的经济行为;同时代理人必须在法律范围内为被代理人办理税收事宜,独立、公正地执行业务,既维护国家利益,又保护委托人的合法权益。

2. 自愿性

税务代理的选择一般分为单向选择和双向选择,无论哪种选择都是建立在双方自愿的基础上的。也就是说,税务代理人实施税务代理行为,应当以纳税人、扣缴义务人自愿委托和自愿选择为前提。

3. 有偿性

税务代理机构是社会中介机构,它不是国家行政机关的附属机构,因此,同其他企事业单位一样要自负盈亏,提供有偿服务,通过代理取得收入并抵补费用,获得利润。

4. 独立性

税务代理机构与国家行政机关、纳税人或扣缴义务人等没有行政隶属关系,既不受税务行政部门的干预,又不为纳税人、扣缴义务人所左右,独立代办税务事宜。

5. 确定性

税务代理人的税务代理范围,是以法律、行政法规和行政规章的形式确定的。因此,税务代理人不得超越规定的内容从事代理活动。税务机关按照法律、行政法规规定委托其代理外,代理人不得代理应由税务机关行使的行政权力。

(三)税务代理的法定业务范围

税务代理的范围是指按照国家有关法律的规定,允许税务代理人从事的业务内容。税务代理的业务范围主要是纳税人、扣缴义务人所委托的各项涉税事宜。

委托税务代理人可以代理纳税人、扣缴义务人的委托从事下列涉税业务:

1. 办理税务登记、变更税务登记和注销税务登记;
2. 办理除增值税专用发票外的发票领购手续;
3. 办理纳税申报和扣缴税款报告;
4. 办理缴纳税款和申请退税;
5. 制作涉税文书;
6. 审查纳税情况;
7. 建账建制,办理账务;
8. 申请税务行政复议或税务行政诉讼;
9. 税务咨询,受聘税务顾问;

10.国家税务总局规定的其他业务。

知识点提要

特点	公正性、自愿性、有偿性、独立性、确定性
业务范围	不得办理违法事项 与注册会计师的工作范围进行区分 不得代为办理增值税专用发票领购手续 不能代理应由税务机关行使的行政职权

六、税务检查

(一)税务检查的概念

税务检查是指税务机关依照税收法律、行政法规的规定,对纳税人、扣缴义务人履行纳税义务和扣缴义务及其他有关业务事项进行审查、核实、监督活动的总称。税务机关在行使税务检查权时,应当依照法定权限和程序进行。

(二)税务检查的内容

税务机关有权进行下列税务检查:

1.检查纳税人的账簿、记账凭证、报表和有关资料,检查扣缴义务人代扣代缴、代收代缴税款账簿、记账凭证和有关资料。

2.到纳税人的生产、经营场所和货物存放地检查纳税人应纳税的商品、货物或者其他财产,检查扣缴义务人与代扣代缴、代收代缴税款有关的经营情况。

3.责成纳税人、扣缴义务人提供与纳税或者代扣代缴、代收代缴税款有关的文件、证明材料和有关资料。

4.询问纳税人、扣缴义务人与纳税或者代扣代缴、代收代缴税款有关的问题和情况。

5.到车站、码头、机场、邮政企业及其分支机构检查纳税人托运、邮寄应纳税商品、货物或者其他财产的有关单据、凭证和有关资料。

6.经县以上税务局(分局)局长批准,指定专人负责,凭全国统一格式的检查存款账户许可证明,查询从事生产、经营的纳税人、扣缴义务人在银行或者其他金融机构的存款账户,并有责任为被检查人保守秘密。税务机关在调查税收违法案件时,经设区的市、自治州以上税务局(分局)局长批准,可以查询案件涉嫌人员的储蓄存款。

税务机关查询所获得的资料,不得用于税收以外的用途。

税务机关派出的人员进行税务检查时,应当出示税务检查证和税务检查通知书,并有责任为被检查人保守秘密;未出示税务检查证和税务检查通知书的,被检查人有权拒绝检查。

> 知识点提要

场地检查权	不得进入生活场所
存款账户检查权	经县以上税务局局长批准,可以检查纳税人的生产经营账户 经设区的市、自治州以上税务局局长批准,可以查询涉案人员的储蓄存款账户

七、税收法律责任

税收法律责任是指税收法律关系的主体因违反税收法律规范所应承担的法律后果。根据税收违法行为程度的不同,税收法律责任分为行政责任和刑事责任。

(一)税收违法的行政处罚

税收违法的行政处罚形式主要有责令限期改正、罚款、没收财产、收缴未用发票和暂停供应发票和停止出口退税权等。

1. 责令限期改正

责令限期改正是税务机关对违反法律、行政法规所规定义务的当事人的谴责和申诫。责令限期改正主要适用于情节轻微或尚未构成实际危害后果的违法行为,是一种较轻的处罚形式。

2. 罚款

罚款是对违反税收法律、法规,不履行法定义务的当事人的一种经济上的处罚。由于罚款既不影响被处罚人的人身自由及其合法活动,又能起到对违法行为的惩戒作用,因而是税务行政处罚中应用最广的一种。

3. 没收违法所得、没收非法财物

这是对行政管理相对一方当事人的财产权予以剥夺的处罚。具体有两种情况:一是对相对人违法所得的财物的没收,这些财物并非相对人所有,而是被其非法占有。二是财物虽系相对人所有,但因其用于非法活动而被没收。

4. 收缴未用发票和暂停供应发票

对于从事生产、经营的纳税人、扣缴义务人有违反《税收征收管理法》规定的税收违法行为,拒不接受税务机关处理的,税务机关可以收缴其发票或者停止向其发售发票。

5. 停止出口退税权

对骗取国家出口退税税款的,税务机关可以在规定期间内停止为其办理出口退税。

(二)税收违法刑事处罚

税收违法刑事处罚是司法机关对于违反税法并构成犯罪的税收法律关系主体按照《刑法》的规定实施的刑事制裁。这是最为严厉的一种税收法律责任形式。税收违法刑事处罚主要涉及拘役、判处徒刑、罚金、没收财产。

八、税务行政复议

税务行政复议,是指纳税人和其他税务当事人对税务机关的税务行政行为不服,依法向上级税务机关提出申诉,请求上一级税务机关对原具体行政行为的合理性、合法性作出审议;复议机关依法对原行政行为的合理性、合法性作出裁决的行政司法活动。实行税务行政复议制度的目的是为了维护和监督税务机关依法行使税收执法权,防止和纠正违法或者不当的税务具体行政行为,保护纳税人和其他当事人的合法权益。

(一)税务行政复议范围

行政复议机关受理申请人对税务机关下列具体行政行为不服提出的行政复议申请:

1. 征税行为,包括确认纳税主体、征税对象、征税范围、减税、免税、退税、抵扣税款、适用税率、计税依据、纳税环节、纳税期限、纳税地点和税款征收方式等具体行政行为,征收税款、加收滞纳金、扣缴义务人、受税务机关委托的单位和个人作出的代扣代缴、代收代缴、代征行为等。
2. 行政许可、行政审批行为。
3. 发票管理行为,包括发售、收缴、代开发票等。
4. 税收保全措施、强制执行措施。
5. 行政处罚行为:罚款;没收财物和违法所得;停止出口退税权。
6. 不依法履行下列职责的行为:颁发税务登记;开具、出具完税凭证、外出经营活动税收管理证明;行政赔偿;行政奖励;其他不依法履行职责的行为。
7. 资格认定行为。
8. 不依法确认纳税担保行为。
9. 政府信息公开工作中的具体行政行为。
10. 纳税信用等级评定行为。
11. 通知出入境管理机关阻止出境行为。
12. 其他具体行政行为。

申请人对复议范围中第1项规定的具体行政行为不服的,应当先向复议机关申请行政复议,对复议决定不服的,可以再向人民法院提起行政诉讼。对第1项规定以外其他具体行政行为不服的,可以申请行政复议,也可以直接向人民法院提起行政诉讼。

(二)复议管辖

对各级国家税务局的具体行政行为不服的,向其上一级国家税务局申请行政复议。对国家税务总局的具体行政行为不服的,向国家税务总局申请行政复议。对行政复议决定不服,申请人可以向人民法院提起行政诉讼,也可以向国务院申请裁决。国务院的裁决为最终裁决。

对各级地方税务局的具体行政行为不服的,可以选择向其上一级地方税务局或该税务局的本级人民政府申请行政复议。

(三)行政复议决定

1. 行政复议决定的作出

行政复议机关应当自受理申请之日起60日内作出行政复议决定。

2. 行政复议决定的种类

行政复议机关应当对被申请人的具体行政行为提出审查意见,经行政复议机关负责人批准,按照下列规定作出行政复议决定:

(1)具体行政行为认定事实清楚,证据确凿,适用依据正确,程序合法,内容适当的,决定维持。

(2)被申请人不履行法定职责的,决定其在一定期限内履行。

(3)具体行政行为有下列情形之一的,决定撤销、变更或者确认该具体行政行为违法:

①主要事实不清、证据不足的;

②适用依据错误的;

③违反法定程序的;

④超越或者滥用职权的;

⑤具体行政行为明显不当的。

决定撤销或者确认该具体行政行为违法的,可以责令被申请人在一定期限内重新作出具体行政行为。复议机关责令被申请人重新作出具体行政行为的,被申请人不得以同一事实和理由作出与原具体行政行为相同或者基本相同的具体行政行为。

被申请人不按照规定提出书面答复,提交当初作出具体行政行为的证据、依据和其他有关材料的,视为该具体行政行为没有证据、依据,决定撤销该具体行政行为。

(4)申请人在申请行政复议时可以一并提出行政赔偿请求,复议机关对符合国家赔偿法的有关规定应当给予赔偿的,在决定撤销、变更具体行政行为或者确认具体行政行为违法时,应当同时决定被申请人依法给予赔偿。

3.行政复议决定的效力

行政复议决定书一经送达,即产生法律效力。

知识点提要

税务行政处罚		责令限期改正;罚款;没收违法所得、没收非法财物;收缴未用发票和暂停供应发票;停止出口退税权
税务行政复议	必经复议	"纳税"争议,必须先缴纳税款及滞纳金或提供担保,然后可以依法申请行政复议,对行政复议决定不服的,可以依法向人民法院起诉
	选择复议	税务行政处罚决定、强制执行措施或者税收保全措施等
	复议机关	省级国家税务局
		国家税务总局
	作出决定	受理之日起60日内
	生效时间	送达之日起

配套练习 扫一扫 码上做
名师授课 课后练习